河南煤炭经营管理战略构思

顾　问　常建华
主　编　陈富刚
副主编　李宏业

黄河水利出版社
·郑州·

图书在版编目(CIP)数据

河南煤炭经营管理战略构思/陈富刚主编. —郑州:黄河水利出版社,2014.11

ISBN 978-7-5509-0972-4

Ⅰ.①河… Ⅱ.①陈… Ⅲ.①煤炭工业-经营管理-研究-河南省 Ⅳ.①F426.21

中国版本图书馆CIP数据核字(2014)第266839号

出 版 社:黄河水利出版社 网址:www.yrcp.com

地址:河南省郑州市顺河路黄委会综合楼14层 邮政编码:450003

发行单位:黄河水利出版社

发行部电话:0371-66026940、66020550、66028024、66022620(传真)

E-mail:hhslcbs@126.com

承印单位:郑州文华印务有限公司

开本:787 mm×1 092 mm 1/16

印张:16.75

字数:387千字 印数:1—1 000

版次:2014年11月第1版 印次:2014年11月第1次印刷

定价:50.00元

《河南煤炭经营管理战略构思》

编辑委员会名单

前　言

当前，举国上下正在落实党的十八大精神，全力建设“美丽中国”，大力推进生态文明建设。煤炭行业也处于关键时期，既要转变经济增长方式，使烟（粉）尘排放量减排达到国家要求，从而改善空气质量，又要使煤炭经济平稳发展，煤炭企业面临着更大的挑战。升级改造、节能减排，自身发展与社会环保等都需要认真对待并圆满解决。作为煤炭经济管理工作者更要精心筹划、抢抓机遇、奋发图强，为促进河南煤炭工业繁荣做出自己应有的贡献！

银杏黄灿如金，枫叶红艳似火。在这珍藏收获的季节，为切实促进河南煤炭工业加快转变经济发展方式，强化创新驱动作用，推动企业加快战略管理，推进实践基础上的理论创新，河南省煤炭行业会计学会组织了2014年煤炭经济管理工作研讨会，近百篇优秀论文分别从企业股权管理、财务管理、审计监督、会计信息化、企业财务文化建设等方面出发，提出了自己的见解和思考。这些论文既有理论研究，又有实务总结；研究具有实用性和先进性，全面彰显了河南省煤炭经济管理和实践的较高水平。

随着中原经济区的快速推进，2014年河南煤炭经济发展呈现稳中有进的良好态势。河南煤炭经济工作管理者又在加强煤炭企业管理、提升创新能力方面下了很大功夫，旨在为河南煤炭经济注入更多的创新元素，从而驶入健康、文明的快车道，这对建设“美丽河南”具有重大的现实意义！

回顾过去我们喜上眉梢，展望未来我们信心百倍。目前，党的群众路线教育活动正如火如荼，党员干部如沐春风，精神面貌焕然一新。而今，河南煤炭经济管理者在党的十八届四中全会精神指引下，正以新的姿态，朝着更高的目标迈进！

陈富刚

2014年11月

目 录

第三篇 会计委派、内部控制、提高会计信息质量

第四篇 会计信息化与会计职业道德

第五篇 审计工作

第六篇 其 他

第一篇　加强内部管理、提高经济效益

资本运营经济效应分析

任慧娟

资本运营是市场经济发展到一定阶段的必然要求。全球化经济的深入、市场竞争的加剧、产业集中度的提高以及企业资源配置的优化整合等各方面都需要企业进行有效的资本运营，资本运营已经越来越成为决定企业可持续发展的推动力与关键因素。

资本运营作为经济领域的一个突出现象，所产生的经济效应对经济的发展作用巨大。从宏观和微观的角度研究、分析资本运营的经济效应，对推进资本运营的健康发展，具有十分重要的实践意义。

一、资本运营的内涵、性质和功能

（一）资本运营的内涵

资本运营是把企业所拥有的一切现存资本通过流动和优化配置变成可增值的活化资本的过程，资本运营的内涵就是以资本增值最大化为目的，以价值管理为导向，通过资本和生产要素的优化配置和产业结构的动态调整，进行综合有效运营的一种经营方式。

（二）资本运营的性质

资本运营的性质包括市场性、流动性、价值性和增值性。

（三）资本运营的功能

资本运营的功能主要有优化资源配置、价值发现和风险分散等。

二、资本运营产生动因分析

（一）资本的本性是资本运营的源动力

首先，资本的扩张性是通过不停运动实现的；其次，资本的逐利性促使企业逐渐脱离传统的生产方式和范围，为其剩余资本开拓更大的运作空间；第三，资本的盈利性推动企业超越原有的传统框架而在更大范围内运作，实现资本的增值；第四，资本的竞争本性，客观上要求企业打破壁垒，向不同的产业领域进行渗透与扩张。

作者单位：河南神火集团有限公司

(二)资本运营产生的客观基础

(1)生产要素的资本化是资本运营的动力源泉。企业作为资本存在和运动的载体,要成为市场主体,就要必须使自身的生产要素资本化,只有这样,才能通过资本的循环与周转,充分发挥其特性,实现增值。

(2)平均利润率的差异是资本运营的促成因素。在市场经济条件下,行业和企业之间的平均利润率总是存在差异,对利润最大化的追求,促使企业更倾向于通过业务调整、资本调整、产业调整及战略调整等措施,去获取高回报。所以,平均利润率的差异促成资本运营的实现。

(3)信息技术的发展是资本运营的催生条件。信息技术的发展显著地降低了通信与数据处理的成本,企业管理技术开发与信息传播效率大大提高,有效助推了企业的扩张,为资本运营创造了更多的可选择空间。

三、资本运营的宏观经济效应分析

(一)资本运营的财富效应

资本运营具有价值发现功能,资本运营的过程就是专业人员通过不同的资产定价理论来发现衡量资产价值的过程,也是通过资源的优化整合提升企业价值的过程,追求的是价值创造和价值增值,客观上为社会财富的创造提供了促进作用,某种意义上来说就是在创造财富。

(二)资本运营的经济增长效应

资本运营是置身于经济系统中的行为,经济的发展水平决定着资本运营的发展,但同时资本运营也会直接和间接地反作用于经济增长。

(三)资本运营的产业结构优化效应

企业开展资本运营,不仅可以实现资源的优化组合、促进经营方式的创新,而且有利于形成新的、高一级的产业形态,使产业结构趋于优化。

四、资本运营的微观经济效应分析

(一)规模经济效应

规模经济是形成企业核心竞争力的重要因素。资本运营经过对生产要素的合理流动和最佳组合,以较少的投入或不需要增量的投入,实现良好的经济效益或控制巨额的必需资产,达到企业超常规跳跃式成长的效果,规模经济效应明显。

(二)经济协同效应

经济协同是资本运营的重要目标,促使企业经营效率提高,进而带来经营效益的增加是协同效应的最直观表现;同时,协同效应还体现在通过对财务管理能力的提升,进而实现降低财务费用、合理控制纳税总规模。

(三)产融结合效应

资本运营强化了资本的流动性,提高了金融资本参与产业经营的积极性,促进了产融结合的发展。通过产融结合,资本配置空间范围得以扩大,带来投资的繁荣和企业绩效的增长。

(四)其他经济效应

资本运营带来的人才聚集催发企业产生激励动力,形成高层次人才队伍建设基础,促使人力资源素质快速提高，显现出人力资本效应。资本运营的时差效应表现在使企业能更快地进入另一市场，减少建设期、加快投资周转速度，在竞争中领先一步从而获胜。

五、资本运营经济效应风险分析

(1)如果过分强调资本运营，就会使企业产生脱离产品经营之根，而玩起资本交易的游戏，造成资本经营和产业经营的严重脱节，使虚拟资本与产业资本不相适应，放大经营风险，经济泡沫和经济危机就可能产生。

(2)资本运营会加剧经营业务的集中与垄断，而且垄断能节约市场交易费用，企业更倾向于将资本运营转化为垄断的"投机行为"，这样就会造成社会的不公平竞争和资源配置的低效率。

(3)内幕交易盛行是资本运营存在的普遍问题，在资本运营过程中，那些具有信息优势的经济主体，利用事先获取政策动向或者重大经营信息的便利，获得暴利，加剧了社会财富分配的不公平。

(4)对资本经营过度追逐，会造成一系列的财务舞弊等问题，扭曲企业的治理结构。当前，在资本运营方面，法律体系尚不完善，法律制度也不健全，使得有些资本运营行为颇具争议；另外，信息披露不充分，披露内容的及时性与真实性较差，也是资本运营中的重要问题。

六、资本运营对经济发展的意义

根据以上分析，资本运营对经济总量的增长、经济结构的改善会产生重大的影响，资本运营若能得到合理发展，能推进经济的不断发展，对经济的发展具有重要意义。

首先，资本运营的增值目的构成了经济增长的基础。成功、有效的资本运营为参与主体带来可观的经济回报，实现企业价值的增值，而经济总值的增加是建立在个别经济体价值增加的基础之上的。所以资本运营追求的企业价值增值恰好构成经济增长的基础。

其次，资本运营的资源配置功能保证了经济发展的质量。资本运营改变了资源配置的运转方式，使社会经济资源结构得到了改善。资源多元化、风险分散化的格局，使各类资源被配置到经济中最需要、又最能发挥效用的地方，而经济结构的改善又是经济发展的一个重要层面。所以，资本运营在宏观上起到了促进经济发展的重要作用。

再次，资本运营的产融结合效应成为经济发展的载体。经济要素资本化的特征，使经济生活的各环节都必须以资本为纽带才能完成各自的循环并进入下一个环节，资本运营引发的产融结合，进一步提高了投融资效率。经济的增长和发展都是金融资本、产业资本的空间并存与时间继起的循环，从这个意义上来说，经济的增长，在价值形态上表现为资本的增值，而资本运营确保了这种增值的实现，可谓是经济发展的承载体。

最后，资本运营的导向作用可以为经济发展指明方向。通过经济资源配置的变化可以引导和推动经济结构的调整。资本运营的过程即是经济资源的优化配置过程，而资本运动的结构在微观上决定了生产要素的配置结构，在宏观上决定了产业的布局结构，从而为经济的发展指明了方向。

参考文献

[1] 安其罗.资本运作赢在观念[M].广东:香港圣邦出版社,2008.

[2] 袁跃.企业价值评估与企业资本运营[N].财会信报,2006.

[3] 李彩云,胡国松.资本运营与核心竞争力构建[J].四川经济研究,2003(7):21-24.

[4] 谢百三,金融市场学[M].北京:北京大学出版社,2003.

[5] 陈晓红.战略型资本运营[M].长沙:湖南人民出版社,2003.

浅析企业融资现状及风险防范

郭海东

企业发展不仅要有维持简单再生产的资金,还要有一定的扩大再生产资金,这些资金仅凭企业自身积累是远远不够的,这就需要从企业自身和外部进行融资。债务融资既能满足企业生产需要,提高市场竞争力,又能获得财务杠杆效益,减少货币贬值损失,降低综合资金成本;同时也增加了企业的融资风险。企业的融资结构决定了企业将要面临的融资风险。现简单阐述一点关于企业如何降低融资风险,提高企业核心竞争力的建议。

一、企业融资现状

(一)企业内部因素

企业管理不规范是企业难以获得融资的内部原因。其具体表现为缺乏健全的内部控制制度和自由资金不足等因素。另外,企业产权制度的不健全也是阻碍企业获得融资的一个重要原因。

(二)融资渠道过于单一

企业融资渠道的现状概况为以下几个方面:以内源融资为主,外源融资为辅;以间接融资为主,直接融资渠道堵塞;以债券融资为主,股权融资比重小。在外源融资的方式上,企业都主要依靠银行贷款。

(三)融资成本高

企业普遍还存在融资结构不合理、融资成本高的特点。企业除通过招股或发行债券的形式融资外,一般只能向银行申请贷款。

(四)资本市场不完善

我国资本市场结构单一,缺乏多形式、多层次的资本市场。具体来说,企业往往找不到为其发展提供服务的金融机构、金融市场和金融产品,致使企业出现融资困境,大量资源不能迅速有效地进行配置。

二、融资风险的来源

(一)企业内部融资机制不健全

企业内部没有建立统一的融资机制,有限的融资资源不能得到充分利用。融资缺少长期规划,没有制定明确、清晰的融资策略,从而使企业陷入现金短缺、融资负债增加的恶性循环。

(二)企业经营风险

企业经营的好坏,影响当期的收益。企业盈利与否,是企业能否从自身发展中能够获

作者单位:郑州煤炭工业(集团)有限责任公司财务资产部

得资金的关键。而造成这种经营风险的主要原因是企业没有充分认识到财务管理对未来的企业自身发展的重要性。其次,大量的存货不能迅速的周转,占据了企业巨额流动资产,不能给企业提供充分的可供长期经营和发展的资金水平。

(三)市场利率变动

企业融资有可能面临利率或汇率变动带来的风险。当国家实行紧缩的财政政策和货币政策时,货币的供给量萎缩,贷款利率提高,使得企业所负担的经营成本不断增加。反之,贷款利率不断降低,企业融资的资金成本降低,所负担的经营成本减少。

三、风险防范措施

(一)建立风险防范机制

完善内控风险防范体系,筑起防范和化解财务风险的第一道防线。通过建立贯穿于生产经营全过程的实时、动态的财务预警系统,及时预报风险,并发出警告,从源头防范风险的发生,把融资风险降到最低限度。

(二)加强制度建设,提高经营管理水平

要积极建立和完善现代企业制度,建立健全各项规章制度,强化内部财务管理,不断提高经营管理水平,用现代企业制度来规范自身的行为,彻底摒弃不规范的企业管理方式,实事求是的反映财务成果,提高企业的生产经营透明度,保证会计信息的真实性和合法性。

(三)加强现金管理

企业加强现金管理的目的就是保证企业正常生产所需资金供应,尽量降低现金的持有量,提高现金的收益率。如果企业持有的现金量过大会使现金的收益率降低。企业要最大限度地提高经营成果就必须充分、有效地安排使用货币资金,使其保持合理现金持有量,避免货币资金的闲置,确保资金的周转速度。

(四)加强对应收账款的管理

应收账款的大小对企业资金的利用效率高低有很大影响。要严格控制存货和应收账款的规模与增长速度,加快应收账款的周转,保障应收账款的收回,降低损失程度。

(五)加强对存货的管理

企业必须重视对库存的管理,合理的保持库存的量,在保持正常生产的情况下,尽量降低库存是存货管理的重点。降低的方式有以下几点:

一是健全物资采购制度;

二是加强销售管理,划分客户信用等级和销售管理责任;

三是加速存货的周转速度;

四是正确、及时处理存货损失。

只有控制好存货,才能够合理的利用企业的流动资金,提高企业的盈利能力,就能获得好的融资信誉。

(六)分析利率走势,合理融资

正确把握未来利率走向,把融资成本控制在较低的水平线上。当预计未来市场利率将逐渐走低时，采用浮动利率的方式向银行借款，能够使融资成本随利率逐渐走低而降低。

（七）强化信用意识

诚信是企业立足和长期发展的基础。信用是市场经济的灵魂和核心。企业必须增强信用意识，自觉摒弃各种践踏信用的违法乱纪行为，提高自觉还贷的意识和行为，以实际行动取信于银行，同时将各类经营活动都置于银行的监督之下，让银行放心，从而获得银行信贷评估的较高评价。

总之，资金是企业的血液，是企业赖以生存和发展的关键因素。企业要健康持续发展，必须获得融资支持，就必须增强信用意识，树立社会形象，应靠自身的综合水平、经济实力和良好信用取信于社会，取信于公众，取信于银行。要努力提高产品质量，充分发挥自身优势，依靠科技不断推出高质量的新产品。同时，必须健全企业制度，强化内部管理，提高生产经营的透明度，保证会计信息的合法性、真实性和连续性。这就是企业能否在市场长久立足的基础。

论国有大型煤炭企业经济紧缩中的风险防控

——以某国有大型煤炭企业为例

杨伟 代欣

随着全球经济下行压力增大,国内经济亦趋于放缓。在内需紧缩及国家强有力的调控政策下,房地产、建材、钢铁、有色金属等煤炭下游产业也受较大影响,使得煤炭产品需求不足;2007~2012年,煤炭形势持续上涨,导致煤炭产能不断增加,经济形势的逆转并未降低煤炭产能;煤炭供求严重倒挂,进口煤的冲击进一步加剧了倒挂幅度。在此形势下,煤炭企业尤其是大型国有煤炭企业利润空间被严重挤压,各种风险因素不断增加并呈现扩大趋势,规避并减少风险因素对煤炭企业至关重要。

煤炭企业由于自身的特点,其风险的呈现也显现出独特的方面。因此,煤炭企业尤其是国有大型煤炭企业的风险研究及防范具有重要意义。

一、煤炭企业经济紧缩中风险防控的意义

国有大型煤炭企业引领着煤炭产业前进的方向,并承载着关系国计民生的经济命脉,其持续健康发展不但关系到煤炭产业的未来,更关系国家宏观经济的整体。经济下行条件下,风险因素的出现及扩大会严重损害企业的可持续发展能力。风险因素处理不当,将牵一发动全身,导致企业发展的骤停并产生多米诺骨牌效应,严重影响国家经济的高速发展。对煤炭企业尤其是国有大型煤炭企业的风险研究和防范将会减少并消除紧缩风险,为企业快速的、高质量的、可持续的发展保驾护航。

二、国有大型煤炭企业经济紧缩中风险的特点

煤炭企业依煤炭资源为生存、立足和扩张的根本,其风险主要表现为战略风险、安全风险、市场风险、财务风险、政策风险等方面。

(一)经济紧缩中的战略风险

煤炭企业在经济紧缩中的战略风险主要表现为紧缩经济形势下,多元化战略选择的现状阻碍企业价值最大化的实现并进一步导致企业战略失偏,即跨行业的多元化战略风险。

多元化战略是多数煤炭企业在获得充足的资金后选择的扩张道路。煤炭企业尤其是国有大型煤炭企业大多实行多元化战略,其涉足行业不仅包括煤炭产业、煤炭产品上下游产业,同时多数选择了脱离煤炭产业链而跨行业的多元经营。经济下行条件下,煤炭企业多数对非煤炭产业把握得不够,使得非煤炭产业呈现亏损并严重削弱企业的整体发展质

作者单位:义马煤业集团股份有限公司

量，导致企业发展战略失偏。以某国有大型煤炭企业为例：

2006～2013年，国内外经济形势向好，煤炭企业水涨船高，资金来源充沛。在该形势下，该企业选择积极的扩张战略。在煤炭主业扩张的同时，选择了煤化工、铝等发展战略方向。截至2013年年底，该企业共建设及并购煤化工企业7家，资产总额66.19亿元；铝企业2家，资产总额27.03亿元。截至目前，部分煤化工企业产品定位仍未形成，铝产业累计亏损10.11亿元。煤化工及铝产业领域的进入，对煤炭产品带来的资金流量进行了严重消耗，并大幅增加了企业对外融资金额及融资成本，严重侵占了煤炭产品的利润空间，对整个公司的健康发展带来了巨大负担。继续建设仍需大规模资金，该需求有可能造成资金链断裂的风险。

（二）经济紧缩中的安全风险

煤炭企业的扩张依资源为主线而实现健康发展，包括煤炭资源的勘探、矿井的建立、巷道的采掘等进行。而在煤炭勘采过程中会出现煤尘、瓦斯、通风等安全的防护，资金投入稍有不足，就会出现安全风险。

经济紧缩形势下，煤炭企业安全投入成本仍持续走高。刚性的物价水平、人工成本等因素均导致了煤炭安全投入的增高。煤炭主业的安全生产不仅要求大量的资金储备，同时需要工人较高的工作主动性、积极性。如果有限的安全生产资源不能够满足企业安全生产的需要，将会给企业的安全生产带来隐患。

（三）经济紧缩中的市场风险

当前形势下，煤炭产品面临着煤炭内需紧缩、产能过剩、进口煤的冲击等，煤炭市场持续萎缩。煤炭企业面临着产品滞销、库存居高不下的市场风险，包括产品的生产、销售、销售渠道的变动、产品定价、产品寿命周期等因素的影响会导致企业在经营过程中出现产品销售不畅、销量下降等不利因素，进而使企业销售收入或资金回笼不及时或不能满足企业投资的收回等投资的要求，使企业面临产品的市场风险。

（四）经济紧缩中的财务风险

由于煤炭产业的经济建设周期长、消耗资金量大、投资回报期限长等要求企业在建设前期必须投入大量的自有资金，并通过对外筹融资实现后续资金的补足。在新的煤炭企业建成后，产品将会同样面临各种复杂的市场因素、政策因素等，资金的回收具有很大不确定性，对于多数企业，需要通过不断地安排新的贷款来偿还企业已有债务，如果筹资环节断裂，将会使企业面临破产的境地。

以某企业集团为例：该煤炭企业新建矿井5对，建设期多为5～6年；建设的煤化工、铝等其他主业规模庞大；副业6项。所有新建项目所需资金概算投资总额为103亿元，已完成投资即工程建设35亿元，仍需资金68亿元。而企业年收入总额为300亿元左右，净资产130亿元，净现金流量已为负数。庞大的资金需求将会消耗该企业大部分的当年积累，并且如果项目按计划进行，将需要巨额的资金支持，仍需对外实行大额筹资。银根的紧缩、融资成本的增加，会使企业面临巨大的财务风险和负担高额的融资费用，如不能到期偿还，将会面临资不抵债甚至破产的风险。

（五）经济紧缩中的政策风险

煤炭企业集团的发展受国家宏观经济政策的影响较大，且其扩张多数是跨地域的扩张,涉及不同的行政区域,因此煤炭企业的发展必然面临不同行政区域的政策调控;跨地域、多行业的大规模企业集团面临不同的税收政策,在缴纳税方面面临不同的政策风险,如应对不当将会面临国家的经济处罚和行政处罚,甚至停业的风险。

以某国有大型煤炭企业集团为例:该集团投资范围涉及河南、山西、青海、新疆等省份及澳洲项目,而不同的国家及国内不同的省份对煤炭产业实行不同的政策。以山西为例,该企业在山西投资6家企业,均为煤炭主业。山西省政府为规范其行政区域内的煤炭产业发展,对小煤矿进行资源整合并限定了整合主体,而该企业在整合政策中未获得整合主体资格,就面临退出山西煤炭产业的政策投资风险。投资的退出将会使前期投资和企业的发展战略失败。

三、国有大型煤炭企业经济紧缩中风险的应对

经济紧缩条件下,煤炭企业的扩张过程中必然面临不同特征的风险,针对不同的风险,研究不同的对策,进而实现风险的规避,煤炭企业尤其国有大型煤炭企业亦是如此。

(一)实施战略重组、优化发展战略

煤炭企业经济紧缩的战略风险主要来源于对非煤产业的选择及投资不当、煤炭主业萎缩等方面。企业在进行战略决策过程中,应当审慎选择对非主业的投资。对非煤主业进行投资时,应当对所选择的投资产业进行战略评估,并注意规避在战略选择过程中过度依赖,统筹考虑企业不同产业的战略组合,进行战略的可行性分析和研究,研究并分析不同主业的组合所产生的经济效益和投资回报率,并对其所不擅长的非煤主业进行人员、资金、技术等资源的优化组合,充分保证非煤主业能辅助并支撑企业的战略发展,规避因错误的战略选择而影响煤炭主业的发展和积累甚至拖垮企业的局面出现。

(二)优化安全防控体系、加大风险预案

煤炭企业的矿井建设要严格以建设本质安全矿井为标准进行煤炭主业的扩张,要注重对安全生产技术人员尤其是后备技术人员的培养,要坚决避免企业在扩张过程中出现的安全生产技术人员断档现象,对安全生产的各种资源进行统一调配,包括人员、设备、技术、工艺、资金等资源配置的优化。安全风险应对要求企业具有一定的预见性和前瞻性,建立健全企业安全生产风险管理制度,风险预案的设计、执行等,确保对安全风险的规避。

(三)优化筹资结构、压缩非生产性资金支出

企业的财务风险主要来自于资金的风险,因此企业在应对财务风险时应当建立财务风险预警系统,对国有大型煤炭企业的财务风险防控建立在与企业规模、经营活动等衔接的基础上,提高对财务风险的预见能力。企业在进行筹、融资时应当结合企业未来的现金流量的时间、规模、调度能力综合考虑,统筹考虑筹资渠道及方式,考虑企业的筹资结构,通过权益资金和负债资金有效调整企业的资产负债率,防范财务风险,从而提高企业对财务管理环境变化的适应能力和应变能力,确保在充分利用财务杠杆带来收益的同时规避财务风险的出现。

财务风险应对的另一个主要方面是加强内部会计控制及财务战略制定,建立健全完善的内部控制体系,对采购与付款、销售与收款、工程预算、对外投资等进行严格规范,保证企业资金流正常运作过程中不出现断裂。

（四）优化产品结构、提升产品质量

煤炭企业集团的产品市场风险应对不仅包括煤炭产品的市场风险，还包括对副业或非主业产品的市场风险应对。对集团的整个产品结构及市场定位，企业应当进行充分的市场调研分析，科学预测企业产品的未来走向及价格定位，对于亏损产品或获利能力弱的产品进行淘汰或改制剥离。销售部门和财务部门应加大对国内外经济环境和国家宏观政策的研判，做实做细市场调研工作，充分收集、提取、精练相关产品信息，并据此调整集团产品结构，优化产品流向。销售部门应当加大对现有销售渠道的维护，巩固并建立新的、稳定的大客户关系，与重点客户建立战略合作或联盟关系，为产品的销售提供良好的前提，充分防范出现的市场风险。

（五）经济紧缩的政策风险应对

对紧缩中的政策风险，企业可以在不同的行政区域内设立投资主体，该投资主体的主要任务是收集该区域内有关的政策走向、与政府关系协调、资金运作、决策建议等职能，同时在集团的统一领导下，负责该区域内的相关税收筹划及税收风险管理事宜，争取并充分利用不同市场的政策支持，切实规避并减少政策风险。

论如何建设高校财务风险评价指标体系

裴新利

随着高校独立法人地位的确立,高校必须开始通过各种途径筹集资金自主办学,由此就产生了一定的财务风险。因此,如何预测以及控制高校财务风险就成了一个急需解决的问题。

一、高校财务风险评价指标体系建设遵循的基本原则

(一)科学性原则

科学性原则要求构建指标是以高校财务工作任务需要为依据,要求指标不能重复,高校财务风险的评价不遗漏;指标之间相互既具有独立性,又可以互为补充说明,能基本反映财务核算和绩效评价的主要内容和特点。

(二)可比性原则

预警指标的设计不仅仅只针对某一座高校适用或有效,应对所有的高校都适用,否则就毫无实际价值。所以,指标应建立在统一的核算范围之内和相同的可比参考点之上,并保持口径一致,相互可比。

(三)系统性原则

作为一个由点到面、又由面到点的复杂系统,财务风险指标体系是不能用单一的指标进行评价的,而是要建立一级指标和对应的多个二级财务评价指标来反映高校的财务状况。但是指标又不能太多,不重复,不遗漏,以免失去评价的重点。

(四)动态完善原则

动态完善性原则就是指标体系的设计应在较长的时期内都能连续的使用,而不是仅能在某一年度内适用。随着经济的变化,高校的财务状况也随之变化,因此,高校财务评价也应该是在不断地变化和完善的。如果能根据教育行政部门的新政策和会计核算的变化,逐年修订完善指标,那么就能充分反映出各高校财务状况的总体水平。

二、高校财务风险的外延

高校的资金运行要经过三个阶段,即筹资、投资和日常运营。高校财务风险的内容也始终是围绕着三个环节进行分析的,分别为筹资活动、投资活动和日常运营活动。

(1)在筹资方面,我国高校教育经费主要依赖“财、税、费、产、捐、基、科、债、息”等9个方面。其中,只有“债”是有偿的,其他几个方面均是无偿性的财力支持。近几年来,“债”的规模随着高校招生规模的发展而迅速扩张,成为了保障高校招生规模的必要对策。因此,在筹资过程中,高校要面临的就是举债风险。

作者单位:平顶山工业职业技术学院计财处

(2)在投资方面，高校投资风险包括两个层次的内容：一个是校办产业的连带责任风险，另一个是到期难以收回本金的风险。此外，作为高校的一部分，校办产业在合并财务报表时就已经将校办产业自身的财务风险列入高校财务风险这个总系统中加以分析。所以，考虑校办产业自身的财务风险将不会再考察投资风险。

(3)在日常运营方面，高校属于非盈利组织，因此，在日常运营过程中不会有破产的危险，但是出现财务状况整体失衡的情况，就说明高校内部已经出现流动资金枯竭的情况，日常资金运转十分困难。

三、建设高校财务风险评价指标体系的构思

从近几年情况来看，我国企业财务风险的评价方法与实证研究已经日趋成熟。因此，我们可以充分借鉴企业财务风险的评价方法，将其应用到高校财务风险评价指标体系构建中去。但是，因高校的性质与企业不同，所以在对高校财务风险进行评价时，又要区别于企业。

(1)高校财务风险与企业财务风险有明显的差异，各自都有独特的特点。企业在考察自身财务风险时，一般从筹资、投资、利润分配等资金流转环节来进行，最终的目的是增值。尽管高校的资金流转环节与企业基本类似，但是目的是维持和发展高校教学、研究事业。通过分析对比后可以发现，要先从资金流转环节进行考虑来建立指标体系，同时所设定的具体指标必须能充分反映出高校财务风险的特点。

(2)高校财务风险的来源与企业不同。高校财务风险主要体现在以下四个方面：一是失衡风险始终贯穿于其中，也就是高校可能出现流动资金短缺情况；二是资金运作方面也存在一定的金融风险；三是在整个举债过程中，因高校向金融机构进行过度举债或不良举债，从而导致了过度举债风险的产生；四是校办产业投资时，校办产业自身的财务风险以及学校的连带责任风险。总之，财务风险的来源可以用来衡量财务风险指标，同时也能将财务风险的实质抓住。

(3)目前，财政部、教育部已经颁布了《高等学校会计制度》，各高校也以此制度为依据，正在大力实行。由于该制度对高校会计核算的范围、方法和口径等均作了具体规定，所以高校选取的财务风险指标必须能直接利用这类会计信息，遵循快捷、简单、实用的原则。高校年度会计报表是由多个部分组成的，主要有资产负债表、收入支出表、专用基金变动情况表和其他有关附表。其中缺少了能反映现金流量的报表，所以构建高校财务指标时，便无法通过现金流量分析评估高校发生财务危机的可能性。

(4)高校财务风险是由多个财务因素引发的，但是也要高度重视起一些非财务因素，尤其是那些关系到高校办学社会效益的因素，由此可知，社会效益方面的量化指标是急需增加的。

四、高校财务风险评价指标体系的建设

(一)偿债能力

虽然资不抵债的现象在高校不太可能出现，但是缺少可流动的资金是极为可能的，甚至还会出现发不出工资，没有资金用于日常开支等现象。所以，结合着偿债能力去思考高

校财务风险，应对高校可能产生的失衡风险是极其必要的。

1. 流动比率

所谓流动比率，就是流动资产除以流动负债的比值，也可以将其作为衡量一个组织变现能力最常用的指标之一，它可以表明高校每一元流动负债有多少流动资产作为偿还的保证，同时也能反映出在短期内高校转变为现金的流动资产偿还到期流动负债的能力。流动比率高，既说明高校的营运资金多，也足以证明高校有较大数额的可变现资产，短期偿债的能力也就越强。通常情况下，不仅要满足日常生产经营的流动资金需要，也要有足够的财力偿付到期短期债务。因此，最低流动比率为2。但是，流动比率如果过高也不合理，否则会有更多的流动资产被占用，从而给资金的使用效率带来影响。

2. 资产负债率

高校资产负债率指的是学校负债总额与全部资产的比率，可以用它来衡量高校利用债权人提供的资金开展业务活动的能力，反映出债权人提供资金的安全保障程度以及高校长期偿债能力。高校的资产负债率越低，就证明学校的净资产越多，由所有者提供的部分就越大，资产对债权人的保障程度就越低；相反，则有更高的风险需债权人面对。很多经验实例验证，高校资产负债率保持在60%以下可以说明高校的资产负债情况是正常的。

3. 现实支付能力

高校年末货币资金结存数与月均支出额的比值称为现实支付能力，它可以对近期高校的正常支付能力进行预测，从而准确地反映出高校货币资金可供正常运行周转所需的周转月份数。该指标值越大，就表明高校有越强大的偿还到期债务的能力；相反，高校偿还到期债务的能力就显得越弱。因此，该指标不可过低。

4. 潜在支付能力

潜在支付能力与现实支付能力不同，它是指年末速动资产减去流动负债后的资产，是现实支付能力指标的补充。潜在支付能力充分反映了高校货币资金与所有短期可变现资产扣除短期应支付款后满足正常运行管理所需的周转月份数。该指标的值越大，就说明潜在的支付能力越强；反之则越弱。

（二）高校财务风险预警的综合判断

要准确判断高校综合财务风险，就要对每一种具体风险进行分析，通过对比财务风险各指标与预警线，综合判断高校财务风险状况。根据高校本身的特点及财务风险的程度，发出绿灯、黄灯和红灯三种警报模式。

1. 绿灯

绿灯代表高校的财务状况良好，不存在财务风险。并且所有的财务风险指标都未超过预警界限，同时也都远离了报警线。

2. 黄灯

黄灯表示高校部分财务风险的部分预警指标已明显超过了警界线，尽显中度财务风险的特征。

第一，在偿债风险预警指标中，学校累计贷款占总资产比率和已获利息保障倍数有一个报警；或二者均未突破预警线，但其他指标有两个以上突破预警线。

论煤炭企业多元化经营财务风险的防范

曹爱鸿

多元化经营是集团公司发展普遍采用的经营模式,原因是多元化可以发挥企业内部优势,获得资源的协同效应,使企业步入做强做大的轨道。但在现实中,多元化经营也使许多企业陷入了发展困境甚至走向了破产。

一、我国煤炭企业多元化经营的现状

煤炭作为一种不可再生资源,随着不断地开采会减少直到枯竭,又由于在长期的计划经济束缚下,我国煤炭生产采取粗放型的经营方式,只注重煤炭的生产,产业和产品结构过于单一,未能充分发挥资源的综合优势,以至于难以对外部环境的改变做出迅速的反应。我国煤炭企业要想摆脱资源有限的困境并取得可持续发展,必须在社会主义市场经济体制改革下,转变经营模式,走现代化工业发展道路,调整和优化以煤炭生产为主的资源性结构,坚持以煤为主,综合开发,大力发展非煤产业,适时选择多元化经营战略成为必然。

我国大型煤炭企业的多元化经营起步较早,从20世纪70年代开始许多煤炭企业就围绕上下游产业陆续建起了一些厂点。实施多元化经营方面既有可能为其创造好的发展机遇,从而推动企业的持续稳定和健康成长;但另一方面又可能使企业承担较大的财务风险,影响到企业的正常运转。因此,我国煤炭企业要想在多元化经营中取得成功,实现企业价值最大化的目标,就必须对多元化经营中的财务风险问题进行深入思考和有效防范,使企业步入长期、健康、持续的发展轨道。

二、我国煤炭企业多元化经营面临的财务风险

(一)筹资风险

由于资金供需情况、宏观经济环境等因素的变化,企业筹集负债资金给财务成果带来不确定性。煤炭企业开展多元化经营,扩大了企业运作的空间,需要适时地对人力、资本和技术进行整合,从而改变以煤炭为主的单一产业。随着煤炭主业和非煤产业的不断扩张,有时需要在异地建立非煤产业项目,发展一些如水泥、机械、医疗、房地产等,这就需要筹集更多的发展资金,来保证煤炭企业生产经营的正常运行。在多元化进程中,如果不解决好多个非煤投资主体和多种融资渠道的问题,就盲目地推进非煤产业,势必会加大融资风险。

(二)投资风险

我国煤炭企业在异地项目和一些大型项目上的投资,多受国家宏观经济环境的影响,

作者单位:平煤集团大庄矿

第二,投资风险的预警指标中,如果对投资收益率和基建投资支付能力有一个报警;或两者都没有报警,其他指标只有一个报警且都接近报警。

第三,财务管理风险指标中,经费自给率和公用支出比率都有一个报警;也可能两者都没有报警,其他指标只有一个报警且其他指标都接近报警。

总之,出现黄灯警报就要提醒财务管理者采取有效措施来处理。

3. 红灯

一般来说,出现红灯级别就说明高校的财务风险十分严重,必须给予高度重视。

第一,筹资风险和偿债风险预警指标中,学校累计贷款占总收入比率和现实支付比率已经突破预警线;或它们中有一个报警,且其他指标有两个以上指标突破预警线。

第二,投资风险的预警指标中,投资收益率和基建投资支付能力都已经报警;或其中有一个报警,其他指标有两个报警且都接近报警。

第三,财务管理风险指标中,经费自给率和公用支出比率都已经报警;或者二者有一个报警,其他指标有两个以上报警且其他指标都接近报警。

以上这些情况,无论出现的是哪一种,都是提醒高校财务管理者要及时采取对策,从而防范及降低财务风险。

五、结　语

综上所述,在我国高校管理模式不断变化的情况下,高校作为独立自主的法人,要面临一系列财务风险是必然的。所以,为了正确评价学校财务状况,就要构建一套财务风险评价指标体系,从而化解高校财务风险。

参考文献

[1] 张艳. 浅析我国高校财务风险评价指标体系构建[J]. 知识经济,2012(20).

[2] 李素红. 高校财务风险评价与预警模型构建[D]. 陕西:西安交通大学,2005.

[3] 闫达,胡信生,王希文. 高校财务分析指标体系有待完善[J]. 经济论坛,2012(11).

[4] 陶小平. 对高校负债融资风险防范的研究[J]. 时代经贸(中旬刊),2012(9).

[5] 黄丽萍. 高校负债风险及其评价指标体系分析研究[J]. 财会通讯(理财版),2008(11).

[6] 郭振伟,周丹,邹庆勇. 黑龙江高校财务风险评价指标体系实证研究[J]. 商业会计,2012(22):76-78.

简析企业财务风险管理的方法与对策

山红勤

财务管理是基于企业再生产过程中客观存在的财务活动和财务关系而产生的，是企业组织财务活动、处理财务关系的一项价值管理工作。企业财务管理活动中因受各种不确定因素的影响，随时面临着风险，因此企业要加强企业财务管理并及时对财务风险进行正确识别、预测、控制和处理。

财务是企业经济活动的价值体现，企业在市场中遇到的各种风险最终都会形成对收益的影响，从而形成财务风险。企业财务管理具有融资、投资、收入分配、资产管理决策等主要功能，它是企业业务经营的推动力量和企业治理的平衡力量，在企业发展中处于核心地位。因此，要做好企业财务风险管理工作。

一、财务风险的意义及起因

（一）财务风险及财务风险管理的意义

财务风险是指公司财务结构不合理、融资不当使公司可能丧失偿债能力而导致投资者预期收益下降的风险。从广义的角度来看，财务风险是指企业财务活动由于内、外部环境及各种难以预计或无法控制的因素影响，在一定时期内使企业实际财务收益与预期收益发生偏离，因而蒙受损失的可能性。

市场和供需是不断变化的，面对复杂多变的环境，企业必须持续不断的进行财务风险管理。通过这个持续不断的过程，企业可以改善财务规划和管理；通过对市场及经济的持续监控，为决策制定提供信息，帮助企业领导者作出合理的投资决策，并在进行外包和与对手交易时，进行尽职调查和监督。

（二）引起财务风险的原因

对于财务风险的的起因，不同的人有不同的观点，一种观点认为财务风险就是筹资风险，是企业在筹集资金过程中，由于未来收益的不确定性而导致的风险。一种观点认为企业财务风险是企业财务活动中由于各种不确定因素的影响，使企业财务收益与预期收益发生偏离，因而造成蒙受损失的机会和可能。还有一种观点认为财务风险是资本流通过程中的产物。

我认为第一种观点对企业财务风险的认识带有片面性，只是认为筹资风险是企业财务风险的全部，而忽视了企业其他方面所带来的财务风险。而第二种观点和第三种观点是从企业资金运动的整个过程来认识企业财务风险，认为财务风险从企业资本垫支一开始就产生了，随着企业生产程序更替而产生和积累了其他方面的风险，从总体上全面把握财务风险，对于企业的生产经营实践具有指导意义。因此，我更赞同后两种观点的看法，

作者单位：河南省建筑科学研究院有限公司

具体到企业我认为风险的起因又可以划分成内部原因和外部原因。

1. 内部原因

1）没有风险意识

许多企业的管理人员和决策者风险意识薄弱，在没有做好充分风险应对计划的情况下匆匆投资，面对突如其来的风险时也没有处理的经验和能力，致使企业在财务风险发生时束手无策。此外，一部分企业管理制度不完善，内部管理人员的权限设置不清，管理混乱导致重要财务数据外泄，可能引起更大的风险。

2）企业的资产结构不合理

企业大部分生产经营资金的来源为自有资金和借入资金。银行是大多数企业借入资金的来源，造成企业长期负债少，短期负债多。如果企业的资产负债率过大，或者出现支付危机，一方面使自己失去信任而加大其财务风险；另一方面又因逾期借款而使融资成本加大，如此恶性循环最终会导致企业资不抵债，面临破产清算的危险。这种产生财务风险的原因可以说是财务风险的本质。

3）企业赊销比重大

应收账款缺乏控制。目前市场已成为买方市场，企业普遍存在产品滞销现象。企业为了增加销量，扩大市场占有率，大量采用赊销方式销售产品。由于企业在赊销过程中，对客户的信用等级了解不够，造成了应收账款失控，相当比例的长期应收账款无法收回，直到成为坏账，严重影响企业资产的流动性及安全性，由此产生财务风险。

4）企业资产流动性弱

在流动资产中，存货所占比重相对较大，且很多表现为超储积压存货。存货流动性差，一方面占用了企业大量资金；另一方面企业必须为保管这些存货支付大量的仓贮费用，导致企业费用上升，利润下降，企业的资产流动性弱。

2. 外部原因

外部环境的复杂多变导致各种不同财务风险的产生。企业财务管理面临的环境包括国家宏观经济、法律、社会文化环境以及在市场经济中的各种欺诈、违约、投机取巧等因素。这些因素存在于企业之外，是企业所无法控制的，对企业的财务管理活动产生重大影响。由于这些因素的复杂性和多变性，增大了企业风险产生的可能性。

二、财务风险防范的方法、对策

财务风险管理是一个处理源于金融市场的不确定性的过程。它涉及评估一个企业面临的财务风险并制定与内部优先事项和政策相一致的管理战略，积极主动地解决财务风险会为企业提供竞争优势。面对财务风险，企业可以从以下几个方面进行管理。

（一）加强内部控制

内部控制是指为确保实现企业目标而实施的程序和政策。通过内部控制可以识别可能阻碍实现企业目标的风险因素并采取预防措施。内部控制的五要素是控制环境、风险评估、控制活动、信息与沟通、监察。

我认为要加强企业的财务风险内部控制，要做到以下几点：

（1）完善内部管理制度，各层次管理人员权限划分明确。

（2）建立内部审计机构，内部监督做到独立、有效的运行。

(3)内部审计人员应更加注重支出与效益的全面审查与比较,将支出的代价与相应的效果当成矛盾的统一体来对待。审查企业财务支出的有效性,改善经营管理,及时发现可能存在的财务风险。

(4)加强企业管理人员的风险意识教育和业务培训,全面提高企业全体员工的素质,使企业员工特别是企业的管理者牢固树立风险意识,从根本上杜绝财务风险的发生。

(二)提高财务决策水平

任命首席风险总监制定和实施企业风险管理战略,辅助财务负责人工作,以达到提高财务决策水平的目的。在实际工作中要做到以下几点:

(1)企业要进行财务预算管理,即企业实施全面的财务预算管理,以现有的财务会计方法为依托,与现行财务会计报告口径相衔接。

(2)要谨慎投资,在资金运转良好或有剩余资金的情况下,才去考虑获取额外报酬的对外投资。

(3)如果投资是生产经营的必须环节或是进行风险性投资,必须拟定严谨的投资计划,进行科学的投资回收评估和论证,选择最佳的资金投入时间,以避免造成资金短缺或运转不灵。

(4)合理进行投资组合。投资组合包括不同投资品种的组合、不同行业或部门的投资项目的组合和长短期限不同的投资组合等,以追求一种收益性、风险性、稳健性的最佳组合。

(三)合理安排资本结构,增强资产流动性

企业应根据自身情况充分利用自有资金,优化资本结构,使债务资本和自有资本比例适当,形成总风险最低的融资组合;从外部筹资时长短期债务资本的布局要合理,避免债务资本的还本付息期过于集中。在日常经济活动中最大限度合理利用应付账款、应付票据和预收账款等商业信用手段,以达到降低成本、提高资金使用收益的效果。

增强资产流动性,企业要做好资金来源、资金占用、资金分配和资金回收的测算和平衡,以确保资金的安全、增值和流动。不断完善应收账款的回收机制以规避风险发生,在资产组合中保持一定比例的易变现资产谋划好存货适时销售变现,并加快存货的周转,通过安全储备、合理订销、及时进出来优化管理。

(四)建立风险预警系统并使用财务风险管理技术

财务风险预警系统是对企业可能或将要面临的财务风险建立的进行监测、预报的财务分析系统。它是在微观财务指标的基础上建立预警模型,从宏观的角度综合反映企业的整体财务状况,有时还能反映系统的财务状况。在此基础上对各项功能的财务指标进行观察、识别,判定企业财务运行的状况,及时提醒财务管理者作好防范和补救措施。

(五)财务风险应对策略

管理层应该迅速针对已评估的关键性风险作出回应。可选的应对风险策略有风险降低、风险消除、风险转移和风险保留。管理层可以选择一个或多个策略结合使用。

1. 风险降低

“风险降低”的风险应对策略,亦称作风险缓解。不同的实际情况适用不同的风险降低方法。常用的一种形式是风险分散,即通过分散的形式来降低风险,例如在多种投资而非单一方面上投资。分散化的投资组合中包含回报率不同的资产,彼此呈弱相关或呈负相关。投资资产的分散化能够减少由于一个发行者失败而导致的损失程度。客户、供应商和资金来源的多样化能减少企业受到管理层控制范围之外的不利影响的可能性。虽然损失的风险仍然存在，但分散化能够减少巨大不利结果的出现机会。

2. 风险消除

"风险消除"策略包括风险避免、风险化解、风险排斥或风险终止。采用"风险消除"的目的是预期出现不利后果时，一并化解风险。

3. 风险转移

采用"风险转移"的目的是将风险转移给另一家企业、公司或机构。合同及财务协议是转移风险的主要方式。转移风险并不会降低其可能的严重程度，只是从一方移除后转移给另外一方。其中一种转移风险的方式是购买保险，购买保险具体来说就是企业通过向非关联的第三方付款，让其代为承担风险。

4. 风险保留

"风险保留"包括风险接受、风险吸收和风险容忍。采用风险保留时，管理层需考虑所有的方案，即如果没有其他备选方案，管理层需确定已对所有可能的消除、降低或转移方法进行分析来决定保留风险。商业环境是一直在变化的，因此企业要通过定期风险复核，控制风险情景并清楚何时应作出决策。进行积极的风险管理，如果已经特意作出了保留风险的决策，那么管理层应对付诸实施的影响及风险发生的可能性十分清楚。

三、对财务风险管理进行的探索

(一)将财务风险管理提升至战略高度上

财务管理为企业战略提供资金支持，是为提高经营活动的价值而进行的管理。它支持企业的总体战略，重要的财务决策大都是由企业最高当局作出的，大多数企业组织以财务目标作为整个企业的主要目标，以价值分析为基础，以促使企业资金长期均衡有效地流转和配置为衡量标准，以维持企业长期盈利能力为目的的战略性思维方式和决策活动。

1. 制定企业财务风险战略

首先，应根据公司高层管理者的经营风格、理念、风险态度，制定战略性风险的识别和风险价值的衡量的基础；其次，根据实现组织或企业财务目标的过程中面临的风险，确定筹资来源、资本结构和股利分配政策；接着，根据企业发展阶段和创造价值(或增长率)选择合适的财务战略；最后，根据企业成员的执行结果，不断反馈，不断修正财务战略，使企业的财务战略更好的反映和整合企业所面临的所有风险。

2. 企业财务风险战略与企业经营战略相协调

财务管理强调以稳健的财务政策和财务控制来支撑公司的持续和谐发展，杜绝用血本去博取高风险收益。控制风险的实质是在增长和盈利之间进行权衡。风险控制作为增长的制衡器，在一定程度上会打压增长、降低速度甚至缩水盈利，但这种态度将最终有利于企业的安全运营和健康发展。与经营战略中的增长、盈利有关的风险出现有以下几种情况：

(1)短期盈利，但长期不符合战略方向的增长。这种情况风险较低，可以使此项目适当发展，并在适当的时候出售这样的项目。

(2)长期可以带来盈利，但短期无法带来盈利。这种情况因为长期盈利的前提是短期内的超速增长，这就要考虑企业资源问题，如果企业有足够的资源可以承受大规模投入而短期不见效益的风险，不会发生支付能力、偿债能力危机或信用危机，则企业可以先求增长。如果出现超越企业能力极限的增长必然会给企业带来较大风险,必须抑制。

战略制定是个由表及里的过程,战略的决策必须基于企业的内部条件。面对迅速增长起来的资本规模和企业人员规模,企业必须针对它进行评估和整理,不能高估了企业的适应能力。否则,企业将只会看到其拥有巨大资源,没有看到整个企业的管理机制配置和协调资源的能力是滞后的。企业形式上是变大了,但观念上,管理机制和组织结构上都还停留在很低的水平上。在增长时,如果企业没有协调好财务战略与增长的关系,则很容易有陷入危机的风险。因此,在企业扩张战略下,公司要稳健发展,必须做到管理增长、追求盈利和控制风险,使企业增长、盈利和风险有机的协调。

(二)建立企业财务风险管理的文化

企业的文化对企业的各种控制系统及风险管理系统起着支撑、辅助和补充的作用。更为主要的是,企业文化作为一种无形的力量,影响着企业风险管理体系的运行,健康的企业文化是风险管理体系的基础,能够极大的增强企业应付危机的能力。风险管理最重要的一方面是将风险融合到企业文化和价值观。

创建风险管理文化的要素是教育和培训。企业可以通过培训班向其雇员提供对风险和风险管理作用的整体概述,并讨论风险。在工作中时时处处评估和发现风险,自发地协调和实现团队化风险控制,制度控制和文化引导双管齐下,努力提升企业的风险管理水平。

(三)用系统分析的方法对财务风险管理进行分析

彼得·圣吉曾做过一个"啤酒游戏",这个反映生产配销系统的波动现象的游戏,揭示了系统思考的重要性。按照系统思考的原理,任何一个不断成长的业务,背后都有一个或几个"成长引擎"即"增强回路",它把若干经营要素连接在一起,构成一个环环相扣的系统,并使得该系统得到自我增强。也就是说,随着时间的推移,系统每运转一圈,每个要素就得到一次增强,并引发下一次更大幅度的增强。如此循环往复,使得业务不断增长。如果想把业务做大,必须找到推动业务发展的"增强回路",并不断给这个增强回路"加油",如图1所示。

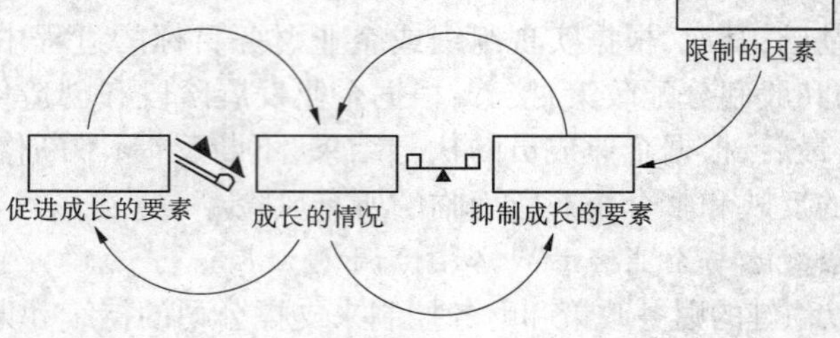

图1 增强回路"加油"过程

在进行企业财务风险管理时,也要将其融入企业整个系统中思考。可借助图1辅助思考,并将描绘出来的图形作为团队集体对话的交流工具和"共同语言",促进团队成员真正深刻地共享彼此对事物的理解,将团队成员的"目光"集中于一点,促进大家一起思考。这样可以充分考虑到企业面临的所有因素,做到短期目标与长期目标的系统思考,以及整个产业链的行业周期的思考,做到从看部分转为看整体。也只有这样才能使企业管理者不断改善心智模式,在遇到复杂的系统性问题时有效的避免风险。

煤炭企业战略重组与财务风险防控体系研究

杨　玲

近年来,为促进煤炭工业持续稳定、健康发展,国家大力支持煤炭企业进行战略重组,努力培育一批具有较强国际竞争力的大型企业集团。但是,在煤炭企业战略重组过程中,会产生大量的财务活动和财务决策,现实和潜在的财务风险是煤炭企业实现健康持续发展的主要问题。

一、煤炭企业战略重组的意义

煤炭企业战略重组是指煤炭企业为了提高自身的竞争力和运行效率,对其他企业的各类生产要素实行整合及分拆,以期实现资源的优化配置,提高企业的经济效益。

据统计,2013 年全国煤炭产量为 37 亿 t 左右,煤炭净进口 3.2 亿 t,而全年煤炭消费量为 36.1 亿 t,增速降至 2.6%。而 2013 年,我国煤炭企业集团数量大约有 6 321 家,其中,30 万 t 以下的小型煤矿有近 1 万处,平均单井规模不足 10 万 t/年。这一切表明,煤炭企业数量多、集中度低、竞争无序,煤炭供给量和产能过剩成为我国煤炭行业发展的瓶颈问题。在这种现实情况下,推进煤炭企业进行战略重组显得尤为迫切。因为煤炭企业兼并重组是化解煤炭产能严重过剩矛盾、调整优化产业结构、提高煤炭行业发展质量和发展效益的重要途径,也是煤炭企业加强资源整合、实现健康快速发展、提高企业竞争力的有效措施。

二、煤炭企业战略重组面临的财务风险分析

2013 年 11 月 18 日,国务院办公厅出台的《关于促进煤炭行业平稳运行的意见》(国办发〔2013〕104 号)明确提出:“有效整合资源,鼓励煤炭企业兼并重组,以大型企业为主体,在大型煤炭基地内有序建设大型现代化煤矿,促进煤炭集约化生产。”在这种大背景下,我国煤炭企业兼并重组和对外收购的步伐加快。但是,纵观企业战略重组的历史,重组后经营失败的例子并不罕见。在对失败的原因进行分析后发现,企业重组面临的财务风险是导致重组失败的主要原因。

(一)财务风险的含义

财务风险是指由于兼并重组而涉及的定价、融资、支付等各项财务活动所引起的企业财务状况恶化或财务成果损失的不确定性。财务风险的发生使兼并收购价值预期与价值实现偏离,导致企业陷入财务困境和财务危机,无法达到预期目标。

作者单位:平煤集团矿工俱乐部

(二)煤炭企业战略重组面临的财务风险类型

目前,我国大部分煤炭企业经济基础薄弱,资金筹措能力差。而从煤炭产业链来看,电力、焦炭、煤化工等项目都是资金密集型的行业,投资大、转换成本高,煤炭企业可能会因为兼并重组而引起财务状况恶化或财务成果损失。总体来说,煤炭企业战略重组的财务风险包括对自身和目标企业价值的评估风险、融资风险和整合风险。

1. 对自身和目标企业价值的评估风险

首先,对自身价值的评估风险主要表现为并购企业过高估计自身发展实力,没有充分挖掘目标企业所含潜力。其次,对于目标企业的评估风险主要表现为对目标企业资产价值和盈利能力的估计不准。

2. 融资风险

并购企业融资渠道主要分为两种,即外部融资和内部融资,不同方式的融资成本也不同。

首先,内部融资虽然没有筹资成本,也无须偿还,但是由于这种融资方式会占用企业大量的流动资金,降低了企业适应外部环境的能力与应对环境的能力,仍然面临财务风险。其次,重组企业如果从外部取得重组所需资金,就会出现负债融资,一旦经营环境恶化,重组企业就会产生到期不能还本付息的危险。负债规模越大,债务本息越高,由收益变动导致的丧失偿债能力的可能性就越大。同时,负债规模还决定了负债比率,负债比重越高,财务杠杆系数越大,投资收益率的微小变动就会对企业偿债能力产生重大的影响。因此,负债融资规模过度极易导致偿债风险的产生。

3. 整合风险

财务整合风险是指企业重组完成后,财务战略、财务资源、财务制度等不能即时有效地实现预期的财务协同效应而给企业带来损失的可能性。按照并购后财务整合的效果,可以将财务整合风险分为偿债能力风险、盈利能力风险、资源整合风险、发展能力风险、财务机制整合风险以及来自企业外部的与财务相关的环境风险。

三、煤炭企业战略重组的财务风险防控措施研究

(一)充分重视尽职调查,改善信息不对称状况

兼并重组前的尽职调查的主要目的是调查与证实目标企业的重大信息,防范并购财务陷阱,它是企业重组环节的重要组成部分,直接关系到重组的成功与否。

做好尽职调查的方式是聘请经验丰富、信誉高的中介机构。聘请会计师事务所、资产评估事务所等中介机构对目标企业的财务状况、经营能力等作出见证与评价,重组企业据此能够对目标企业未来的收益能力作出合理的预期,使目标企业估价较为接近其真实价值,降低定价风险。

尽职调查的内容主要包括以下几点:

(1)掌握目标企业的资本结构、财务比例状况,要求目标企业提供资产及负债清单,对价值较大的资产要进行现场核查,要明确隐性债务的承担。

(2)进行同业横向比较,判断目标企业的价值和财务结构的合理性。由于同业公司的产品周期、竞争环境及财务结构有相似之处,可以结合同业公司的财务状况来评价目标

企业的价值。

(3)关注目标企业的关联交易,防止其利用关联交易转嫁风险。

(二)制定合理的并购价格

并购价格是影响财务风险最重要的因素。在煤炭企业并购过程中,并购价格的确定是:以净资产公允价值加上或减去调整后的企业前3年平均净资产收益率作为并购价格的下限,以现金流量法确定的企业价值作为并购价格的上限,然后根据双方非财务动机及谈判等因素在该区间确定协商价格作为并购价格。

(三)选择适当的融资方式

煤炭企业对融资方式的选择需要综合考虑融资成本以及企业资本结构。在选择融资方式时,重组企业首先应考虑的是内部积累。但是,通常企业的内部积累资金都很有限,并购所需资金量往往又很大,这种情况下就必须同时选择合适的外部融资方式,银行等金融机构的贷款应该是首选。企业最后考虑的是利用证券市场,发行有价证券获取融资。

(四)调整和完善财务整合措施

调整和完善财务整合措施如下:

(1)并购企业要遵循成本—效益原则,综合考虑自身的资产与负债结构、资本成本以及机会成本的大小,进行资本结构的优化。

(2)扩大销售,控制成本。重组企业应在重组后充分利用目标企业带来的产业链或采购、销售渠道的优势,扩大一体化或多元化经营,力求寻找新的利润增长点。同时,企业还要进行成本费用的控制。

(3)提高资产利用效率。重组企业应遵循优化核心业务的思想,有取有舍,充分利用优质资产,盘活呆滞资产,剥离不良资产,这样才能改善资产质量,提高资产利用效率。

(4)提高资产管理水平与流动性。重组企业要及时、全面地梳理资产管理流程,加快双方资产的整合进度。最后,加快财务机制整合的速度。重组企业应尽量在短时间内完成双方投资、融资和资金制度的整合;建立和完善严格的资金授权、批准、审验等内控制度;财务组织机构整合过程中,财务负责人要科学合理地进行各岗位的设置,明确各岗位的权责与工作内容,注意不相容岗位的分离,避免人浮于事,避免人为操作风险。

综上所述,煤炭企业战略重组过程中,财务风险的防控十分重要,只有在重组的各个环节加强对财务风险的防控,才能有效提高重组企业对风险的应对能力,使重组企业与快速变化的环境相适应,取得持续稳定健康发展。

存在很多不确定因素，因此项目的收益存在不稳定性。而且管理层风险意识差，不注重理财，造成大量资金的使用不当。利用闲置资金进行投资时，往往只考虑投资收益而忽视了投资风险，投资项目又单一，缺乏对投资项目的风险组合研究的科学性，不合理考虑某些新建项目的投资规模就盲目进入不相关领域，以致很多项目不但没有收益，资金也很难收回来，给公司造成巨大损失。

（三）资金回收风险

目前，我国煤炭企业的资金回收风险主要表现在应收账款总量居高不下，呆账坏账时有发生，存货周转不灵。随着煤炭企业经营状况的好转，虽然企业领导加大了管理力度，但是催收应收账款的思想意识不强，账龄管理流于形式，没有将收款责任落实到具体的部门。而存货是财务管理的一项重要内容，如果企业的存货超储存积压，结算资金就不能及时地转化为流动资金，严重降低资金的流动性和安全性，势必影响资本结构的构成，造成企业的不良债务，从而使煤炭企业的流动资产占总资产的比例增大，企业开展多元化经营就会缺少足够的流动资金来维持运转，在一定程度上加大了多元化经营的财务风险。

（四）收益分配风险

我国煤炭企业进行多元化经营，投资主体的多元化也随之出现，对收益进行合理有效地分配将显得越来越重要，也是财务管理的一项重要工作。而不合理的收益分配政策，影响权益与负债的比例，降低企业的偿债能力，打击投资者的积极性，降低企业的声誉，也容易增加煤炭企业的财务风险，给企业今后的发展带来不利的影响。

三、我国煤炭企业多元化经营财务风险的防范

（一）选择合适的财务战略

煤炭企业开展多元化经营应该选择与其发展阶段相适应的财务战略。企业集团总部和煤炭生产占主导的矿井，宜采用稳健性的财务战略，适度负债和分配，以实现集团业绩和资产规模的稳步增长，提高现有资源的利用效率。对异地型的矿井、机电、医药、房地产业等采用扩张型的财务战略，高度负债，实现资产规模的迅速扩张。对于资源枯竭的矿井则采用收缩性财务战略，低度负债，尽量减少现金流出，盘活存量资产，集中资金发展主导产业，增强主导业务的竞争力，防止出现财务危机，以寻求新的发展机遇。

（二）建立有效的财务风险预警机制

财务风险预警机制是财务管理制度进行创新的必然要求，企业必须拥有长远的发展眼光，从企业的根本利益出发建立财务风险预警机制，将企业的财务风险预警列入企业的日常事务管理中，通过流动比率、速动比率、应收账款周转率、资产净收益率等财务指标来分析和预算企业的财务风险，对企业每一项重大财务风险的类别和程度进行掌握，便于财务管理人员及时分析。

（三）采取以技术为主的防范措施

（1）筹资风险的防范。建立合理的资本结构，优化筹资环境。采取多元化的融资渠道，分散风险。长期且大型的项目采取以外部银行为主，内部融资为辅，短期急需的资金尽量从企业内部获得，选择设计合理的资本结构，注重长短期债务相互搭配，从而降低资金成本，利用财务杠杆的作用来提高资金的使用效率。还要进一步严格控制负债规模，保

持谨慎的负债比率,避免企业无力偿还到期债务而陷入财务困境。只有这样才能为企业筹资创造良好的环境,提高投资者的积极性,吸引来自各方的投资。

(2)投资风险的防范。企业多元化经营中要慎重选择投资方式,科学决策,合理规避风险。企业要敢于进行风险投资以获得超额利润,又要避免冒进和盲目,尽可能降低或者避免风险。对项目进行投资,要按照严格的投资程序,对项目进行可行性分析和研究,制订切实可行的投资计划,科学进行投资回收评估和论证。

(3)资金回收风险的防范。主要采用预防的方法,加强对应收账款的管理,加大资金回收力度,企业财务部门要定期编制应收账款账龄分析表,加强账龄管理,尽快收回销售货款。制定的收账政策要把握好松紧力度,过松,会导致企业预付款的拖欠时间变长,影响企业的长期发展;过紧,容易使无意拖欠的客户产生误解,影响企业的销售和利润。因此,要事先对客户特别是大宗客户的信用、偿债能力以及财务状况进行评估,预防坏账的产生。

(4)收益分配风险的防范。企业通常采用预防财务风险的方法,现金流入与流出以及收益分配政策等方面加以考虑。企业以留存收益为基础来扩大投资规模,依赖利润分配来扩大股东的财产。当企业开展多元化经营继续扩张时,需要筹集大量资金,而税后利润通过股东追加投资的形式留存于企业,以保证现金流入与流出的协调。分配收益时,企业要将收益分配政策与筹资政策加以比较,争取利用企业内部筹资资金成本低的优势,达到降低综合资金成本的目的,以减少财务风险。

我国煤炭企业在实行多元化战略时,一定要结合自身的特点,在主业做大做强的基础上有计划地开展多元化经营。同时,还要对多元化经营中的财务风险进行有效防范,切实保证多元化经营良性发展,取得煤炭企业可持续发展的胜利。

参考文献

[1] 郭庆春.枣庄矿业集团多元化经营战略研究[D].上海:复旦大学,2006.
[2] 赵红秀.煤炭企业财务风险分析及防范对策[J].会计师,2009(8):73-74.
[3] 张建军.徐矿集团如何防范多元化经营的财务风险[J].煤炭科技,2007(3):15-17.

低碳经济背景下煤炭企业财务风险评价研究

段 宇

煤炭行业是我国的主要能源产业之一,一直以来煤炭行业的发展面临着诸多问题,特别是我国低碳经济政策的实施,对煤炭企业的发展与管理提出了新的挑战。本文以财务风险为视角,对低碳经济背景下煤炭企业的财务风险进行研究。

一、低碳经济背景下煤炭企业财务管理环境的变化

(一)政策环境的变化

国家实施相关政策鼓励新型能源的研究开发,会造成煤炭需求量的下降。据权威部门的研究报告显示,预计未来20年内,我国将加大对可再生能源领域的总投资,预计将有3万亿的资金投入到该领域的开发研究之中。风能、太阳能、核电能的发展速度将取得飞快的进展。我国新能源产业将逐步在未来的发展过程中实现规模化经营,这对我国改善能源结构、实施清洁生产提供了良好的机遇,但新能源的蓬勃发展对煤炭企业的可持续发展增加了巨大的压力,煤炭企业面临着煤炭销量的急剧下降,煤炭企业不得不在新形势下进行整改。

(二)金融环境的变化

银行业实施绿色信贷政策,促使金融资金流向低碳企业。《绿色信贷指引》政策的出台彻底改变了低碳经济背景下煤炭企业的融资环境,该指引是中国银行业监督管理委员会对金融业发布的贷款信贷标准的新规定,该指引要求银行业在对企业进行放贷审核时,不再仅仅注重企业资产状况和财务状况,而应该兼顾企业在生态环境方面的表现,该指引中明确规定将借贷企业的环保数据纳入考核范围。并根据环保部门提供的环保数据对企业进行等级划分,根据企业在生态环境保护方面的表现从优到差依次划分为绿色、蓝色、黄色、红色和灰色。处于最后两级的企业属于重度污染企业,银行业应该对其实施零信贷投放,同时对该类企业,政府会禁止增加任何形式的政策支持。《绿色信贷指引》政策的出台势必会对煤炭企业的融资环境造成不利影响。

二、低碳经济背景下煤炭企业财务风险分析

(一)资产负债率较高,流动比率低

我国的煤炭资源储量丰富,很多民营的小煤矿企业参与到煤炭资源的开采过程之中,这些企业相关管理制度不健全,开采过程存在弊端。“十二五”以来,我国出台了相关的政策措施,关闭了一大批不符合安全生产标准的煤矿企业,很多大型煤炭企业也在此期间

作者单位:河南省新郑煤电有限责任公司

进行资源整合，对生产规模进行扩大，虽然这种兼并实现了煤炭企业的规模化生产，但由于规模扩大需要投入大量的固定资金，利息支出压力过大，一部分煤炭企业的资产负债率接近70%，通过对上市煤炭企业的财务状况研究发现，大多数煤炭企业面临着流动比率不足的问题，同时资金来源中负债资金的利率过高，资金结构不合理，这些问题给煤炭企业的正常运营造成了压力，利息压力巨大，给煤炭企业的正常运营带来了风险。

（二）成本费用率较高

煤炭资源的开采流程相当复杂，从开采到最终煤炭的使用，经过很多生产环节，从而造成了煤炭企业成本费用居高不下。具体而言，煤炭企业主要的成本费用有开采设备的折旧费，企业工作人员的薪酬、地面坍塌的补偿费用、安全费用等内容，而在我国当前低碳经济的宏观背景下，对煤炭企业成本费用控制又提出了新的挑战，资源税费改革提高了煤炭资源的税率；以此弥补煤炭企业在开采过程中对环境造成的破坏性影响，从使煤炭企业的这部分外部成本内部化，从全社会的角度来看，这有利于低碳经济政策的实施，但却提高了煤炭企业的成本费用水平。

（三）固定资产投资增长过快

随着我国经济发展速度的提高，对煤炭的需求量也越来越大，这促使煤炭企业的规模不断扩大，对固定资产投资的需求也日益旺盛。据权威部门相关资料显示，去年全年中我国煤炭企业固定资产投资的金额达到近5万亿元，同比增长达到25%。

三、低碳经济背景下煤炭企业应对财务风险的措施

（一）筹资策略方面的应对措施

低碳经济已经成为人类社会实现可持续发展的唯一发展模式，在《绿色信贷指引》的要求下与相关政策的实施使煤炭企业在资金筹集方面面临着新的挑战，积极谋划新的、符合国家政策的筹资渠道，拓展新的筹资方式，才能更好的应对低碳经济背景下的筹资问题。具体来说，煤炭企业获取资金支持的方式有以下三种：

第一，可以借助国家和国际基金组织的力量，申请资金援助，从而降低筹资的成本。煤炭企业固定资产投入高，资金的投放量巨大，筹集资金的成本成为煤炭企业应对现金流问题的主要挑战，通过向国家特定组织申请资金援助，可以以较低的利率获取相关部门的资金支持。因此，这对于低碳经济背景下的煤炭企业而言是获取资金支持的有效途径。

第二，煤炭企业在经营过程中将剩余利润积累起来，按照会计制度的要求提取一定比例的公积金，这些公积金也是为企业提供资金的重要来源。提取的低碳公积金专门用于企业补救在经营过程中对生态环境造成的破坏，同时还应强化煤炭企业内部审计部门的职能，确保低碳资金能够专项专用，使煤炭企业能够尽快的摆脱“三高”的帽子，达到国家规定的低碳标准。

第三，发行股票或债券也是筹集资金的一种有效方式，在低碳经济背景下通过发行低碳的股票或低碳的债券筹集资金，不仅能够解决煤炭企业的资金缺口，更为重要的是能够在社会公众面前为企业树立一种节能环保、低碳经营的良好声誉，进而促进煤炭企业在经济价值和社会价值方面全面提升。

（二）运营策略方面的应对措施

从传统意义上讲，财务管理中所指的营运资金管理主要是指做好资金的调配使用，在

资金能够充足供给的前提下又不至于导致资金的闲置浪费。低碳经济背景下的煤炭企业在营运策略上应该基于传统营运资金管理,避免因为生态环境问题的发生而对资金的使用情况作出不合理的安排。煤炭行业在具体的营运过程中,要维持资金在使用过程中的收支平衡,确保资源的配置效果达到预期的标准。为此,就必须清楚的掌握在特定时间内现金流出和现金流入的真实情况,从而使资金达到合理的配置。具体而言,一方面要做好现金流的预测工作,其主要的目的是要增加对环境保护和减少资源耗费方面的资金使用量的预测;另一方面要做好流动资产的管理工作,使到期的资金能够及时地回流到企业,从而解决流动资产使用效率低下的问题,提高流动资产的配置效率。

(三)资金分配方面的应对策略

资金分配解决的是煤炭企业资金的去向问题,资金流向何处关系到煤炭企业未来的战略目标,能够影响煤炭企业全体职工工作的积极性。就资金分配的内部影响而言,低碳经济背景下的利润分配可以引起煤炭企业投资者对生态环境保护的重视,以及提高他们对环境保护的信心;就资金分配的外部影响而言,低碳经济背景下的利润分配能够增加煤炭企业债权人的信心,使他们能够从心理上认同借款的煤炭企业,这就从源头上解决了煤炭企业对生态环境进行保护所需要的资金问题。煤炭企业在进行利润分配时的具体做法如下:

第一,煤炭企业在进行利润分配时除考虑传统意义上的提取盈余公积外,应该应提取低碳公积金,作为煤炭企业低碳资金内部积累的来源之一。低碳公积金的提取顺序应该置于传统意义上的法定公积金和任意盈余公积金之间,煤炭企业应该根据自身的盈利状况以及未来企业低碳发展的战略规划,确定比例来提取。提取的该笔低碳公积金可以用于支持企业的低碳项目,例如环境治理、污染物治理设备的购入。

第二,煤炭企业对于企业所有者的股利分配也是利润分配中重要去向之一,做好股利分配有利于煤炭企业低碳模式的长远发展,能够激发股东发展低碳经济的积极性,使企业股东保护环境的责任意识得到增强,有利于使潜在的股东看到实实在在的实惠,加入到投资者的行列,从而吸引更多的资金,为企业低碳项目的发展奠定雄厚的资金基础。

四、结　语

本文着重对煤炭行业在低碳经济背景下的财务风险状况进行测评。分析了低碳经济概念的提出对煤炭企业财务管理环境所造成的影响,煤炭企业在低碳经济发展模式下面临的相关政策、筹资方面的风险,并且提出了在新的形势下财务风险控制手段建议措施,以此来保障煤炭企业的可持续性发展。

参考文献

[1] 曹振江. 国有大型煤炭企业财务风险研究[J]. 会计之友,2011(9):43-44.

[2] 任慧芬. 煤炭行业财务风险预警指标体系分析[J]. 会计之友,2011(24):62-64.

[3] 杨春梅. 低碳经济下煤炭企业税费调查研究——以开滦(集团)有限公司为例[J]. 财会研究,2011(10):20-22.

[4] 宗云峰. 煤炭企业发展低碳经济探讨[J]. 煤炭工程,2011(1):123-125.

我国煤炭业的外汇风险管理

蒋小斌

随着各国经济合作交往和经济全球化的加强,我国已经并且即将有越来越多的企业将走向国际化,在全球范围内参与国际竞争。他们在国际贸易和国际金融市场筹资投资中,将不可避免地面临各种汇率风险。如果疏于防范,很可能会将企业在经营管理上取得的效益毫无意义地损失在汇率的波动上。大量事实表明,中国国际企业在国际竞争过程和自身发展中对外汇风险的研究与管理缺乏系统的分析和认识,而与此情况不同的是,在西方的企业财务管理理论中,外汇风险管理占据着相当重要的位置。所以,中国的国际化企业探索外汇风险管理的具体措施成为其当前所面临的紧迫任务。

一、外汇风险管理概述

(一)外汇风险的定义

外汇风险(Foreign Exchange Exposure)也称汇率风险,是指汇率变动对企业业绩的潜在影响。这种影响表现在两个方面:一方面,汇率的有利变动可能导致企业现金流量的增加;另一方面,汇率的不利变动可能导致企业现金流量的减少。一般汇率风险管理主要针对的是不利变动。汇率未来可能的变化导致企业预期的现金流量发生波动,汇率可能的变化越大,现金流量可能的波动越大,企业面临的风险也越高。

(二)外汇风险的种类

按照外汇风险产生的原因和对企业的影响不同,可以将外汇风险分为以下三类:

(1)交易风险(Transaction Exposure)。是指汇率变动对企业已经发生尚未结算的外币债权、债务的价值产生的影响,从而导致企业未来收入或支出的现金价值发生改变的风险。

(2)经济风险(Operating Exposure)。又称经营风险,是指汇率变动对企业的产销数量、价格、成本、费用等产生的影响,从而导致企业未来现金流量发生改变的风险。

(3)折算风险(Translation Exposure)。又称会计风险、账面风险、换算风险,是指国际企业在合并财务报表时,将不同货币计价的财务报表折算成统一货币计价的财务报表的过程中,企业报表反映价值发生改变的风险。

由于折算风险仅仅是账面风险,如果管理它可能会产生新的汇率风险,所以企业实务中一般只针对经济风险和交易风险进行管理。本文也主要探讨经济风险和交易风险的管理。

作者单位:上海神火铝箔有限公司

二、外汇风险管理方法

(一)交易管理法

企业可以利用金融市场工具进行套期保值,其中最常见的包括远期合约、外汇期货、外汇期权、货币市场工具,企业可以根据自身情况,根据成本—收益原则对金融工具进行选择。

(1)利用远期外汇交易套期保值。"远期外汇合约是银行和客户之间就将来用一种货币兑换另一种货币达成的协议"。由于远期外汇交易在签订合同时就已经规定了买卖货币的汇率,因此企业可以肯定地预知将来收到或支付的货币价值,从而排除未来现金流量不稳定的风险。当企业拥有外汇债权时,可以通过出售远期外汇保证将来的本币流入金额;反之,当企业拥有外汇债务时,则可以通过购买远期外汇锁定支付的本币。远期合约是在汇率发生波动时最常用的套期保值工具。

(2)利用外汇期权套期保值。外汇期权交易指买卖双方达成外汇买卖合同后,买方在向卖方交纳一定的保险费后,有权在到期日或到期日以前要求卖方按商定汇率和金额执行所签订的合同或者完全放弃所签订的合同。当企业因为出口或投资合约将产生未来的外汇流入时,应买入看跌期权;当企业因为进口或借款合约将产生未来的外汇流出时,应买入看涨期权。企业到期是否执行期权,关键是看在未来决策时期权执行价和即期汇率的高低。

(3)利用货币市场套期保值。货币市场套期保值又叫作借款—投资套期保值。当企业存在外汇债务时,企业可以借入本币购买外币来投资;当外汇债务到期时,用投资所获外币支付外币债务,同时归还本币借款本息。由于本币借款本息、外币投资本息以及目前货币兑换的即期汇率都是已知的,因此企业就固定了其外汇债务未来需要支出的本币价值。当企业存在外汇债权时,企业也可以采用借款和投资的方式固定未来收到的现金流的本币价值。企业可以借入外币,并将其兑换成本币进行投资;当外汇债权到期时,企业用收回的外汇债权归还外汇借款,其本币投资的本息和则是固定了的外汇债权的本币价值。

(二)非交易管理法

如果交易费用太高或无法获得可提供保值的工具,企业可以采用一些非交易的管理方法。

(1)提前与延迟结算。若判断外币将升值,持有外汇债权的企业可以争取延迟收款,持有外汇债务的企业可以争取提前付款。反之,若判断外币将贬值,持有外汇债权的企业可以争取提前收款,持有外汇债务的企业可以争取延后付款。当然,在实务中,提前或延迟结算的办法,可能因为政府限制或者交易双方对汇率的预期相同,导致此法应用失败。

(2)设置再开票中心。该措施是跨国公司管理内部贸易产生的交易风险的有效措施。当发生内部贸易时,出口方先将商品出售给再开票中心,但出售行为只停留在账面上,货物则是直接从出口方运往进口方。出口方用其本币向再开票中心开出发票,再开票中心同时以进口方本币向进口方开出发票,将商品销售给进口方。这样,进出口双方完全避免了外汇交易风险,交易风险则集中到再开票中心,再开票中心则采取通过提前或延迟结算、交易工具保值等措施对交易风险进行集中管理。

(3)其他方法。国际企业还可以采用其他一些方法和措施降低交易风险,例如调整进口或出口所使用的计价货币,使进口和出口尽量使用同一种货币,让外汇债权与债务能够最大限度地抵消;交易中尽量选用对自己有利的货币或本币等。

(三)经济风险管理

汇率变化对国际企业未来的利润和现金流量具有长期而持续的影响。经济风险涉及企业的供产销各个环节,控制经济风险需要企业全体高层管理者的参与。对经济风险的管理主要有事前的多元化经营安排和事中的企业经营重构。当国际企业在全球范围内分散经营时,某个国家的汇率变化对该国子公司的不利影响可能被在其他国家受到的汇率变化的有利影响所抵消,整个企业的经营风险就可以相对减小。企业经营重构是指对受到汇率变化严重影响的子公司的业务流程进行重新构建,平衡业务流程中各项目对汇率变化的敏感性,从而降低整个业务的经济风险。

三、我国煤炭行业未来加强外汇风险管理的必要性

对煤炭行业来讲,煤炭的出口、进口以及外汇贷款的主要计价货币均为美元,美元对人民币汇率波动幅度加大、美元未来不定的走势都将给我国煤炭行业带来外汇风险,使外汇风险管理成为煤炭行业财务管理中重要的一环。

我国汇率改革使外汇风险加大。近年来,随着人民币国际化进程,美元和人民币之间的汇率波动区间逐渐扩大。自 2007 年 5 月 21 日起,银行间即期外汇市场人民币兑美元交易价日浮动幅度由 3‰扩大至 5‰。自 2012 年 4 月 16 日起,人民币兑美元汇率波动区间由之前的 5‰增加到 1%。这些政策的出台,标志着人民币汇率弹性进一步增强,对我国进一步完善人民币汇率形成机制改革、实现经济平稳健康发展都具有重要意义。

人民币双向波动是我国汇改的必然方向。因为从长期、基本面来看,人民币已经不具备持续、大幅升值的条件。一是目前的人民币汇率水平很可能已经接近均衡水平。二是未来生产率增速放缓将减轻人民币升值压力。三是美国经济未来仍具增长潜力,美元持续贬值的可能性不大。显然,美元对人民币的弹性增大和汇率的双向波动将进一步加大涉外企业,包括煤炭行业企业的外汇风险,企业的外汇风险管理将更加重要。

四、我国煤炭行业外汇风险管理的完善对策

(一)经济风险管理对策

如果美元对人民币升值,将对煤炭行业煤炭进口、外汇贷款等债务带来外汇汇兑损失;如果美元对人民币贬值,将对煤炭行业煤炭出口带来外汇汇兑损失。经济风险管理的目的在于预测和引导意外外汇汇率波动对公司未来现金流量的影响。从一般意义上来讲,不管是美元升值还是贬值,有效防范和控制经济风险的最好方法是在全球范围内将公

司的经营和融资多元化。

融资多元化则意味着在多个金融市场上进行多种货币的融资。煤炭企业在世界各国具有多年的涉外贸易经验，对各国金融市场相对熟悉，可以在不同金融市场，如美、日、欧市场进行多币种组合融资，经营和融资的多元化可以使得煤炭企业经济风险因相互抵消而趋于中和。

（二）交易风险管理对策

（1）利用远期外汇套期保值。为避免煤炭出口对煤炭企业的交易风险，企业可以选择利用远期外汇套期保值。在出口交易中，为避免结汇时收到的以美元结算的货款贬值，煤炭企业可以在远期市场上，卖出与货款等额的美元，到期时，用收到的美元货款净流入款在远期市场上交割。在煤炭进口或美元贷款交易中，可以在远期市场买入与货款等额的外币，以避免交易风险。

（2）货币市场套期保值。煤炭企业对外汇债务的保值，当企业用外币购买固定资产或原材料时，可以先以借入本币购买外币进行投资，当外汇债务到期时，用投资所获外币支付外币债务，同时归还本币借款本息。由于本币借款本息是已知的，因此企业就固定了其外汇债务需要支出的本币价值。对于像外币应收账款等外汇债权的保值，煤炭企业也可以采用借款和投资的方式固定未来收到的现金流的本币价值。企业可以借入外币，并将其兑换成本币进行投资；到期时，企业用收回的外汇债权归还外汇借款，其本币投资的本息和则是固定了的外汇债权的本币价值。

第二篇　会计核算与财务分析

实施内部市场化管理，细化成本控制
——以永城煤电控股集团有限公司为例

王天忠　罗国逊

2007年，随着煤炭行业兼并重组序幕的开启，永城煤电控股集团有限公司（以下简称永煤集团）利用自身优势，积极参与其中，经过近几年的发展，永煤集团已成为跨地区、跨行业、跨所有制的总资产过千亿，每年利税过百亿的大型企业集团。随着永煤集团的逐步壮大，集团内部的管理模式也进行了改革，通过实施内部市场化管理，将传统的管理协作关系转变为链式结算关系，逐步实现了企业对成本控制和自主管理的有机结合，逐步适应集团公司的发展。

一、转变观念，搭建平台为实现内部市场化管理建立软基础

（一）提高市场化认识，实现员工自主管理

永煤集团积极在内部开展市场化宣传和培训，在干部职工中树立起成本管理的观念，提高职工对成本管理工作的重要性认识，使职工思想上有过去的“花了算”转变为“算着花”，使每个职工充分认识到企业的发展和自己的切身利益息息相关，使职工转变观念，人人学管理，人人会管理，形成全员成本管理的氛围。

（二）构建内部市场化信息平台，细化成本控制

永煤集团借助中国矿业大学的先进研发科研能力，与其共同研发了精益管理信息系统，该系统是市场化管理工作的信息平台，在集团企管、贸易、财务等职能部门的共同努力下，积极推进该系统的普及应用，实现市场化系统与财务成本管理的紧密结合。精益管理信息系统在内部市场化工作中的应用，一是提高了材料管理、设备管理、市场结算的信息化程度；二是把仓储管理由矿供应仓库延伸到区队二级仓库，通过信息共享强化了二级库管理，实现了利用二级库材料出库考核区队，真正做到日清日结。

作者单位：河南能化永城煤电控股集团有限公司

（三）建立健全内部市场化管理制度

推行内部市场管理，是建立和完善经营管理机制，加快管理创新步伐，全面提升管理水平，实现管理精细化、科学化和规范化的必然要求。应当制定实行内部市场管理总体安排，明确内部市场化管理的基本框架、基本内容和工作进度安排。对健全内部价格、完善计量手段和结算制度、加强适时监控、经济仲裁作出具体规定，保证内部市场化管理正常运行。使生产者成为经营者，并有效控制市场行为。从而实现生产要素的最佳配置，达到降低成本、提高效益的目的。

（四）完善内部结算体系

在建立内部市场体制的前提下，开展内部结算。将集团公司下达的目标成本分解为吨煤成本、进尺米单价等指标。主要利用计算机网络，将全矿所有生产单位、经营单位、服务单位的经营活动都实行内部结算，实现收入、材料、电力等消耗性支出及时结算，租赁等费用按日平均结算，做到“日清日结”，达到每个区队、工序都能明白自己当日的经营成果，每个岗位、每个职工都能明白自己当日的工资收入，真正实现全员、全过程控制成本费用，达到人人关心劳动成果的要求。

（五）强化管理部门职责

基于内部市场的成本控制流程是一项系统工程，涉及预算数学模型建立、市场主体确立、组织结构调整、管理流程再造、内部价格体系完善、结算制度更新等各方面的工作，为保证积极稳妥推行，机关职能部门要认真组织实施，列入部门效绩考核，制定工作目标，落实责任，整体推进。各矿按照集团公司统一安排部署，成立机构，建立制度，加快工作进度。同时，应明确职能部门成本管理职责，负责分管业务涉及的材料、工资、电力、修理费、租赁费等成本项目控制指标的执行与控制工作，加强成本控制。

二、注重指标考核，落实经营责任，构建成本管理考核体系

（一）细化分解指标

永煤集团以年经营指标为指导，结合各单位实际情况，把成本目标分解到每个成本项目，最后落实到各职能部门，形成压力层层传递，目标成本控制指标与工资资金挂钩，明确责任，严格考核，完不成考核指标的逐级扣罚当月的工资及奖金。同时抓住每一环节，实行全过程成本管理，加强事前、事中、事后成本的分析、监控和总结，建立与成本同步运行的成本监控和信息反馈系统，实施对生产经营过程各环节的日常成本控制，及时发现问题；对成本异常情况，随时分析出现异常的原因，以针对性的措施保证成本目标的实现。

（二）加强考核力度，落实经营责任

加强考核力度，落实经营责任。成本管理的效果好坏，关键在于考核与落实，考核工作不到位，经营责任不能得到落实，那么各项管理制度和措施都将流于形式。只有狠抓落实，才能变压力为动力，调动职工抓管理、降成本、增效益的积极性，在干部职工中树立起成本管理的观念，提高对成本管理工作的重要性、紧迫性的认识，将成本控制工作作为经营管理工作的重中之重，使职工真正能把成本控制与自己的切身利益联系在一起，增强职工的主人翁责任感，真正形成全员成本管理的良好气氛。

三、充分发挥内部市场化运作作用，降低成本投入，促进经济效益的提升

（一）提高了材料管理效率，节约了材料成本

通过精益管理信息系统使材料管理从区队上报需求计划到材料采购、材料入库、领料申请、领料审批、材料领用等一系列的流程实现了网上办公，进一步严格控制材料管理的各个环节。首先，在采购环节上实行统一招（仪）标，优先选择质优价廉的材料，降低了材料的采购成本。其次，在领用环节，通过精益管理信息系统对物资的消耗建立起了一套行之有效的监控系统，可以利用计算机对生产过程中的物资消耗进行详细记录、分析、对比，通过监控将超额情况及时返回到管理层，尽早查明超额原因，最大限度地降低材料领用环节出现浪费现象的概率。最后，加强现场材料使用环节上的监督，施工现场材料必须分类码放、挂牌管理，除正在使用的材料，不得有零星材料，对因不按照用途使用或挪作他用造成材料浪费者，按照材料原有价值的 2 倍对用料单位进行罚款。

（二）设备实行动态管理，降低租赁、维修成本

利用精益管理信息系统设定设备的日租单价，根据基层单位实际使用期间进行租赁费用结算，租赁设备管理实现了日租赁，闲置不用的设备及时退租，节约了租赁费用。同时，对设备的维修进行管理，以备后续统计查询什么时间段什么设备某个部件最容易损害，实现了设备的动态管理，提升了设备的利用效率，降低了设备的维修成本。

（三）优化库存，加速材料周转，降低资金成本

井口超市是永煤集团矿井单位材料管理亮点工程之一，通过井口超市实现物资发放的精细化管理，使有限的资源得到合理配置。通过全面推行井口超市管理，逐步实现二级仓库的零库存管理，使各种物资储备始终处于合理状态，既保证生产需要，又避免物资积压，有效地减少储备资金的占用。通过优化物资管理模式，加速了物资周转，降低了运输费用，提高了企业的经济效益。

（四）深入开展修旧利废工作，降低成本费用

各单位严格执行交旧领新制度，指定专人回收管理，并及时按规定办理结算手续。对不能严格执行交旧领新制度的单位，依据其欠交回收比例和价值执行罚款。废旧物资要按指定地点存放，做到码垛整齐、交接账卡齐全、分类登记。为加强修旧利废管理，充分利用废旧资源，将费用物资管理纳入精益管理信息系统管理，所有区队都能够通过系统查询、领用废旧物资库的材料明细，实现费用物资收、发、存的网络化管理，达到了资源共享的目的，大大加快了废旧物资的周转速度，有效降低了生产成本。

参 考 文 献

[1] 夏学英．煤炭企业成本精细化管理的方法与策略研究[J]．中国煤炭，2011(7)．
[2] 杨步明．论内部市场化成本控制工程的实施[J]．会计之友(中旬刊)，2006(3)．

预算目标成本管理模式在煤炭企业成本管理应用中的探讨

王文杰　王团委

煤炭企业面对2012年以来煤炭市场大幅下滑的严峻形势，面临复杂多变的经济环境和日趋激烈的市场竞争，成本优势的取得对于企业的生存至关重要。而成本优势的取得坚决不能只限于成本本身，应从价值链管理的高度去优化工艺和工艺流程，挖掘节支降耗和获取利润的潜力，核心优势得以持续保持。

一、煤炭企业成本管理的局限性

美国哈佛大学波特教授认为，价值链就是企业生产经营过程中"所有增加价值的步骤"所组成的全部有组织的集合体。价值链管理就是调整作业管理策略，用系统性的方法分析企业各项活动及其相互关系，将组织优化到具有有效性和高效率的战略位置，从而保持具有竞争优势的资源。企业的成本管理就是为了取得低于竞争者的累积成本，从而赢得比较成本优势。从价值链的角度分析来看，煤炭企业传统成本管理存在很多方面的局限性。

(一)成本管理意识不强

成本管理的主体仅限于个别管理人员及财务部门，其目标仍是降低生产成本，忽视采购成本、销售成本、安全成本、环境成本等间接影响因素，没有结合企业的中长远战略目标，缺乏战略成本管理的意识。

(二)成本动因定位单一

企业成本管理停留在传统成本的理念上，成本发生的唯一动因就是产量。认为成本的增加由产量推动，只是关注在产品层次上，还没有深入到作业环节层次，为企业作业分析提供成本信息不准确，不能满足企业的现实需要，影响到成本控制和管理的效果。

(三)成本管理环节少

传统的成本管理只注重生产环节中成本的管理，而在产品的研发、设计、试制及售后服务等环节缺乏成本控制和管理，没有认识到企业内部各种作业环节之间存在着密切的关联性。另外，传统的成本管理只注重企业内部价值链控制，而忽视了供应商与竞争对手的价值链管理，从战略发展上看，忽视了企业成本管理与企业发展的关系。

二、预算目标成本管理的基本内涵及主要构成

(一)基本内涵

预算目标成本管理是作业成本法与价值链成本观念相结合，从产品价值形成的全过

作者单位：鹤煤公司财务资产部

程来考虑，既关注生产制造过程，又要考虑研发、设计、售后服务等环节，以全面预算为载体，以强调成本动因，优化作业链和价值链，将成本管理与生产经营实际紧密结合，形成一套“目标优化，系统管理”的预算目标成本管理体系。

（二）主要构成

（1）预算目标成本管理组织保证体系，分预算领导小组、预算管理办公室和专业预算部门、基层预算执行部门，实施全面管理。

（2）预算目标成本管理指标保证体系，分为五级预算目标管理主体，即集团公司、矿产、区队（车间）、班组、个人，实施全员管理，实践中其核心环节是班组。

（3）预算目标成本管理责任保证体系，加强“系统管、管系统”的思路，按照“纵向管控、横向协同”的原则，分为领导层、管控层和业务层三个层面，建立分系统、分部门、分层次的责任体系，实施全方位管理。

以全价值链为着眼点，推进全员、全过程成本管理，强化部门间的协同，形成合力降成本，按照“单项要素系统控制、成本费用总额动态考核”的原则，构建“横向到边，纵向到底”的目标成本分解和管理考核体系。具体步骤是检查薄弱环节，在成本控制网络中，横向找重点，纵向找节点。

三、预算目标成本管理的优势

预算目标成本管理以作业成本科学数据为基础，利用价值链全局优化观，比传统成本管理方法更加全面地考虑了煤炭企业所面临的问题，也更加科学地指导了煤炭企业管理者对企业成本的控制。

（一）考虑了投入产出效益

该管理方式关注企业成本的效益性，并不单纯追求成本绝对额的降低，而是通过将成本与作业质量、效率以至最终与企业效益相联系，追求成本效益的不断提高。

（二）不断优化预算，提升执行效果

目标成本管理通过全面预算有步骤、有环节、有思路的将各个作业单元衔接起来，利用目标竞争管理，不断优化预算，使得预算体系成为动态预算体系，有效促进、系统协调各个预算作业单元运作，提升预算执行效果。

（三）优化作业链，消除不增值作业

通过建立预算目标管理模型，提升目标导向作用，实现“目标明确，责任共担”，从源头到终端的树状目标体系进行层层对比评价，不但使各级预算主体都能够清楚地看到所处环节的价值情况，更清晰地找到差距的根源，明确作业单元的优化目标和方向，消除不增值作业，改进和优化增值作业，从而减少浪费，降低资源消耗，最终降低产品成本。

四、预算目标成本管理模式的构建

（一）建立预算目标成本的管理责任体系

在成本预算管理方面加强“系统管、管系统”的思路，按照“纵向管控、横向协同”的原则，将集团的组织机构分为领导层、管控层和业务层三个层面。在成本预算的执行过程中，自上而下形成考核、监控与执行的控制体系，自下而上形成预算项目、专业目标与整体预算的保证体系，从而达到预算执行协调、有序运作的目的。

（二）建立预算目标成本预算编制及分解模型

1. 预算编制模式

实行年度经营计划整体预算、季度指标分解预算、月度滚动修复预算的管理模式。确定集团成本预算基数，主要结合上年成本水平、预算年度具有竞争力的利润目标、产量变动、技术方案以及政策性增支因素，如工资增长水平、价格变动因素、国家政策调整、煤矿安全整治措施等项目综合确定。

2. 预算纵向管理模式

划分预算主体，明确预算目标，确保“层次清晰、责任明确、贯穿始终、预算操作、目标调整”，根据管理层次将各个预算的管理职责进行划分，不同的层次主体按照明确的预算管理目标，建立具有绩效导向的管理。

预算目标成本管理分为五级预算目标管理主体，即集团公司、矿产、区队（车间）、班组、个人，各级管理主体相应建立目标管理机构，根据管理层次和业绩导向设定目标，是一个动态的管理过程，是一个不断细化、自我优化、自我加压的过程。

3. 作业链预算目标分解模式

根据“生产耗费作业，作业消耗资源”的基本思想，作业链目标分解模式（见图1）将生产经营作业链与成本要素有机结合，借助信息技术，优化作业链、设定分配关系、确定定额参数，预算目标分配至现场作业单元，改善成本动因，合理资源配置，从而保证预算分解的有效性，为下一步预算执行控制提供可靠依据。

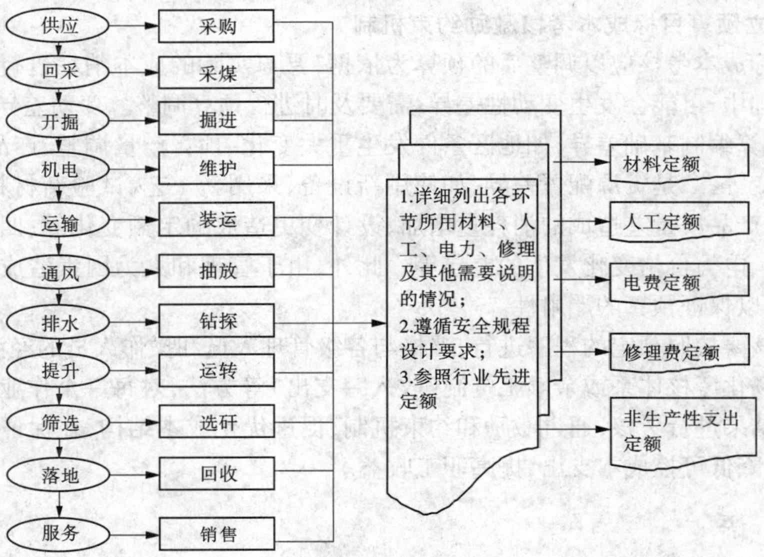

图1　作业链目标分解模式

对每一项作业进行定额测算分解时，不但要考虑其价值指标，还要充分估计其实物量指标，也即消耗定额。对非操作和浪费原因要修改定额、调整预算，保证预算指标的合理准确，减少客观性差异的发生。

（1）识别生产经营作业。一般来说，生产经营过程中的各项作业都是增值作业，根据煤矿生产的特点与自身的生产经营工艺把作业划分为增值作业与不增值作业，对煤炭企业作业链上的所有环节采取有效措施，消除不增值作业。

(2)作业消耗成本项目确定。由于作业本身生产的动因，对成本项目使用的要求不同，列出作业可能使用的所有成本项目。

(3)细化消耗成本项目。成本项目确定后，对每项成本项目再进行进一步的细化，如材料细化到每种规格、型号等。

(4)消耗数量标准确定。以上工作完成后要对每种细化的消耗成本项目确定在作业上的数量消耗标准，数量消耗标准在一定时期内是相对稳定的，但不是一成不变的，它受地质条件、生产工艺、生产水平等影响而变化。

(三)建立预算目标成本信息分析反馈机制

1. 预算目标成本预警控制

预算目标成本预警控制，是在目标成本各控制级别上设定预警指标，一旦达到设定预警指标，就会提示预警，提醒相关部门关注，进行分析控制。

2. 预算目标对标分析

每月对某些指标进行对标，集团和各单位通过对标分析找差距、挖潜力。如财务部门可以进行成本项目差异分析，业务技术部门可以进行作业工艺设计的有效性分析，区队可以进行人员配置分析，班组或岗位可以进行现场投入分析等。通过价值和实物量的对标分析，便于找出成本预算差异的真正原因，从而优化作业工艺流程、消除不增值作业，最大限度地挖掘内部潜力，降低成本消耗。

(四)建立预算目标成本考核激励约束机制

预算目标成本考核应以调整后的预算为依据，要与实际的成本消耗进行比较。在预算执行的过程中，可能会发生变动性差异，需要及时进行预算调整。变动差异主要有以下四种：一是预算编制基础差异，如地区条件发生重大变化、预算产量调整、产品结构调整、工序流程改变等；二是资源配置差异，如使用新设备、采用新工艺、试验新材料等；三是定额差异，如因产品质量差造成的消耗量增加、设计变更造成的定额变化等；四是价格调整差异，如材料、电力价格变化发生的差异等。此外，由于管理和人为因素造成的预算差异均不予调整，以保证预算的严肃性。

预算考核要按照预定的程序进行，严格与各级管理人员和操作人员的经济利益挂钩。采用内部市场化考核体系或余额工资制(收入－支出)等方法，对每一个作业环节承担者的预算执行结果进行考核，通过激励和约束机制，促进优化成本结构，在保证预算目标完成的基础上，降低可控成本支出，提高职工收益。

五、结　语

本文以全价值链为着眼点，结合作业成本法，通过建立预算目标成本管理模式，逐步实现煤炭企业成本管理精细化，依托全面预算为载体，内部市场化为抓手，以先进的绩效评价为向导，强化业务预算与财务预算结合、预算管理与“价值增加”结合，目标与责任结合，建立动态、协作的全面预算目标成本管理，推动煤炭企业管理创新，提升成本管理水平，持续保持核心竞争力，实现“系统管、管系统”的目标成本管理体系。

基于经济下行的煤炭企业低成本战略实施探讨

杨文浩

由于经济下行对煤炭行业的外部冲击和煤炭企业内部自身成本管理存在的问题，经营风险和财务风险同步上升。煤炭价格下跌和成本居高并存成为煤炭行业经济管理中的突出问题，已经严重影响了煤炭企业的生存和可持续发展。煤炭企业需要根据外部经济环境和内部资源与能力选择合适的总体战略和竞争策略。鉴于目前的严峻现实，笔者认为煤炭企业应选择稳定或收缩型总体战略下的低成本战略加以应对。

一、煤炭企业目前的处境

煤炭企业目前处于举步维艰的窘境，究其原因主要是企业外部环境的变化导致销售价格下跌和企业内部原因导致的成本升高的双重挤压造成的。

（一）煤炭企业困境的外部动因分析

1. 下游市场不景气，煤炭量、价齐跌

近年来，由于国际经济疲软的影响，煤炭下游行业化工、水泥和焦炭等行业产品销售出现数量和价格齐跌。减少了对上游煤炭的需求量，导致煤炭出现滞销，价格下跌，严重影响了煤炭行业的生存和可持续发展。

2. 国际进口煤炭的冲击，煤炭价格下跌

全球经济的下行，国际煤炭市场供大于求，进口煤价格低廉，进口煤炭的大量进入导致国内市场煤交易价格进一步下跌。

（二）煤炭企业成本居高的内部动因分析

1. 煤炭企业成本高的客观动因

煤炭属于地下开采，煤炭成本具有其自身的特殊性：第一，煤炭成本的高低受地质条件影响较大，地下开采和运输投入大。第二，煤炭开采所必需的开采、掘进、运输和通风等多个生产环节，需要各个环节相互密切配合作业，生产和协调成本高。第三，煤炭生产的风险大，不可预见性强，煤炭生产的地质条件复杂多变，既要防突、防爆，还要防冒顶，安全成本投入高。煤炭企业本身成本的特殊性是造成煤炭成本居高不下的客观因素。

2. 煤炭企业成本高的主观动因

煤炭企业成本高的主观动因是煤炭企业成本管理存在严重的问题。

第一，煤炭成本管理的主体过于狭窄。成本管理涉及企业管理的各个方面和各个部门，具有工作面广和量大的特征。而煤炭企业对成本管理往往以企管、财务为主导部门，

作者单位：中国平煤神马集团财务资产部

没有形成各部门人人关注成本、人人节支降耗的全员成本管理理念，单靠企管和财务部门难以有效地管控成本。

第二，煤炭成本管理内容相对狭窄。煤矿的成本水平在一定程度上取决于矿井设计阶段。开拓系统、井巷布置、设备选型、开采方法和安全设施等方案对生产成本有着很大的影响。然而，煤炭企业成本管理主要是对原煤生产过程阶段的成本进行管理，忽视设计阶段的成本管理。

第三，煤炭企业成本受安全生产的制约。由于煤炭企业自身的特殊性，在当前的经济和政治形势下，煤炭企业可以没有效益但绝不能出事故已经成了煤炭企业领导的共识和行动，安全生产已经超出了经济角度上升到了政治高度。有的煤炭企业提出了"三不四可"即三不轻言：在态势判断上不轻言好转，在工作评价上不轻言成绩，在责任落实上不轻言到位；四个可以：产量可以降、利润可以减、成本可以增和矿井可以关。经济效益让位于安全生产，存在重视安全而轻成本管理的情况。这种保安全轻效益的做法必将导致生产成本的刚性攀升，使得煤炭企业成本管控更加艰难。

第四，煤炭企业信息系统不完善，信息传递效率较低。煤炭企业都建立了自己的信息系统，但是由于企业重视力度不够、缺乏信息人才和信息系统软件和硬件落后等，使得信息系统不完善，信息上传下达传递不通畅，难以满足企业正常管理的现实需要。由于信息传递不及时导致决策和行动贻误的事情屡屡发生，信息传递成本高而且效益低。

二、实施低成本战略的必要性和可行性

（一）实施低成本战略的必要性

当前，由于经济下行的冲击，煤炭供大于求，价格下跌，成本持续走高，企业盈利水平下降；企业资产负债率不断攀升，发债和借款难度加大，经营风险和财务风险同步上升。为提高企业竞争力和经济效益，挖掘企业增长潜力，降低经营风险和财务风险，实施低成本策略是煤炭企业积极应对经济下行危机的现实选择。

（二）实施低成本战略的可行性

虽然煤炭企业如今处于困难的境地，但是在过去煤炭"黄金十年"发展当中，煤炭企业凭借着雄厚的资金进行了战略重组和对小煤矿的关、停、并、转整合，煤炭企业都重组为大型的煤业集团。他们有着庞大的企业规模、经营丰富的管理团队、雄厚的科研实力和畅通的购销渠道，建立了完善的公司治理机制和内部控制制度，具有较高的经营规模效应、较强竞争能力和抗风险能力。这都为低成本战略的实施提供了重要的前提条件。

三、实施低成本战略的具体措施

低成本战略不是为降低成本而刻意降低成本，而是要在保证煤炭安全生产和煤炭质量的前提下，在提高企业经济效益和社会效益的基础上，改善成本管理方法，挖掘企业潜力，挤出虚高成本水分，使成本回归正常，促进企业的健康和可持续发展。因此，企业实施低成本战略应当采取综合性、系统化的管理，全方位实施低成本理念。

（一）增强成本意识，树立全员参与成本管理的理念

全员参与成本管理，企业领导层的高度重视是重要保证，各部门间的紧密配合是前提

条件，全员参与是坚实基础，只有各部门通力合作才能更好地管控成本。

企业管理层重视并贯彻成本管理工作，要从人、财、物等方面给予全面成本管理以支持，对生产、财务、运营和购销等方面提出切实可行的指导意见。

煤炭企业成本的发生及大小与各部门和员工的活动密切相关。他们应对其职责范围内的成本负有管控的责任。企业在进行成本管理时，应将全体员工特别是对成本发生负有责任的相关人员视为成本管理的主体，在企业内部形成职工民主和自主成本管理理念，打造全员参与成本管理的联动机制。

（二）建立企业全面的信息管理系统，在降低信息流成本的基础上降低物流成本和现金流成本

煤炭企业应当建设全面的信息系统平台，这些信息系统包括物资采购信息系统、生产管理信息系统、销售管理信息系统、财务管理信息系统、人力资源管理信息系统、内部控制管理信息系统和安全管控信息系统。整合各个系统使其互联互通，相互兼容，实现各种信息资源共享。在确保及时、准确和完整的基础上降低信息传递和信息转换的成本，提高决策的效率和执行的效果。通过信息共享系统可以及时了解企业供、产、销的情况和筹资、投资和资金运营状况。全面统筹供、产、销物流以及筹资、投资和资金运营现金流的管控，使其在保证企业稳定运转的前提下降低成本。

（三）加强企业物流管理，全面降低产品成本

物流主要包括采购流程、生产流程和销售流程三个环节。煤炭企业应当加强这三个环节的成本管控，全方位降低成本。

1. 加强物资采购管理，降低采购成本

煤炭企业可以采用后向一体化战略，投资或控制企业上游重要原材料和设备主要供应商或者同重要的原料供应商建立多层次的战略合作关系，确保原材料和设备供应要有稳定可靠的供应渠道和较低的采购成本。对于一般材料和设备的采购，要充分利用企业信息系统平台的功能，根据信息系统显示的库存量和核定经济订货量。企业及时、准确把握市场动态，研判供求关系，实时跟踪、掌握市场信息，对材料物资实行统一公开招标采购，在保证质量的前提下提高采购性价比，综合降低采购成本。

2. 加强生产的管控力度，降低生产成本

煤炭企业应坚持以市场为导向，以提高效率为中心，优化部门和岗位设置，简化业务流程，整合管控节点，通过再造管理流程，依托技术革新，在确保煤炭安全生产的基础上改进煤炭产品质量，提高企业管理效率和效果，降低企业生产管理成本。

第一，改进生产流程。在煤炭生产经营中，依靠新技术、新工艺、新材料和新设备的推广和应用，不断改进生产流程。从开拓系统设计、井巷布置、设备选型到材料选用及开采方式等，在满足最佳生产要求的基础上降低成本消耗。

第二，将成本节约理念纳入整个生产流程。各个核算部门和各个核算环节都要核算出每个环节的费用支出，进行费用支出与收益的核算，对员工进行定期有针对性的培训，使其熟悉工作范围内发生的成本项目，明确成本节约目标和节约技术方法，将成本节约奖励机制与其工资效益挂钩，激励基层员工自觉地在生产过程中节能、降耗。会计人员、技术人员和生产人员要积极投身于成本管理，互相配合、互相监督，最大限度地减少工作中的失误和错漏,减少不必要的成本内耗。

第三,要处理好成本控制与安全生产的关系。煤炭企业走可持续发展道路,既要考虑企业的眼前利益,也要考虑长远利益。一方面,如果煤炭企业为了降低成本而导致安全投入不足,安全设施装备落后,监控系统不完善,矿井综合防灾抗灾能力差,容易造成矿难频发,致使严重的人员伤亡。这不仅会加大企业成本支出,给企业自身带来了沉重的压力,也对社会造成十分严重的后果。另一方面,由于煤炭企业的安全成本支出给企业带来很大的成本管控压力,必须处理好成本控制与安全生产的关系:首先,要加强安全教育,开展职工岗前和在岗的安全培训和考核,提高员工安全生产的能力和意识,健全和完善安全生产责任制,加强安全生产监管和执法检查,将安全管理真正落实到煤炭生产全过程的所有方面、环节、岗位和人员;其次,煤炭企业必须重视安全投入费用,确保安全生产,认真落实"一通三防"治理措施,对现有生产设施进行技术升级改造,依靠科技进步,改善生产条件和加大新安全设备的投入。这虽然会加大原煤成本支出,但能在更大程度上解决了煤矿的安全问题,减少生产中断次数和中断时间,既降低了生产成本,又减少了安全支出,体现了成本效益的辩证统一。

3.加强销售管理,降低销售费用

煤炭企业可以考虑实行前向一体化经营,如走煤电一体化、煤焦一体化、煤运一体化和煤化工一体化之路,推动煤与非煤的一体化经营,延伸产业链条影响或控制重要的客户。同重要的客户建立多层次的战略和作关系,或者建立稳定、可靠的销售渠道,确保销售的畅通。同时,要研判供求关系的变化,全面关注市场动态,及时跟踪电厂和钢铁、水泥市场,了解厂矿库存情况,实时掌握煤价变动规律和市场信息。不断调整营销理念,革新营销方式,稳定市场份额。成立统一的销售公司统一定价销售,提高整体营销能力和定价权,降低销售费用。

(四)加强企业现金流管理,降低资金成本

加强企业现金流管理主要从资金流转角度,即筹资、投资和资金营运和分配方面统筹规划,要量出为入,根据资金的需求来确定筹资和股利分配规模方案,管控资金营运流程,全面实施低成本战略。

1.加强投资管理,严控投资成本

由于经济不景气,企业不能再像以前那样采用铺摊子、上项目的发展性总体战略,应当采用稳定性战略或收缩性总体战略。严禁超计划、超概算工程的投资,严格控制投资规模,暂缓非生产性项目的投资,放弃盈利前景差的项目投资,生产项目投资也要分清轻重缓急。项目投资优先用于盈利产品的项目,确保重点盈利项目工程的投资和安全生产项目的建设,降低资本支出成本。在投资时要采用多种分析方法,要综合采用定性分析和定量分析相结合、动态指标和静态指标相结合,以及传统分析方法和最新分析方法相结合。要考虑静态回收期和动态回收期,考虑时间的货币时间价值和风险价值,考虑用现金流量法和期权法核算项目投资,以选择效益最优的项目。

2.合理筹资,降低筹资成本

煤炭企业利润下降,导致资金紧张,偿贷和续贷压力大,筹资困难,银行纷纷上浮贷款利率,筹资成本增加。鉴于筹资成本和财务风险同步上升,企业应当根据集团投资项目规模，统筹各单位资金需求，以集团名义统一向银行申请贷款，增强同银行谈判的话语权，争取优惠贷款数额，尽量降低贷款利率。企业也要考虑采用发行公司债券、发行新股等多渠道、多方式筹资，使筹资成本和财务风险动态平衡；企业要共同应对经济下行危机，减少甚至暂停股利支付，增加收益留存以降低筹资成本。总之，要在管控财务风险的基础上降低综合筹资成本。

3. 强化财务资金管理，严格资金使用范围

煤炭企业随着经济效益的下降，现金流减少，加强企业资金管理变得尤为重要。企业要完善资金管理的信息系统建设，运用信息化手段实现对所属各级子、分公司资金实时监控和管理。统一调配资金的使用，加快资金周转速度。提高资金使用效率，降低资金使用的机会成本和管理成本。

四、结　语

由于外部经济形势的重大变化，煤炭企业历经“黄金十年”之后经营形势急转直下，跌入低谷。因此，应当适应外部环境，及时调整总体战略和竞争战略，采取低成本发展战略，多角度、多层次地进行规划和部署，控制和降低综合成本。同时，煤炭企业成本管理是一项复杂性、长期性、系统性的工程，在实际操作过程中，还要进一步摸索，不断创新，使成本管理更好地适应企业发展，适应市场经济的要求，使得企业在市场竞争中保持优势，增强抵御风险的能力，早日战胜危机，走上可持续发展的道路。

关于我省国有大中型煤炭企业集团财政性资金账务处理问题浅谈

张曙光

所谓财政性资金,是指各级政府及有关部门向企业拨付的各类补助、补贴性质的资金。企业取得的财政性资金对企业的发展起到一定的积极作用,但在对取得财政资金的财务处理上,截至目前国家没有统一适用的政策规定,目前已有的政策规定不但较为零散,而且在个别财政资金的处理上存在不合理性,且实际可操作性不大。本文主要结合新《企业财务通则》、《企业会计准则》以及最新出台的与财政性资金有关的政策规定,对企业取得财政性资金的账务处理进行简单探讨。

一、现有政策对财政性资金的财务处理规定

(一)新《企业财务通则》的规定

新《企业财务通则》对财政资金的处理进行了分类,将财政资金归纳为五类,并对每类资金的财务处理进行了简单规定:

(1)属于国家直接投资、资本注入的,按照国家有关规定增加国家资本或者国有资本公积。

(2)属于投资补助的,增加资本公积或者实收资本。国家拨款时对权属有规定的,按规定执行;没有规定的,由全体投资者共同享有。

(3)属于贷款贴息、专项经费补助的,作为企业收益处理。

(4)属于政府转贷、偿还性资助的,作为企业负债管理。

(5)属于弥补亏损、救助损失或者其他用途的,作为企业收益处理。

(二)新《企业会计准则》的规定

新《企业会计准则》规定,企业收到财政资金后,应首先界定属于政府补助还是政府的资本性投入,如果属于政府补助,则应严格按照政府补助准则执行,对收到的财政资金划分为与收益相关或者与资产相关的政府补助,并按照各自的处理原则进行财务处理;如果收到的财政资金属于政府的资本性投入,则先在专项应付款科目核算,待项目完工后,形成长期资产的,转作资本公积,否则予以核销;另外,还提出了整体搬迁拆迁补偿的特殊处理。

(三)近年来逐步出台的政策规定

在此,仅列举与省内各国有大中型煤炭企业集团相关性较大的财政性资金的政策规定。

作者单位:中国平煤神马集团财务资产部

(1)2005 年 6 月 8 日,国家发展和改革委员会出台了《中央预算内投资补助和贴息项目管理暂行办法》(发改委令第 31 号),对中央预算内投资补助和贴息资金的权属进行了界定:投资补助和贴息资金均为无偿投入。

(2)2009 年 11 月 5 日,财政部在对国内某家重型机械集团公司《关于政府投资补助财务处理有关问题的请示》的回复《关于企业取得国家直接投资和投资补助财务处理问题的意见》(财办企〔2009〕121 号)中明确规定:集团公司取得属于国家直接投资和投资补助性质的财政资金,根据《企业财务通则》第二十条规定处理后,将财政资金再拨付子、孙公司使用的,应当作为对外投资处理;子、孙公司收到的财政资金,应当作为集团公司投入的资本或者资本公积处理,不得作为内部往来款项挂账或作其他账务处理。

(3)2012 年 2 月 17 日,国家财政部印发了《加强企业财务信息管理暂行规定》(财企〔2012〕23 号)文件的通知,规定将企业以及企业集团收到的财政性资金界定为资本性和费用性,并分别明确了不同的财务处理方法:企业收到资本性财政性资金,列作国有实收资本或股本,企业股东(大)会或董事会、经理办公会等决策机构应当出具同意注(增)资的书面材料。

企业集团母公司将资本性财政性资金拨付所属全资或控股法人企业使用的,应当作为股权投资。母公司所属控股法人企业暂无增资扩股计划的,列作委托贷款,与母公司签订协议,约定在发生增资扩股、改制上市等事项时,依法将委托贷款转为母公司的股权投资。

企业收到费用性财政性资金,列作收益,符合《财政部 国家税务总局关于专项用途财政性资金企业所得税处理问题的通知》(财税〔2011〕70 号)规定不征税条件的,可作为不征税收入。企业按规定将费用性财政性资金拨付所属全资或控股法人企业使用,中间拨付环节企业均作为往来款项。

(4)2012 年 3 月 19 日,国家财政部印发了《基本建设贷款中央财政贴息资金管理办法》(财建〔2012〕95 号)文件,规定单位收到贴息资金后,在建项目冲减工程成本,竣工项目冲减财务费用。

截至目前,以上文件均尚未废止。

二、目前出台的政策规定存在的问题

以上政策和文件规定都是对财政资金财务处理的相关规定,有的是通用性的,有的是侧重性的,有的是个别针对性的,看似互为补充,相辅相成,其实某些政策以及政策与政策之间存在一定程度上的缺陷或不合理之处。

(一)政策本身的缺陷

(1)《企业会计准则》对财政资金的处理更多的将重点放在了"政府补助"这一明显具有收益性质的财政性资金上,虽然将政府补助分为与收益相关和与资产相关,但是实际都是与企业的损益有关,只是损益的确认时点不同而已;而对于"政府补助"之外的财政性资金的处理几乎是只言片语,而且较为片面,对财务处理的建议更是无章可循。恰恰在实务操作中,省内各国有大中型煤炭企业集团取得的大部分财政性资金,从数额上来说,较大数额的财政性资金基本上都是政府补助之外的资金,这就使得准则的可操作性疲惫无力。

(2)财企〔2012〕23 号文件,作为目前最新出台的财政资金处理政策,提出了资本性和费用性的概念,以及资本性和费用性划分下的财政资金的不同处理方法,但是对于哪些资金是资本性的、哪些资金是费用性的界定并未明确,大大降低了政策的可操作性。

(二)政策之间存在的不合理性

最明显的特征是政策之间存在冲突。如上面所提到的中央预算内投资补助和贴息资金,发改委令第 31 号文明确规定,该资金为无偿投入,但其他相关政策的处理规定则大相径庭:无论是财办企〔2009〕121 号文件对于投资补助资金的处理,还是财建〔2012〕95 号文件和《企业会计准则》的不同处理,均存在冲突。而实务中,该类资金目前在省内各大中型煤炭企业集团的各大项目中,尤其在煤矿安全技术改造、瓦斯综合治理和产业升级改造项等项目中普遍存在,且金额较大,相关政策之间的不统一,使得会计人员在收到此类财政资金时,仍然无所适从,而且几种处理对于当期和未来期间的损益以及股东权益都会产生影响。

再例如,《企业会计准则》在对资本性投入的财政资金的处理和财企〔2012〕23 号文件规定也存在明显冲突。

三、企业取得财政性资金的财务处理建议

鉴于以上各政策规定对财政性资金的处理以及政策本身和政策之间存在的不明确、不合理和冲突等现象,在《企业财务通则》的基础上,从目前最新政策财企〔2012〕23 号文件出发,结合《企业会计准则》,对财政性资金提出如下处理建议。

(一)财政性资金的资本性和费用性的划分

从《企业财务通则》解释内容来看,财政资金其实可划分为三个大类,其中第一类和第二类资金可归属于一个大类,即政府的资本性投入,均属于权益性的资金,应增加企业权益该类性质的资金即可归类为 23 号文所提到的资本性财政资金。第三类和第五类资金可归属于一个大类,即损益性补贴,该类性质的资金即可归类为 23 号文所提到的费用性财政资金。第四类资金属于负债性质,财企〔2012〕23 号文未提及,且目前在实际操作中也较为少见,因此不作为关注的重点。

(二)企业取得财政性资金的财务处理

把《企业财务通则》规定的几类财政资金的处理方法按照财企〔2012〕23 号文所提到的资本性和费用性的类别进行归纳划分后,企业取得财政性资金的处理便迎刃而解。总体处理思路为:以《企业财务通则》的处理原则为基础,结合《企业会计准则》,并考虑最新政策规定配套执行,有普遍规则可遵循的,按其规定执行;存在冲突政策规定的,遵循《企业财务通则》规定执行;有特别规定且不违背《企业财务通则》和《企业会计准则》的,按特别规定处理;因特殊原因造成现有规定均不适用的,暂以往来账核算。

(1)一般情况下,企业收到财政性资金后,应首先划分类别。

符合《企业财务通则》所规定的第一类和第二类财政资金的,属于资本性财政性资金,应列作国有实收资本或股本;但在实际操作中,包括国有独资企业在内的各个国有及国有控股企业(集团),增加实收资本或股本的手续均较为复杂,从成本效益的原则出发,

一般情况下，不会单独为某一笔财政性资金履行增资手续。因此，在实际操作时，尤其是一个会计年度内多次收到资本性财政性资金的，建议先计入资本公积—国有（母公司）独享，待以后履行法定程序转增国有实收资本或股本。

符合《企业财务通则》所规定的第三类和第五类财政资金的，属于费用性财政性资金，可适用于《企业会计准则—政府补助》的规定进行账务处理，区分与收益相关和与资产相关，涉及企业集团的具体处理上面也有提及，在此不再赘述。

（2）对于个别存在冲突政策的财政性资金的处理，建议按照《企业财务通则》的规定执行。如上面所提到的中央财政贴息资金，从项目设计概算和项目成本完整性的角度考虑，无论项目是否竣工，均不应冲减工程成本或财务费用，一旦冲减，很可能造成项目成本的不完整，且影响企业的当期或未来期间的损益，因此建议按财务通则的规定确认为政府补助，这和企业财务准则的规定也是一致的。

（3）在《企业财务通则》规定的处理原则之外，《企业会计准则》最新（2010）版本，对于企业因城镇整体规划、库区建设、棚户区改造、沉陷区治理等公共利益进行搬迁，收到的政府从财政预算直接拨付的拆迁补偿款的处理较为特殊，如遇此种情况，可参照执行。

（4）省内几大煤业集团自2007年棚户区改造项目实施以来，由于项目资金来源的多样性（各级政府、企业和居民），以及所涉及资产产权的不确定性，使得该项目取得的各级政府的财政资金，从目前出台的财政资金的账务处理政策来看，均不适用，从谨慎性角度考虑，可暂通过往来科目（如专项应付款）挂账核算，待国家相关政策明确后再行处理。

四、结　语

对取得的财政性资金首先进行资本性和费用性划分，再依据《企业财务通则》和《企业会计准则》规定进行财务处理，确因特殊原因不适用的，另行处理，这样就显得思路清晰，有章可循，会计人员在实务操作中不会再陷入无所适从的局面，大大提高了工作效率，确保了会计信息质量。文中建议仅为笔者个人意见之浅谈，不妥之处，还望有深入研究的人员批评指正。

股份回购对公司反并购的影响分析

朱淑娜　宫晓龙

企业并购是市场经济条件下一种企业快速扩张行为,它是企业实现发展的重要战略。但是,对于目标公司而言,这种快速扩张行为直接影响到了目标公司的利益。于是目标公司就会采用各种手段来展开反并购。股份回购就是公司反并购的一种手段。

一、引　言

(一)股份回购

所谓股份回购,是指上市公司利用盈余所得后的积累资金(即自有资金)或债务融资以一定的价格购回公司本身已经发行在外的普通股,将其作为库藏股或进行注销,以达到减资或调整股本结构的目的。最简单的来说,股份回购所带来的就是公司普通股的市场价格长期增长。股份回购的动机在于公司为了规避政府对现金红利的管理,或者是调整公司资本结构以对抗其他公司的敌意收购等。

那么,基于反并购而言,股份回购是上市公司自身作为法人实体从二级市场上购回股份从而减少流通在外股份的一种资本交易行为。当然,这里的上市公司股份回购不包括上市公司大股东或管理层的个人购买行为。那么,这样的行为所导致上市公司股份回购的直接结果是流通在外的股份数量减少,外部收购者通过二级市场公开收购获得股份变得更加困难。

(二)股份回购的特点

股份回购具有以下特点:

(1)在法律性质上,它是一种特殊的股份转让,一是交易主体特殊,是公司股东与公司本身进行交易;二是交易客体特殊,即公司发行在外的自己的股份。

(2)在结果上,股份回购是一种减资行为,不同方式的股份回购都会导致公司资本减少的后果。

(3)在目的上,股份回购是一种重要的资本运作方式,在资本市场上发挥着重要作用。

首先,股份回购的主体是上市公司,在回购时,是上市公司出资在股票市场迈进自家的部分外流股。其次,股份回购的目的是减少总股本,来提升每股固有的含金量。最主要的是,股份回购过程中,公司的股价会得到明显上涨,从而使投资者获得收益,并且会为回购方带来风险。而且它是能做到减资和改变股权结构以达到法律相关规定的目的的一种重要手段。并且有利于促进证券市场的高效、有序运作和抑制过度投机行为,有利于熨平股市的大起大落,促进证券市场的规范、稳健运行。

作者单位:平顶山天安煤业股份有限公司八矿选煤厂

那么，基于反并购来说，股份回购最主要的特点就是上市公司为主体进行回购，加大对公司的控制，提升股价，加大并购难度。

二、股份回购对回购公司的影响

(一)对回购公司的股价的影响

回购公司用自己的资金开始进行回购使股价上涨可主要归结以下几个原因。

1.股票数量

股份回购顾名思义就是回购公司在大量的回购自己在股票市场上的流通股。这样的行为就会导致市场上的流通股减少。那么，其未被收购的流通股在股票市场就因为其数量原因而使股价上涨。

2.股票含金量

上市公司回购回来的股票有部分的股票会被注销。这样，注销部分的流通股会减少总股本，从而提升了每股固有的含金量，这样就会使在市场的流通股获得极其有力的评价。这些评价会使其价值上升，从而使其在市场上的价格也随之上涨。

3.供需平衡的打破

上市公司发行股票无疑是想筹得资金来用于自己的经营生产。在外流通的股票，特别是流通在股票市场的股票份额是一定在一个平衡状态下的。那么，回购方在进行股份回购时势必会将流通于市场的股票收回，这样原来趋于平衡的股票市场就会被打破，随之而来的就是供小于求的一种交易逆差，这种逆差就会直接导致股票价格的上涨。

4.反并购时对股价的影响

股份回购是回购方在面临被并购的风险而做出应有的抵抗行为。当回购方在股票市场或者其他地方回购自己的股票时，并购方对于股份回购的防御手段也会做出相应的反击。最为直接的就是与回购方进行回购战。也就是说并购方会与回购方进行股票竞买。这种竞买一定会形成对目标股票的抬价形象，从而使目标股票的股价上涨。虽然这种股价上涨是双方的竞争而形成的，但是根本原因就是回购方利用股份回购来进行反并购导致回购战的形成，从而使股价上涨。

(二)对回购公司的股权结构的影响

股份回购顾名思义就是目标公司利用一切手段使自己获得更多的流动在外的自己的合法股份。

股份回购会使流通股股东权益有可能受到损害。首先，从可能性角度考虑，上市公司对国有法人股进行股份回购，被回购者既是控股股东又是卖家，在这种情况下，管理层很可能为了自己所代表的控股股东利益而提高回购价格，而损害流通股股东的利益。其次，从实际情况来看，虽然股份回购减少了股份总额，相对提高了每股收益。但由于我国上市公司进行股份回购，大都是以现金进行回购，并且数额较大，在很大程度上还需利用债务融资来筹集回购资金。这样，股份回购后上市公司很可能会出现现金流量严重不足、资产负债率明显上升、流动资产和营运资产明显减少等导致公司业绩下降的问题。公司的资产质量和盈利能力明显降低，流通股股东利益最终会受到损害。并且，股份回购导致股价上涨是暂时的，从长期来看，最终决定股票价格及流通股股东利益的是公司的盈利能力，而股份回购在一定程度上减少公司的盈利能力，这将不可避免地会损害流通股股东的利益。

但是公司为了筹集更多的资金而发行股票，是自己对于公司的控制权利外方，而并购方就是抓住了这一点。那么，目标公司采取股份回购就是要使自己的控股能力增强，也就是增加对公司的控制权，股份回购就能做到这一点。是由股份回购的特点所决定的，股份回购的主体是上市公司，而并非某一个大股东。所以，这样就使回购方的股权更加集中，从而使回购公司的控股能力更强了。总结起来有两点影响：第一，当回购方进行股份回购后，使得流通在外的股数减少，使得公司的股权集中度提高，从而增加并购方的并购难度。第二，从另一方面来说回购方回购股份后会造成不可避免的所有者权益的减少，从而使自己的资本结构发生改变，造成了公司的财务风险加大。

三、股份回购对并购方的影响

(一)股权集中，增加收购难度

对于并购方而言，想要成功的并购企业就需要大量的控制目标公司的股票，从而获得对目标公司的控制权力。

由于对于目标公司的原先大股东而言，并购方很难从其手中获得股份。所以，并购方就会去选择股票市场的广大的流通股。当然回购方也会考虑到这一点，那么回购方通过股份回购使得公司的股权更加集中。原本散落于市场的股票充分的回流到了回购方的手中，这样无疑是对并购方最为直接的打击。面对目标公司的股权集中，并购方是很难从目标公司手中抢夺到股份的。所以，股份回购使回购方股权集中这一优点无疑是给并购方的并购增加了不少的难度，并且使回购方进入了优势地位。

(二)股份回购带给并购方的风险

首先，股份回购会使股价上升。这样就会使并购方的并构成本增加。那么，并购方可能就会出现或多或少的并购财务不足。这样，并购方就会像回购方一样动用部分流动资金甚至会动用融资等方式来获得资金，因此并购方就会出现像回购方一样的财务风险。其次，股份回购使得回购方的股权更加集中，从而增加了并购方的并购难度。如果，并购方还要一味的进行并购，很有可能给其造成比股价上涨带来的成本增加还要大的资金不足，甚至造成无法弥补的并购风险。

四、结　语

股份回购可以说在反并购战中是一种与并购方面对面的“肉搏战”。这样的战术虽然可以有效地打击敌人，但是对自身的伤害也是很大的。不过，不可否认股份回购在反并购战中是一种最有效、最直接、最快速的方法。股份回购本身单纯用于反收购的效果可能并不理想，因为回购股份需要大量现金或融资。所以，我认为股份回购只能成为反并购战役中的一种辅助手段，而在使用时应该以公司各方面条件，谨慎地使用。

负商誉的会计处理问题

郭书琴

一、关于商誉有关问题的探讨

(一)商誉的本质属性及特点

商誉的本质就是指企业获得超额收益的能力。商誉具有以下特点:

(1)商誉的形成是一个历史过程。商誉是企业存在、发展的过程中,经过几年甚至几十年的生产经营而逐渐建立起来的。资产评估出的商誉价值只不过是把历史形式的商誉用现时的价格指数反映出来而已。

(2)商誉是一个相对量。一个企业是否具有商誉,应当与其资本和经营业务相同、相似的企业相比。和其他只获得一般水平收益的企业相比,该企业具有获得"超额收益"的能力;和社会平均资本报酬率相比,该企业可获得超额利润率。

(3)有助于形成商誉的个别因素不能用任何方法或公式单独计价。在形成商誉的诸因素中,"客户的信任"是一个主观概念,无法用客观的价值来衡量;对"历史悠久、积累的丰富经验"也无法确知其历史成本,进行单独计价;"生产经营效率高、产品质量优异"也无法找到有关的记录数字来衡量其在形成商誉过程中所做的贡献。因为形成商誉的诸因素都是基于一种主观判断。

(4)企业合并时确认的商誉价值,与建立商誉过程中所发生的成本没有直接联系。一方面,购买合并时商誉的价值是用购买成本和被购企业资产的公允市价间的差额来反映的;另一方面,在建立商誉漫长的历史过程中,已在当期予以核销的各项费用支出到底在多大程度上与形成商誉有关很难衡量。

(5)商誉与作为整体的企业相关,不能单独存在,更不能和企业的可辨认的各种资产分开出售。其他无形资产可以脱离某个特定的经济组织而存在,可为另一组织所使用,因而可将该种无形资产单独出让。但商誉则不同,商誉是就某一特定经济组织而言,且和他密不可分。

(二)商誉的会计处理

1. 商誉的确认问题

1)自创商誉的确认问题

对于资产的计价,一般认为可从两个方面进行:(1)按资产给企业带来未知经济效益价值的现值反映;(2)按该项资产的现行转出价值或投入价值反映。

自创商誉往往被认为是企业在长期生产经营过程中获得的各项无形资源,这些资源可使企业获得比其他企业更多的收益。根据商誉的一般定义,商誉是指企业一项不可辨

作者单位:郑州煤炭工业(集团)有限责任公司财务资产部

认的无形资产,它不符合上述资产确认的标准。企业自创的商誉是不可辨认的、不能确指的,它到底能存续多久也不能确定,并且商誉是企业本身所固有的。商誉的形成是一个较长的过程,而创造商誉的各项因素所花费的成本也难以"可靠的计量",在形成商誉的各种费用发生时,能否为企业带来超额收益并不确定。所以对企业自创的商誉,有学者认为不能对其进行确认,这也是由商誉的本质及特点所决定的。

2)外购商誉的确认问题

购并企业在购并被购并企业时所支付的超过被购并企业净资产公允市价部分的价款,应作为递延资产处理,而不应确认为商誉,其理由可从以下几个方面来阐明:

(1)购并企业购并被购并企业相当于委托被购并企业代其开办一家企业,因而不仅需要按市价购买各项资产(净资产公允市价),且需为新开办企业达到现行运行状态支付开办运行费,因此超过净资产公允市价部分价款可视同购并企业要开办一家像被购并企业那样规模的企业所要支付的开办费。

(2)将购并企业所支付的超过净资产公允市价的价款,作为购并商誉处理,在实践中理论依据不足。

(3)购并企业将超公允市价付款作为商誉入账,在实践中也有值得商榷的地方。首先,将其作为商誉违反会计核算的一致性原则。其次,将其作为商誉入账后,在企业报表上反映的只是被购并企业那一小部分的商誉,而购并企业本身的商誉可能要大得多,但由于是自创商誉,一般不予入账,而给报表使用者的印象却是整个企业的商誉价值,显然这样会引起误导。

2. 商誉的计量问题

商誉的计量方法取决于人们对商誉性质的认识。关于商誉性质,比较有代表性的有两种基本观点:一种观点认为,商誉代表净资产的获取价值与其公平价值之间的差额。另一种观点认为,商誉代表企业高于社会平均水平的赢利能力。从这两种不同的认识出发,可以分别得出间接计量和直接计量两种方法。

1)间接计量法

如果把商誉视为净资产的"收买价与其公平价之差",则商誉的价值就是两者的差额。这种方法的优点是:收买价格是经过买卖双方的商议确定的,体现了不同利益当事人对企业的"价格判断",因而以此为基础倒轧出的商誉就具有可验证性和公平性。

2)直接计量法

如果把商誉视为获取未来超额利润的能力,可以把期望赚取的未来"超额利润"资本化,并按社会平均成本将其折算为现值,作为商誉的价值。这种方法虽然克服了间接计量法的缺点,但它缺乏可验证性,在预测未来赢利能力、估计超额利润的延续时间、选择折现率时,都需要做出人为的假设,这就造成了商誉计算结果的不可靠。

3. 商誉的摊销问题

不管是自创商誉还是外购商誉,在账面上确认后,就要考虑其摊销问题。这又是目前会计理论界争执不下的问题。主张不摊销的学者认为,只要企业的生产经营状况还相当好,就不应摊销商誉。其理由如下:

(1)如按期摊销商誉,则企业的账面商誉价值越来越低,而与此同时,企业的经营却可能越来越好，企业的实际价值也越来越大，这就使得会计揭示的信息与实际不相符合。

(2)如按期摊销商誉，那么当商誉摊销完毕后，如何解释账面上商誉已消失而实际上企业的商誉却可能比以往更高呢？

(3)如按期摊销商誉，那么当商誉摊销完毕后，是否应重新将企业拥有的商誉计价入账？如不计价入账，显然与会计的一贯性原则不符；如计入账户，则使得以前的商誉摊销工作毫无意义。

主张商誉应摊销的学者则认为商誉应该合理摊销，理由如下：

(1)由于企业的发展不可能永远辉煌，加上科学技术的进步和同行业的竞争，使得企业商誉不可能永远存在。因此，企业的商誉应合理摊销。

(2)对外购商誉而言，企业为外购商誉支付了代价，因此按照配比原则，应在以后的受益期内将商誉成本合理分配，以与其收益相配比。

二、关于负商誉有关问题的探讨

在对商誉有了一个基础的认识之后，我们就对负商誉这一概念的财务会计处理问题做进一步的分析理解。

(一)负商誉的存在性问题

根据计算企业合并商誉的公式"商誉价值＝购买成本－可辨认净资产公允价值"，当合并成本小于被并企业净资产公允市价时，会出现负数。美国会计学者对这项负差额的会计处理，提出了两种方法：一是将它确认为负商誉，二是将它确认为资产价值调整。我国《企业会计准则——无形资产(征求意见稿)》中提出"企业购买另一家企业时所支付的价款小于被收购企业可辨认净资产的公允市价的差额，称为负商誉，负商誉应确认为企业的递延收益，并在不短于5年的期限内等额摊销，计入各期损益。"对于负商誉是否应确认，会计学界也有不同的看法。

1. 不存在性的解释

亨德·里克森在其《会计理论》中认为负商誉在逻辑上不可能存在，如果被收购企业净资产的公允市价高于其售价，那么企业的业主就会将其资产分开出售，从而实现其全部公允市价。也有学者对负商誉的不存在性提出了如下理由：

(1)负商誉不符合商誉的概念。无论是从西方会计，还是从中国会计中，均能看到商誉的本质是带来超额收益的能力。商誉虽是由于所处地理位置优越，或由于信誉良好，或由于经营管理人员能力超群等形成的。确认商誉都是肯定其正确的、积极的、有利的属性，根本不应出现负面的情况。因此，企业可以确认商誉，而不应确认什么负商誉。

(2)商誉从本质上说是一项资产，即不可辨认的无形资产。负商誉不符合资产的定义。负商誉不仅不能为企业带来经济利益，反而将为企业未来带来损失和负担，一般企业是不会购买这样的资产的。

(3)虽然从确定商誉价值的计算公式中来看，可能出现负数，但我们并不能因此确认为负商誉。

(4)在极少数情况下，合并时所取得的净资产公允价值超过了合并成本，应根据具体情况分析而定，不能轻率地列作"负商誉"入账。

(5)即使在实际工作中出现了整体企业出售价小于各资产公允价值总和的差额,也不能解释为负商誉,只能理解为"整体购买的优惠",或购买企业获得一次便宜的买卖。

2. 存在性解释

但有学者认为负商誉是有可能存在的,主要原因如下:

(1)业主可能急需资金而将其所有企业资产一揽子售出时可能要将其售价打个折扣,以达到尽快脱手变现的目的。

(2)企业的许多资产实际上不可能分开出售,如分开出售则其价值可能反而会大为降低。这对许多专业配套设备来说尤为如此。

(3)在被购并企业出现连年亏损的情况下,为了尽快将企业售出,避免更多亏损,企业业主可能将企业降价出售。

(4)购并企业在与被购并企业业主进行购并谈判时以较高的谈判技巧将购并价格压低。

(5)被购并企业存在着隐性负债,这种情况在我国尤为突出。因此,购并企业在确定购并价格时常常要压低购并价格,以弥补这部分未来的付出。

对于以上观点,因为在实务中确有类似现象发生,所以我认为负商誉是存在的。

(二)关于负商誉性质的问题

由于负商誉的不确定性,关于它的性质,会计界存在着许多不同的看法。其中主要有三种不同的看法,即负商誉是一种"递延收益",负商誉是收购企业的自创商誉,负商誉是一种负债。关于这三种看法的具体解释如下:

1. 负商誉是一种"递延收益"

持这一观点的学者认为,以低于被购并企业净资产公允市价的价格收购企业,对于收购企业来说无疑获得了一笔收益,该"收益"与企业获得的其他收益一样应递延到以后各期,以便与以后各期的费用配比。这种观点把负商誉的性质理解为一种"收益"不符合负商誉形成的客观实际。如果将负商誉理解为一种收益,就会导致一些不良的合并行为出现。

2. 负商誉是收购企业的自创商誉

收购企业之所以能够以低于被购企业净资产公允市价的价格收购,其主要原因是收购企业具有知名的产品品牌、销售渠道、市场占有率、先进的管理体制等商誉,"收购价格的差异实质上是收购公司将商誉过渡给目标公司的代价"。所以,"在收购中,表现出来的负商誉只是收购公司自创商誉的转化形式"。这种观点看起来有一定的道理,但细细推敲不难看出不妥之处。将购并过程中收购企业的负商誉作为收购企业的自创商誉入账,那么收购企业的自创商誉就是由低价收购其他企业的负商誉决定的。这样一来,在没有政策法规的限制下收购企业收购次数越多,自创商誉的价值就越大,显然在逻辑上行不通。

3. 负商誉是一种负债

负商誉的存在是因为被购并企业一些账面上无法反映的隐性负债,这些不利的因素将影响企业未来的经营活动,导致企业未来资产贬值和经济利益减少。我认同这种观点,即负商誉的本质是一种负债,是收购企业替被购企业承担相应的经济责任,负商誉的价值正是对购买企业未来损失的一种补偿。

论煤炭企业实行战略成本管理的必要性及应注意的问题

毛联儒　徐广礼　贾振亚

一、煤炭企业推行战略成本管理的必要性

当前经济形势下，面对国内经济发展速度放缓，国民经济处于向高科技、高效能、可持续方向发展，煤炭企业内、外部生产经营条件决定了推行战略成本管理的有利时机与条件。

(一)外部市场环境

(1)需求结构已发生逆转促使煤炭企业成本管理以买方市场为导向。一是煤炭产能超前问题较为严重，2013 年全国煤炭产能在 40 亿 t 以上，远超 35 亿 t 左右的需求量，产能过剩严重。二是限煤、控煤政策不断出台，煤炭需求降低。随着我国工业发展转型、环保要求的提高以及新能源快速发展的冲击，风能、水能、太阳能、生物能等清洁能源将成为工业转型升级的重要支撑。节能减排政策以及新能源的推广和利用，将会消减煤炭消耗。三是煤炭全面市场化后，打破了行业原有的价格形成体系，在供大于求的形势下，各大企业集团之间为保市场份额，竞价竞销将更加激烈。

(2)全球化竞争日益激烈。近几年来，国家放开煤炭进口限制，煤炭进口量逐年上升，2012 年已达到 2.9 亿 t。进口煤炭通过海进江延伸到国内腹地，依靠低廉价格优势不断抢占国内煤炭市场，随着进口煤炭量的不断增加，国内煤炭企业竞争压力不断加大。

(3)科学技术更加先进。当前，国内煤炭开采主要采用传统工艺，工艺复杂，危险系数高，对地表环境破坏大，产品消耗对空气污染大，已经不适应时代的发展要求。而煤化工、煤转气等技术条件日臻完善，为煤炭企业进行转型发展提供科技支持。

(二)煤炭企业传统成本管理存在的不足

(1)缺乏产品周期观念，产品成本核算不实。煤炭企业将生产成本与期间费用分开核算，煤炭产品成本只包含与生产有关费用，即制造费用，也有煤炭企业核算原煤成本时考虑管理费用和财务费用，无论是制造费用，还是同时包含管理费用、财务费用，片面认为只有这些费用与煤炭生产有关。另一方面，成本中将资源购置、矿井建设、环境治理、关闭转产、可持续发展基金等费用项目排除在外，也造成煤炭成本偏低。

(2)缺乏产品时空概念，管理手段匮乏。近 10 年来，是煤炭行业发展的黄金时期，大多数时候产品不愁销售，同时鉴于国家对煤矿安全生产监管，煤炭企业大多只注重生产过程的控制，成本管理也以生产过程控制为重点，忽视材料供应过程和销售过程的成本管

作者单位：郑州煤炭工业（集团）有限责任公司财务资产部

理;只注意投产后的成本管理,忽视投产前矿井投资以及关闭转产的成本管理。

(3)缺乏战略思想,成本管理短期行为明显。当前,煤炭企业的管理者的流动性较强,特别是国有煤炭企业,经营者任期一般3~4年,有时更短,使企业行为明显出现阶段性。为突出任职期间的工作业绩,管理者很少关心企业的发展后劲和长远利益。一是通过该入成本不入或者延期入,该摊销的不摊销,不足额计提折旧等手段隐匿成本。二是过度依赖提高产量对降低单位煤炭成本的效果。认为产量越高,产品成本就越低,在销售量不变的情况下,企业的利润也就越高。不考虑市场对产品的需求量,简单地通过提高产量来降低产品单位成本,通过存货的积压,将生产过程发生的成本转移或隐藏于存货,提高短期利润。如此短期行为,给企业往往造成积重难返的结果,给后任的管理者改进成本管理带来了困难。

(4)缺乏有效信息,无法实现全面成本管理。煤炭企业传统成本管理过分依赖现有的成本会计系统,而现有成本会计系统所提供的信息量远远不能满足实行全面成本管理的需要。由于传统成本管理系统成本方法的局限性,使得成本管理陷于单纯的为降低成本而降低成本的怪圈,不能深入反映全部生产经营过程,不能提供各个作业环节的成本信息,从而不能提供决策层所需的有效信息。另外,传统的成本管理对象局限于产品财务方面的信息,不能提供管理人员所需要的资源、作业、产品、原材料、客户、销售市场和销售渠道等非财务方面的信息,难以达到为战略管理提供充分信息的目的。

二、煤炭企业推行战略成本管理应注意的几个问题

(一)梳理企业内外环境,做好战略定位分析

从战略成本管理的角度来看,战略定位分析就是指通过对企业战略环境进行分析,确定要采取的竞争战略,从而明确成本管理的方向和重点,建立与企业战略管理相适应的成本管理战略。成本管理是企业获取竞争优势的有效途径,因此基本的竞争战略几乎都是在成本方面上做文章。

(1)确定定位分析方法。煤炭企业可以采用SWOT分析法,从自身规模大小、技术高低、劳动力成本、成本转移能力、发展机会、现有竞争者、与供应商谈价还价能力等方面,确定企业自身强势、弱势和面临的机会、威胁要素,并据此选择业务战略方法,同时使业务弱势和环境威胁降低最低。

(2)确定基本竞争战略。在成本领先战略、差异化战略、目标集聚战略三种中,煤炭企业更适合成本领先战略。其原因有两点:一是煤炭企业特别是大型煤炭企业集团大都具备材料供应—煤—洗煤—建材/化工/发电等产业链经营,从而能够更有效的控制价值链活动,从而控制成本驱动因素。二是煤炭企业具备改造企业价值链的能力,对价值链进行重构以省略或者跨越一些高成本的价值链活动,从而达到价值链上累计成本低于竞争对手。

(二)拓宽成本管理空间,进行价值链分析

(1)内部价值链分析。一是删除和改进价值链上不增值作业。在作业成本核算的基础上,要进一步确认煤炭生产过程中的作业,哪些是有价值的,哪些是没有价值的,对煤炭生产过程中的作业进行描述和评价,将作业划分为增加价值的作业和不增加价值的作业。

对增加价值的作业予以保留，并设法进行改进，以降低消耗或提高价值；对不增加价值的作业尽可能加以消除。例如采掘中的无效进尺、设备空转等环节。二是分析煤炭产品成本构成，确定成本管理重点。煤炭产品构成中有材料成本、人工成本、安全成本、税费成本、管理成本、销售成本等，这些成本中材料成本、人工成本、安全成本分别达到总成本合计的65%以上，从而煤炭企业要想降低煤炭成本，应提升机械化程度，减少材料投入，引进先进的煤炭开采技术，提高工人工作效率。同时，在开采的各个环节层层严格把关，保障开采环境的安全。

(2)与上游供应商的价值链分析。一是通过与上游战略合作，获得有利价格通过与上游的战略合作，从设备、原材料供应商那里获得更有利的价格，以降低企业的采购成本。二是通过对上游供应商价值链的分析，寻求后向整合，即通过兼并控制煤炭设备供应商或者控股供应商的方式来降低成本。三是煤炭企业可以考虑与其下游行业进行前向整合，通过投资、兼并或重组收购下游火电、钢铁、建材和化工行业，实现煤炭企业投资多元化，减少煤炭企业的投资风险。

(3)对竞争对手价值链的分析。经过近两年的小煤矿资源重组，大批小煤矿关停，煤炭行业进入壁垒抬高，竞争对手实力普遍较高，煤炭行业竞争愈加激烈。煤炭企业要想在竞争激烈的市场中占有一席之地，除练好内功外，还要充分了解竞争对手，了解竞争对手的价值链情况，通过分析竞争对手的价值链，明确企业与竞争对手相比的成本态势。然后通过建立标杆、引进新技术、学习先进开采方法和采煤工艺、提升管理水平等措施提升自身竞争力。

(三)拓宽成本管理视野，做好成本动因分析

成本动因是指成本的驱动因素即引起产品成本发生的原因。传统的管理会计往往将产量假定为唯一重要的成本动因。但是很多事例表明，当产量上升时平均成本并非下降而是提高；变动成本和固定成本往往难以界定，其区分也只有在一定时期的一定范围内才成立，这显然不能满足企业长期成本管理的需要。而战略意义上的成本动因立足于企业的整体高度，具有更广阔的视野，给战略成本管理提供了一种更为有效的工具。战略性成本动因可分为结构性成本动因和执行性成本动因两大类。

(1)做好结构性成本动因分析。一是进行规模效益分析。煤炭企业必须进行规模分析，以规模经济为主要成本动因取得竞争优势，注意和防范规模不经济。二是进行整合程度分析。要根据市场的变化，及时做出实施整合或者解除整合的决策。三是进行技术分析。煤炭企业借助先进的技术手段对煤炭开采过程、管理方式等方面进行功能再造，可以有效地降低成本，同时使得企业拥有持续竞争优势。四是进行地理位置分析。矿井改造、扩建和新建，要考虑地理位置，降低销售成本。

(2)做好执行性成本动因分析。一是树立全员参与思想。大部分煤炭企业仍为劳动密集型企业，人员投入多，因此煤炭企业强调通过建立各种激励制度鼓励员工参与，培养全体员工成本节约思想，意义重大。二是制定全面质量管理制度。在战略成本管理中，煤炭企业应从质量和成本两个方面来定位企业应该采取的战略，摒弃一味追逐成本降低而损害产品质量导致削弱企业竞争优势的短浅做法，做到保证产品质量和用户利益的同时又能够在最大程度上降低煤炭产品的成本。三是提升生产能力利用率。受固定性成本较高的影响,煤炭企业要以企业整个周期的正常生产能力利用率水平为基础,提升产量,摊薄固定成本,从而降低企业的成本。

(四)建立成本管理保障措施体系和绩效评估体系

煤炭企业需要有效的构建成本管理保障措施体系和绩效评估体系。成本管理保障就是对成本进行优化管理,但是需要满足基本的生产和建设的需求。在成本管理的保障措施中需要满足管理方法的有效性,以及管理措施的执行性。要努力提高财务人员成本管理素质,加强成本管理基础工作;要大力发展信息技术,实现成本管理手段创新;建立现代企业制度,转换经营机制;要完善责任成本管理方法。

成本管理的绩效评估是以企业的战略为基础所进行的财务和非财务相互结合的管理方式,是以内外部指标,对战略目标进行动态化的衡量,有效地指导战略目标的完成以及进行信息反馈供管理参考。在指标设置上要以反映竞争能力变化、生产流程效率、资产运营效率、成本管理效益等指标为主。

三、结　语

总之,在当前经济发展速度放缓、发展模式转型形势下,煤炭企业传统发展模式和管理方法已经不能完全适应激烈的市场竞争环境,煤炭企业必须紧紧抓住时机,对周围的竞争环境进行有效性调查分析,寻找突破口,并实现新的管理模式,推进煤炭企业的生存和持续发展。作为一种长远的战略考虑,实施企业战略成本管理势在必行。

煤炭企业环境成本问题研究

张静玲

环境问题是人类生存和发展的永恒主题。环境保护是人类社会可持续发展的重要条件。可持续发展作为一种新的发展观，把环境保护作为重要的发展目标。经济发展必须有利于资源的永续利用，有利于生态系统的良性循环。绝不能以浪费资源和破坏环境为代价。

长期以来，我国煤炭工业的生产对环境的影响和破坏是比较严重的，煤炭资源的巨量开采、利用不够充分和资源浪费比较严重，不但造成了这种不可再生资源储量的日益减少，更造成了日益严重的环境破坏、污染。随着全球环境和资源问题日益恶化以及公众的环境意识逐渐增强，更要以节约、高效为原则，将环境成本控制好，实现可持续发展。

一、煤炭企业产生的主要环境问题

煤炭作为经济发展过程中必不可少的能源之一，近年来进入了一个高速发展的阶段。煤炭企业在持续不断的开采能源的同时，由于公众的环境保护意识淡薄，给周边的资源环境造成了严重的破坏。以下对煤炭生产经营形成的环境问题进行了分析。

（一）煤炭开采形成的环境问题

（1）对土地资源的破坏和占用。煤炭开采分为井工和露天两种方式，其中我国95%以上的煤炭产量来自井工开采。对土地资源的破坏损害，井工开采以地表塌陷和矸石山压占为主，而露天开采则以直接挖损和外排土场压占为主。

（2）对水资源的破坏和污染。煤炭开采过程中，为保证安全而进行的人为疏干排水和采动形成的导水裂隙对煤系含水层的自然疏干，共同破坏和污染了地下水资源。与此同时，大量未经处理含有煤粉、岩粉和其他污染物的矿井水外排，又影响到矿区及其周边环境。

（3）对大气环境的污染。主要来自矿井排风、煤层瓦斯抽放和煤矿矸石山的自燃。与一般工业生产相比，煤炭生产具有自身的特点，煤炭的生产过程同时又是资源枯竭、环境改变和破坏的过程。随着煤炭生产的进行，煤炭资源越来越少、大范围的地表塌陷、大量煤矸石的堆集而导致的大量耕地的占用和破坏、大量废水废气的排放而引起周边耕地的劣化和空气污染，煤炭生产所造成的环境资源消耗和生态环境破坏在很大程度上是无法通过自然环境的自然净化和人类对环境的补偿能够恢复的。

（二）煤炭加工形成的环境问题

煤炭加工形成的环境问题主要来自于对原煤的筛分、洗选、动力配煤和土法炼焦。污染环境的方式主要是排放出大量的煤泥水、洗矸、煤尘和有害气体。

作者单位：河南能化集团焦作煤业（集团）有限责任公司职工教育培训中心

（三）煤炭使用形成的环境问题

煤炭使用形成的环境问题主要是燃烧带来的一系列污染，例如二氧化硫、酸雨等问题。

二、煤炭企业环境成本的内容

目前，我国煤炭企业环境成本方面的支出主要包括环境管理费、矿山占用土地复垦复田支出费、环境监测费、村庄搬迁费、排污费、环境影响赔偿费、耕地占用税、污染现场的清理和保洁费、地面塌陷赔偿费、地下充填费、防治措施费、职工环境保护教育费、降低污染和改善环境的研究与开发支出费用、植树及绿化费用以及与环境有关的其他费用。本部分结合煤炭企业的实际情况与环境会计成本的分类，对煤炭企业环境成本做出以下分析：

（1）煤炭生产活动的开展是以矿产资源的减少和生态环境系统的破坏为前提的，因此人类社会在使用和消耗这些资源时必须付出相应的成本。环境资源既是一种生产要素，又是组织生产活动的潜在基础。煤炭企业生产耗减、占用资源会导致生态环境系统状态发生变化和他人失去利用煤炭资源的机会，所以它是一种补偿成本与机会成本相统一的环境成本。

（2）现有的煤炭资源成本分为企业依法取得的探矿权、采矿权以及必须向国家缴纳的资源税和矿产资源补偿费。煤炭生产活动不仅占用和消耗煤炭资源，还会引起其他生态环境资源质量下降的损失，其价值表现为生态环境降级成本。在很多情况下，耗减和降级是同时发生的。如果不合理开采矿产资源，一方面减少了矿产的储量；另一方面破坏了未开发资源的开采条件，使其降级。一直以来，煤炭企业的生态环境破坏损失都没有在成本中反映，因此对其加以测定和核算，可以更好地反映其成本。

（3）煤炭企业为预防与生产经营活动有关的环境污染和破坏而发生的成本，是与环境治理费用相对应的在污染产生之前为防止污染产生而发生的所有耗费，如购置环境预防设备等。

（4）其他环境必要性支出。指煤炭企业为达到国家和政府对环境的要求而负担的各种费用，包括排污费、村庄搬迁费、耕地占用税等。

三、煤炭企业环境成本的管理建议

煤炭企业的生产经营活动产生的大量的环境问题，不仅影响到整个社会经济的可持续发展，也影响到人们赖以生存的环境。因此，煤炭企业基于可持续发展的原则，开展环境管理，实行环境成本核算，科学合理地实施环境成本内在化，最大限度地减轻煤炭生产带来的环境问题，是当今社会经济发展的必然选择。本文提出了以下管理建议：

（1）煤炭企业开展环境管理，实行环境成本核算，科学合理地实施环境成本内在化，建立企业环境管理体系，制定环境管理策略。为此，煤炭企业必须采取认真的步骤，转变观念，变被动服从为主动地适应，树立正确的现代“环境—发展”观，切忌将环境管理当作权宜之计。只有这样，才能真正提高资源的利用效率，促进废物的再利用和再循环，以发挥最好的环境保护效益。

（2）发展煤炭深加工产业。煤炭深加工是解决煤炭开采过程中造成环境问题的重要途径,而且是实现经济效益提升的重要举措,煤炭深加工能够提升煤炭的品质和附加值,可以减缓原煤运输的压力,还可以实现废物的循环利用,节约场地,实现煤炭企业产品的多元化。发展煤炭深加工产业主要有两方面优势:一方面,提高煤炭的利用效率,利于废物回收利用,避免造成污染;另一方面,通过相同条件下增加产出稀释环境成本。

(3)资源进行合理配置。企业生产排出的废水、废气、废渣等,可以变废为宝,降低企业成本,提高效率,方法是关键。采取先进环保工艺和设备与煤炭生产配套运行,包括环境项目运行、环保实务的管理和环境污染控制措施。根据多座矿井在区域范围内分布地理位置的不同,可以灵活选择分区或统一进行治理排污或排渣等工作,便于对多座矿井"三废"统一管理、调度,同时降低区域内矿井环境治理成本。

总之,环境成本控制是一项复杂而又系统的工程,需要长期坚持和重视,煤炭企业要坚持双赢原则,既不能以牺牲环境为代价追求经济效益,也不能为了保护环境而抛弃企业经济的发展,要协调经济发展和环境保护,加强环境成本的核算与控制,不断探索环境成本控制的新手段,不断推进煤炭企业可持续发展。

尿素生产企业成本管理改进措施探讨

聂辈辈　王体昌

成本管理是指根据生产企业所在行业的特点和产品成本结构特点，分析影响产品成本结构的各个要素，利用各种可以利用的管理方法和手段，降低构成产品成本的各个要素耗费，使产品生产成本不断降低的过程。由此可以看出，成本管理的关键在于根据企业所在行业的特点和产品成本结构特点，利用先进理念，理清思路，抓住关键环节，集中精力解决好成本管理中的全局性问题。

一、尿素生产企业所在行业的特点

尿素生产企业属于化工行业，具有化工行业生产的一般特点：

（1）尿素生产企业属于连续生产，各个不同的生产环节直接相互依存。尿素生产企业整个生产过程靠工艺控制参数来实现，工艺控制要求具有及时性、可靠性和稳定性。设备管理是尿素生产企业管理的中心环节，一旦设备出现问题，一定会造成生产的波动。尿素生产企业整个生产流程的安全、稳定、长周期运行是节能、高产和低成本的重要保障。

（2）尿素生产企业一般有周期性的全厂停车大修程序。全厂停车大修及日常维修的质量和内容对整个生产装置的运行状态具有决定性影响。

（3）尿素生产企业具有高耗能的特性。一是煤炭是化工生产的燃料动力，同时又是重要原材料；二是尿素生产需要在高温或低温条件下进行，需要消耗大量能源（包括电力）。因此，节能管理是尿素生产企业成本管理的关键环节。

二、尿素生产企业产品成本结构的特点

具体到实际情况，笔者认为尿素生产企业在产品成本结构方面有以下特点：

（1）“两煤一电”（原料煤、燃料煤和电力）消耗在成本结构中占比较大的比重。据统计，2012 年某企业尿素产品成本结构中“两煤一电”消耗占整个制造成本的 81%。

（2）除“两煤一电”外，固定资产折旧费和日常修理保养费支出所占比重相对较大。据统计，2012 年在某企业尿素产品成本结构中固定资产折旧费用和日常修理保养费用占整个制造成本的 8%。这些固定费用不随产量的变化而变化，甚至更多时候产量越低修理费用反而更高。

（3）相对来说职工薪酬成本所占比重较小。据统计，2012 年在某企业尿素产品成本结构中职工薪酬成本仅占制造成本的 5%。

三、尿素生产企业成本管理中存在的主要问题

根据调查，笔者认为尿素生产企业在成本管理中存在以下主要问题：

作者单位：河南能化集团永煤集团安徽三星化工有限责任公司

(1)成本管理理念不明、思路不清,存在“眉毛胡子一把抓”的现象,主要矛盾和重点工作没有抓好。例如,片面强调机关非生产性支出的降低,片面强调车间管理费用的降低,而成本管理的重点环节“两煤一电”消耗和日常维修保养费用没有投入足够精力进行管理。

(2)管理者站的高度不够,只就成本管理而进行管理,没有拓展思路,深入更深层次进行管理。例如,在成本管理时没有统筹考虑成本、产量和收入的关系,只进行绝对成本控制,没有意识到只要收入的增加大于成本的增加就是相对成本的节约,就是效益;没有意识到增加产量往往是最大的效益;没有意识到产品结构调整可以出效益;没有意识到销售部门和财务部门也可以是最大的创利部门。

(3)在物资采购管理中,片面强调价格低廉,对及时供货和材料物资的高质量给成本降低带来的影响重视不够。例如,有的配件由于质量问题使用时间较短就要进行更换或维修,这种更换或维修对生产的影响往往大大高于配件本身的价值。例如,紧急情况下,为了避免给生产造成的影响,高价采购能够及时供货的厂家提供的配件是非常划算的。

(4)对影产台时管理重视不够,没有意识到降低影产台时可以为企业带来巨大的经济效益。由于职工薪酬在尿素产品成本中所占比例较低,从降低影产台时带来的经济效益中拿出一部分作为工资对员工进行正向激励是非常划算的。

四、尿素生产企业成本管理改进措施探讨

根据尿素生产企业的行业特点和产品成本结构特点,笔者认为改进尿素生产企业成本管理要重点树立两个理念,做好六个方面的工作。

(一)树立两个理念

1. 帕累托原则理念

帕累托原则是在19世纪末20世纪初意大利经济学家帕累托发明的。帕累托原则认为,在任何特定群体中,重要的因素通常只占少数,而不重要的因素则占多数,因此只要能控制具有重要性的少数因素即能控制全局。这个原则经过多年的演化,已变成当今管理学界所熟知的“二八”法则——80%的企业利润来自20%的重要客户,其余20%的利润则来自80%的普通客户。

这个原则对成本管理工作的启示是:在成本管理工作中要抓主要矛盾,抓住关键项目、关键人员和关键环节。根据尿素生产企业产品成本结构的特点,我们始终要把成本管理的重点放在降低“两煤一电”消耗和日常维修保养费用方面。

2. 成本效益大局理念

成本效益大局理念包括以下五个方面的内容:

一是相对成本最低理念。所谓相对成本,就是统筹考虑成本、产量和收入之间的关系,力求收入的增长超出成本的增长,实现成本的相对节约。首先,要树立系统成本最低理念。尿素生产企业成本竞争是个系统工程,只有系统成本最低,才能降低最终产品的生产成本。因此,为了服务系统成本最低,要允许某个局部成本升高(比如增加溴化锂装置必然造成局部成本的升高,但对于整个系统来说由于系统温度的降低,整个生产成本是降低的)。其次,树立长远成本最低理念。企业追求的是长周期运行的成本最低,为了促进

长周期运行的成本最低,可以让眼前的成本升高。例如,对某个设备进行停车维修时,必然造成当期的成本升高,但是为了长时间安稳满负荷运行,要果断停下来,因为这样做追求长远成本最低。

二是增产增效理念。尿素生产企业成本的降低最终来自于同等消耗情况下产量的增加。企业生产管理人员要牢固树立增产增效的观念,把一个生产周期内产量的增加作为一切工作的落脚点,作为设备管理和工艺调整的落脚点。

三是调整产品结构增效理念。某尿素生产企业主要产品有三个:尿素、甲醇和液氨。由于市场价格的不断波动,各个产品盈利能力在不同时期是不同的。在有可能的情况下,要根据各产品盈利能力的不同,对生产进行调整,多生产盈利能力强的产品,少生产盈利能力弱的产品。

四是提价增效理念。企业要把销售部门作为重要的创利部门,销售部门把产品卖个好价钱,销售价格的提升是提高企业经济效益最直接、最有效的途径。

五是争取财税优惠政策增效理念。要树立享受优惠政策也是效益的理念,创造条件享受国家规定可以享受节能减排、节能技术改造等财税优惠政策。很多时候这些效益往往是非常巨大的。粗略统计,某尿素生产企业仅 2012 年取得各项财税政策优惠就高达 1 000万元。

(二)做好六个方面的工作

(1)节约“两煤一电”消耗。具体措施如下:

①保证煤炭的采购数量和质量。首先,由于煤炭供应量不足必然造成开车负荷的降低,这种损失往往非常巨大,必须保证煤炭供应量。其次,由于尿素生产企业往往因为煤炭质量的不同要对工艺进行调整,工艺调整频繁必然造成消耗的升高,所以质量稳定的煤炭持续供应是降低煤炭消耗的必由之路。

②加强煤场管理。某尿素生产企业使用无烟块煤作为原料煤,由于块煤往往有一定限下率指标(即块煤中含有一定比例末煤),如果人为因素导致限下率过高,必然造成无烟块煤可使用量降低,加大原料煤成本。所以,要加强对煤场管理人员和铲车司机的考核,避免铲车轧煤和减少块煤倒运次数,从卸车、装车到上料等各环节减少块煤破损率。

③通过采用新技术、新设备、新材料和先进合理的工艺流程,改革化工装置和工艺,使其达到较高的节约效果。重点是要学会算大账,进行符合相对成本最低原则的技术改造。例如,通过增加变频装置节电;通过采用高质量零配件,保证装置的长周期运行,缩短检修间隔;通过供电系统改造提高供电系统稳定性等。

④加强机电设备、塔器、容器、管道的日常维护保养和防腐保温工作,一方面避免漏料、跑料和系统阻力增大造成的损失;另一方面避免影响整个生产系统的稳定运行。

(2)深入贯彻增产增效观念,提高生产能力,增加产品产量。2012 年某尿素生产企业共计生产尿素 30 万 t,比 2011 年增加 3 万 t,直接导致了固定费用比 2011 年降低了 10%,加之产品销售带来的销售毛利每吨 290 元,粗略估算由于增加产量增加经济效益 1 000 万元以上。因此,增产增效是保证相对成本最低的重要途径。具体实施要采取以下措施:

①改进不合理的工艺和设备,完善和强化工艺过程管理,以及采用高效催化剂,从挖潜、革新和技术改造中求增产。

②高度重视影产台时管理，提高设备利用率，减少单位产品的机械设备费用，减少停车次数和停车时间。因为如果停车频繁，不仅影响产量、浪费原料，而且大大增加修理费。经测算，某尿素生产企业每个影产台时造成经济损失为1 000元，2012年全年某尿素生产企业影产台时高达17 000台时，理论上造成经济损失高达1 700万元（当然无论如何影产台时都不会降到零）。因此，尿素生产企业要从战略高度重视影产台时管理，切实降低影产台时。

③改进和完善生产组织工作，保证原料煤、燃料煤、水、电、汽、冷的正常供应。

④统筹协调好安全、大修和生产运行之间的关系，切实做到安全生产，避免事故发生；力求长周期、满负荷生产，从稳产中求得高产。

(3)不断总结经验，改进和完善修理保养费用和重要消耗材料的管理，降低尿素生产企业修理保养费用和材料费。

①严格操作管理和操作纪律，杜绝不合理操作导致的次品大批出现、原材料浪费和费用增加问题。

②进一步总结碳丙、阀门、压缩机配件、钢材管件、纯碱等重要材料消耗的管理经验，加强管理，提高材料利用率，防止出现大材小用、优材劣用和连续采购劣质配件情况。

③要加强对工具、器具、量具、卡具等低值易耗品的管理，确定责任，建立账卡，减少损耗，防止丢失。

④采取激励机制，做好修旧利废工作。

(4)对全厂停车大修实施精细化管控。尿素生产企业生产过程的连续性使很多设备在生产过程无法检修，同时很多技术改造项目也需要全厂停车方可进行，所以全厂停车大修对化工企业来讲不但可以解决设备本身的维护修理问题，而且可以解决运行时无法解决的设备维护问题，消除化工生产过程中的安全隐患。全厂大修可以保证设备平稳运行，提升设备的使用效率。全厂大修是完善技术改造项目的最佳时机，可以优化工艺流程，可以节能降耗。所以，全厂大修工作好坏，直接关系到大修以后企业的生产状况，决定着企业下一个停车周期的生产任务能否完成。

大修项目（包括大修期间进行的技术改造项目）的确定，大修材料的准备，外协单位的确定，大修期间的安全管理、工期管理和进度协调每一项工作都十分重要，对整个生产成本的降低有着至关重要的意义。务必做到"严肃认真、周到细致、稳妥可靠、万无一失"。

(5)重视财务部门和销售部门的创利作用，算账搞生产，算账搞销售，积极争取享受国家优惠政策。

①财务部门要充分发挥决策参谋作用，根据企业不同产品价格变化情况，提醒生产部门进行产品结构调整，争取经济效益最大化。

②销售部门要加强对市场信息的预判，搞好进、销、存工作，力争在销售价格高时多出售产品，实现更多的经济效益。

③尿素生产企业要积极研究国家的财税优惠政策，能争取享受到的，要尽全力进行争取，企业管理者要考虑这方面的激励机制。

(6)加强人力资源管理，不断提高劳动生产率。有计划做好大中专毕业生引进培养和操作工人的培训工作,不断提高管理水平和技术操作水平。通过提高劳动生产率,降低产品成本中职工薪酬所占份额。

参考文献

[1] 潘计有．降低化工产品成本的途径[J].财会通讯,1984(3):29-30.
[2] 孙德宏．对化工企业成本控制方法的探讨[D]．昆明:昆明理工大学,2007:2-20.
[3] 王宁．心连心化肥公司总成本领先战略见绿色[J].石油与化工节能,2011(4):31-32.

浅谈国有企业财政资金管理存在的问题

刘　杉　郭学琴

近几年,财政资金对国有企业的支持越来越多,中央预算资金和省级配套资金管理也日益成为国有企业管理部门需要进一步关注的问题,财政资金管理存在的问题也逐渐显现。本文从实际工作经验出发,对财政资金管理存在的问题提出建议。

一、财政资金支持国有企业的必要性

(1)财政支持国有企业,是深化国有企业改革的需要。国有企业在几十年计划经济时期,承担了经济发展和项目建设的主要任务,也积累了不少体制性和政策性的矛盾和负担,如企业办社会包袱、资源枯竭等问题。尤其煤炭企业,近几年的兼并重组小煤矿的政策,给国有煤炭企业带来沉重的负担。不仅如此,国有企业还肩负着社会稳定和社会责任等一系列社会问题。这些问题单纯依靠企业无法解决,如果国家不予支持,不仅将使国有企业失去发展机遇和发展动力,也将对社会稳定和经济健康发展造成负面影响。财政承担着宏观经济调控的责任,也承担着社会道义和公共责任,解决国有企业改革发展的难点问题,是财政应承担的一项艰巨的社会任务。

(2)财政支持国有企业,是企业应对挑战、提高企业竞争能力的需要。近几年,我国企业的市场环境发生了重大变化,煤炭企业则尤为严重。国有企业的竞争力不强的问题比较突出。针对上述情况,财政资金加大对企业的投入,可以积极引导企业增强自主创新能力,促进企业实现技术进步,提高企业的市场竞争能力。

(3)财政支持国有企业,是建立强大、稳固财政的需要。国有企业是财政收入的主要来源,是国家经济发展的主体,企业的发展壮大是直接增强财政的增收基础。因此,通过财政支持国有企业发展,以进一步增加财政收入。

二、政策解读

支持企业改革与发展的财政资金大致分为五大类别。据不完全统计,仅中央有关财政资金就有十几项。但是,上级财政部门没有出台相应的办法,财政资金的管理和使用一直缺乏统一、明确的管理办法和财务处理原则。

(1)2006年,财政部颁布了新的《企业财务通则》。这对规范企业财务制度建设和企业管理具有重要的现实意义。新的《企业财务通则》第二十条对企业取得资本性财政资金的财务管理作了明确的规定:企业取得的各类财政资金,区分以下处理:属于国家直接投资、资本注入的,按照国家有关规定增加国家资本或者国有资本公积。国家拨款对权属有规定的,按规定执行;没有规定的,由全体投资者共同享有。属于投资补助的,增加资本

作者单位:郑州煤炭工业集团有限责任公司财务资产部

公积或者实收资本。属于贷款贴息、专项经费补助的,作为企业受益处理。属于政府转贷、偿还性资助的,作为企业负债管理。属于弥补亏损、救助损失或者企业用途的,作为企业受益处理。虽然新的《企业财务通则》对企业取得财政资金作了明确的财务处理,并规定企业集团应当按照规定使用财政资金。但对于逐级下拨所属企业使用的,新的《企业财务通则》和解释并没有明确的规定,只是笼统的解释为:“应当督促所属企业按照规定使用并进行财务处理”。

(2)2009 年,中国第二重型机械集团公司就政府投资补助资金的财务处理问题向财政部做出请示(《关于政府投资补助财务处理问题的请示》),财政部就此问题作了答复,下发了《关于企业取得国家直接投资和投资补助财务处理问题的意见》,即集团公司取得国家直接投资和投资补助性质的财政资金,根据《企业财务通则》第二十条规定处理后,将财政资金再拨付子公司、孙公司使用的,应当作为对外投资处理;子公司、孙公司收到的财政资金,应当作为集团公司投入的资本或者资本公积处理,不得作为内部往来款项挂账或作其他账务处理。资金拨付前后,集团公司应当依法通过子、孙公司的股东(大)会、董事会等内部治理机构,按照“谁投资、谁拥有权益”的原则,落实应当享有的股东权益,以确保对外投资的保值增值。财政部此次的回复意见,明确了集团公司将财政资金再拨付子公司、孙公司使用时集团公司和子公司、孙公司的财务处理。

(3)2012 年,财政部下发了《加强企业财务信息管理暂行规定》的通知,进一步明确了企业收到财政资金的财务处理,即企业收到资本性财政性财政资金,列作国有实收资本或股本,企业股东(大)会或董事会、经理办公会等决策机构应当出具同意注(增)资的书面材料。企业一个会计年度内多次收到资本性财政性资金的,可暂作资本公积,但应当次年履行法定程序转增国有实收资本或股本;发生增资扩股、改制上市等事项,应当及时转增。企业集团母公司将资本性财政性资金拨付所属全资或控股法人企业使用的,应当作为股权投资。母公司所属控股法人企业暂无增资扩股计划的,列作委托贷款,与母公司签订协议,约定在发生增资扩股、改制上市等事项时,依法将委托贷款转为母公司的股权投资。第八条又规定:企业收到费用性财政资金,列作收益,符合《财政部 国家税务总局关于专项用途财政性资金企业所得税处理问题的通知》(财税〔2011〕70 号)规定不征税条件的,可作为不征税收入。企业按规定将费用性财政性资金拨付所属全资或控股法人企业使用,中间拨付环节企业均作为往来款项。

三、企业取得财政资金的财务处理

目前,多数大中型企业已经按照资本纽带关系组件企业集团,集团公司作为整个集团发展战略的制定者和组织实施者,其职能已从单一的生产经营中脱离开来,主要通过投资控股等多种方式从事资本运营和管理,推动所控制的子公司、孙公司按照集团发展战略开展经营活动。在财政预算管理关系上,企业集团只有集团公司本身作为财政一级预算单位,其子公司、孙公司与财政没有直接的预算管理关系。因此,财政将资金按项目直接拨付给集团公司,而不论项目是由集团内部哪一级企业承担。集团公司对取得的财政资金,根据《企业财务通则》第二十条规定和《加强企业财务信息管理暂行规定》第八条处理后,将财政资金拨付所属全资或控股法人企业使用时,将出现以下两种情况:

(1)将属于国家直接投资或者投资补助性质的财政资金再拨付子公司、孙公司使用的,根据财政部下发的《加强企业财务信息管理暂行规定》的通知,集团公司应当作为对外投资,即对子公司、孙公司增加出资处理,并对国家承担国有资本保值增值的责任;同时,子公司、孙公司收到的财政资金,应当作为集团公司增加投入的资本或者资本公积处理,不得作为内部往来项挂账或者其他账务处理。需要注意的是,在投资补助情况下,集团公司如不属于国有独资公司或者国有全资企业,形成权益也就变成了全体股东共享的权益,除非财政拨款时已经对权益归属做出了明确规定。

(2)将属于不会直接构成集团公司权益的其他财政资金再拨付子公司、孙公司使用的,由于集团公司不是直接使用财政资金的项目单位,应当通过内部往来处理;而子公司、孙公司收到的财政资金,就要按照《企业财务通则》第二十条和《加强企业财务信息管理暂行规定》第八条的规定,直接作为负债或者企业受益处理。

四、企业取得财政资金的管理存在的问题

虽然财政部对企业收到财政资金做出比较明确的财务处理规定,但是从企业自身的角度来说,此项财务处理规定在实际操作和执行时相对困难,从而导致财务处理的繁琐和不便。

(1)委托贷款手续繁琐,企业集团中的内部结算中心没有相关资质,只能委托外部银行进行,对于每年收到资本性财政资金的企业来说,在手续办理和实际财务处理上并不现实。

(2)母公司所属控股法人企业将委托贷款转为母公司的股权投资时,没有操作程序,也没有相关的财务规定。

(3)若母公司所属控股法人企业短时间使用资本性财政资金后,例如机器设备,在集团内部多次进行调剂,给其他控股法人企业使用时,是调整对控股企业的投资还是收取相应的使用费并没有明确的规定。

(4)集团公司用财政资金购置的抢险救灾设备,在进行抢险救灾时,是否可以收取相应的使用费。

五、财政资金管理的建议

财政资金在实际的使用和管理过程中会出现各种不同的问题,特别是集团公司给所属控股公司拨付资本性财政资金时,作为集团公司对所属控股公司的股权投资并不实际可行。针对上述情况,建议上级财政部门调研国有企业的实际情况,制定切实可行的财政资金管理办法,统一财政资金管理的意图和方向。笔者认为,将资本性财政资金的管理职能统一在集团公司是目前较为可行的管理办法,即集团公司作为资本性财政资金的所有者和管理者,所属控股公司使用资本性财政资金时,集团公司可以收取相应的使用费,这样集团公司在以后的统一调剂调配使用中,减少手续的办理和财务处理的繁琐,使企业在财政资金的管理、使用以及财务处理上简化统一、操作可行,更好地发挥财政资金在国有企业中的作用和效益,使财政资金管理和使用规范化、实用化。

浅谈煤炭企业安全成本管理

张连华

煤炭安全成本是煤炭生产的一种“附加性成本”，它是煤炭企业安全工作质量的综合反映，是安全决策和安全工作评价的重要指标。对于煤炭企业来讲，安全生产的特殊性决定了安全成本在煤炭生产成本中占有很高的比例。研究煤炭安全成本及其变化趋势，对于促进安全与生产的协调发展，合理控制安全投入和优化安全成本结构，都具有重要的理论价值和现实意义。

一、煤炭企业安全成本管理现状

（一）煤炭企业保证性安全投资成本高

保证性安全成本起到预防作用往往是一次性巨大投入。而且保证性安全成本投入带来的远期效益大于当期效益，当期的投入并不能获得全部回报，但减少当期的安全投入却可以使得当期的成本下降、利润提高。对于有些追求高利润的煤炭企业来说，由于承包期短，承包人更多考虑的是经济利益，导致其短期行为，能不投入就不投入，少投入挖煤，挑肥拣瘦，乱采滥挖，给煤炭企业安全生产带来极大的隐患。

（二）事故的外溢性特点使得损失性安全成本低

对于煤炭企业而言，事故的外溢性特点成为损失性安全成本过低的重要原因，事故责任者造成的事故损失由他人承担的现象主要表现在事故外溢于社会和事故外溢于企业职工。在实践中，事故造成的资源损失还没有统一计量标准，致使资源损失价值没有或很少，事故受害者的赔偿标准也普遍较低。由于损失性安全成本被扭曲，使得煤炭企业实际承担支付的事故损失低于事故损失成本。

（三）煤炭企业安全成本没有单独核算

煤炭企业的会计核算体系没有单独对安全成本进行核算，而且没有明确的明细科目，有关安全成本见于固定资产、制造费用、管理费用以及营业外支出等会计科目中，例如煤炭生产企业根据国家有关规定提取安全费用时，将按照国家规定标准计算的提取金额，在制造费用（提取安全费用）科目中反映，煤炭企业安全工程成本、安全设备仪表在固定资产科目中反映，安全教育培训、安全管理成本等在管理费用科目中反映，煤炭企业安全事故处理费用和损失在营业外支出科目中反映。目前，也没有专门分析安全成本费用的提取及使用情况的报表，致使无法对煤炭企业的安全成本进行科学的控制、预测，无法全面反映煤炭企业的安全状况。

（四）煤炭企业产品提取的安全成本无法在税前扣除

为了改善安全现状，财政部、国家发展和改革委员会、国家煤监局于 2004 年 5 月联合

作者单位：河南神火煤业禹州区域公司

制定了《煤炭企业生产安全费用提取和使用管理办法》和《关于规范煤炭企业维简费管理问题的若干规定》，要求煤炭企业按一定标准，在成本中按月提取安全费用和维简费，由企业自行安排使用，专户存储，专款专用，并于2005年4月发布了《关于调整煤炭企业生产安全费用提取标准，加强煤炭企业生产安全费用使用管理与监督的通知》，进一步完善提高了安全费用的提取标准，这些有助于正确反映煤炭企业产品成本的金额。但是，财政部于2008年12月26日以财会函〔2008〕60号文发布《财政部关于做好执行会计准则企业2008年年报工作的通知》改变安全费用的核算方法，企业依照国家有关规定提取的安全生产费以及具有类似性质的各项费用，应当在所有者权益中的"盈余公积"项下以"专项储备"项目单独反映。无论是提取还是使用均在所有者权益项目中反映，造成煤炭企业报告期利润表中税前利润较大。根据原国家在成本中提取维简费、安全费，并在缴纳企业所得税前列支的规定，煤炭企业应该在企业所得税纳税申报时，对当期企业所得税纳税额进行调减。但是，目前国家财政、税务主管部门并未明确在缴纳企业所得税前列支维简费、安全费。经与当地税务部门沟通，税务部门并不认可安全费用、维简费形成的资本性支出的税前扣除问题。

二、加强煤炭企业安全成本管理的建议

（一）建立煤炭企业安全成本准备金制度

安全准备金是煤炭企业为保证安全生产资金的充足性而按照产量预先从成本费用中提取的、用于安全预防和安全事故的资金。按照安全成本的分类，可将其分为保证性安全准备金和损失性安全准备金。对于国家已明文规定提取比例的安全成本（如矿井主要通风设备的更新改造支出、完善和改造矿井瓦斯监测系统与抽放系统支出、完善和改造矿井综合防治煤与瓦斯突出支出等），企业应严格按照规定执行。对于国家没有明文规定提取比例的安全成本，如损失性安全成本、预防性安全成本中的安全预防费用等，企业可以根据自身情况，制定一个切实可行的固定标准或浮动标准，报当地主管税务机关、煤炭企业管理部门和煤炭企业安全监察机构备案。安全费用提取标准一经确定，不能随意改动，并根据当月原煤实际产量从成本费用中提取，可在缴纳企业所得税前列支。

（二）建立煤炭企业安全成本指标分析体系和制度

安全成本分析的目的是在不断提高安全生产水平的前提下，寻求降低安全成本的途径，优化安全工作，提高企业经济效益。根据我国煤炭企业的实际情况，在确定安全成本分析指标时应坚持三个原则：一是需要性原则。即根据企业安全生产的实际需要确定安全成本分析指标，使其满足安全生产及其管理的需要。二是简单性原则。即确定的安全成本分析指标要简明扼要，内涵明确。三是可行性原则。即确定的安全成本分析指标要可行，易于取得分析资料，便于指标计算。由于目前关于安全成本的核算和分析只是局限于理论分析阶段，在企业生产实践中并没有单独进行安全成本核算，也没有成熟的安全成本分析指标可以借鉴。建议建立安全成本率、产量安全成本率、利润安全成本率以及保证成本率等综合指标评价体系。

（三）优化煤炭企业安全成本核算的组织程序

煤炭企业安全成本核算是以货币为计量单位的，主要的安全成本信息来源于会计核

算和统计核算，必须有一套相互协调的有机组织系统，并按安全成本的核算范围确立核算责任。一般由总会计师领导，安全监察部门负责总体决策和控制，以财务部门为主要力量，具体职能单位为基础，确立核算组织体系，进行归集、整理、传递和分配安全成本信息。由于在资产负债表中无法了解企业目前的安全投入情况，因此可以根据有关部门提供的安全成本资料，按照安全成本项目建立安全成本台账，专人管理，积累安全成本数据，逐月核算，定期编制安全成本分析报表，作为企业领导调整安全管理政策、相关部门实施安全改进的凭据。各指标还没有统一的标准值，而且由于各煤炭企业不同的生产规模、不同的地质状况等，各个指标的标准值很难也不可能统一起来。因此，各煤炭企业可根据自身特点拟定标准值，作为考核标准。

（四）完善煤炭企业安全成本核算方法

有学者提出，建立全方位成本核算体系，由不完全成本核算变成完全成本核算。目前，煤炭企业成本核算主要是产量成本核算，只核算直接材料费、直接人工费和制造费用，没有反映煤炭企业生产的全部费用，成本与产出不配比，口径不一致，致使核算出来的成本不能全面反映生产全过程的全部消耗，特别是成本核算资料掩盖了质量、安全等工作引起的成本因素，进而制约了煤炭企业成本控制。这种成本核算的不完全性产生了成本控制的不完全性。为此，要将不完全成本核算改为完全成本核算，不但要核算直接材料费、直接人工费和制造费用，而且要核算为生产而支出的其他费用支出，包括质量、安全等工作中的成本因素。为此，需要在进行产量成本核算的同时开展质量成本和安全成本核算工作，建立全方位成本核算体系，为深化成本管理提供更全面的成本资料。

（五）加强会计准则和税务制度对安全费用规定的沟通和协调

煤炭行业具有机械化程度较高、劳动密集、职工较多、安全问题严重等特点，大型国有重点煤炭企业一般都是开采时间较长的老矿井，随着开采的深入，安全形势更加严峻，普遍存在安全投入欠账的问题，而不允许税前列支安全费用和维简费，直接挫伤了安全投入的积极性，给安全工作带来了隐患。同时，当年税负的增加，直接减少了煤炭企业的现金流，煤炭行业短时间的红火难以改变长时间困难的局面，2009 年煤炭企业定货会由于煤电双方难以达成一致意见，出现了合同只签量不签价的尴尬局面。因此，建议国家财税部门尽早明确安全费、维简费在缴纳企业所得税前列支的规定，同时考虑煤炭企业资源不可再生的特点，尽早建立煤炭企业产业积累衰老期转产资金制度，筹集资金专项用于发展接续产业和替代产业，并明确在缴纳企业所得税前列支。

浅析企业负债经营

张　颖

一、负债经营的内涵

负债经营是指企业通过利用各种借款、银行存款、发行各种债券、融资租赁等各种方式借入资金来弥补自有资金的不足，以获取最大收益的一种经营活动方式。

二、国内外研究综述

(一)国外研究现状

国外企业对负债经营的研究已有上百年的历史，其成果可作为解决国内企业负债经营过程中出现问题的借鉴。

Modigliani 和 Miller(1958)共同提出了著名的"MM 定理"：在不存在公司所得税及破产风险、资本市场完全效率、零交易成本等假设条件下，企业资本结构与企业的价值无关，因此企业的负债根本不存在过度或过高的问题。这一定理在学术上的意义颇大，但因其假设条件不合实际而缺乏实践指导意义。

Long 和 Maltiz(1985)研究表明企业的盈利能力与其财务杠杆正相关，但关系不显著。

此外，关于负债经营和财务风险的研究，国外学者 Richard B. Chase(2001)等在《运营管理》中也提到，通过负债经营所带来的财务杠杆效应可以增加企业的经营效益，从而使企业的资源达到最大程度的利用。

Stanley B. Block(2002)等在《Foundation of financial Management》中指出负债经营可以降低公司的资本成本，并且在通货膨胀的条件下，负债经营还会产生举债效应，给企业带来额外的收益，但是当负债经营超过一定规模时，也会给企业带来财务风险。

(二)国内研究现状

国内对企业负债经营的研究起步较晚，大致有以下几种思路：

李胜兰(1995)在《企业负债规模的判断和调控》中指出，负债经营对于建立现代企业制度，明确企业产权关系和使企业成为法律上、经济上独立自主的实体，都具有重要作用。但企业负债规模膨胀或萎缩、拖欠债务等，其对国民经济和企业经营都会带来不良后果。

四川省成都市财务成本研究会课题组在《会计研究》中发表的《解决企业过度负债的对策研究》中提出，解决企业负债经营存在的问题应从政策上建立增补企业自有资金制度，加快经济增长方式的转变，理顺产权与债权、债务关系，采用不同的债务重组方法四个途径入手。

作者单位：郑州煤炭工业(集团)有限责任公司财务资产部

刘小乐在2000年的中国农业大学学报中发表的《企业负债经营的状态辨识与转移策略研究》中研究了企业负债经营的负债效应机制、主体辨识机制和状态调控机制，并以此为基础，建立了财务评价指标体系，构建了辨识企业负债经营状态的财务辨识模型；运用主体辨识模型实证研究了债权转股权对企业负债经营的影响。

孙霞在2007年发表的《企业负债经营的财务思考》中，从财务的角度对企业负债经营的效应、规模和风险进行了理性的分析，通过负债经营与偿债能力、负债经营与财务风险关系中寻求解决问题的方法，提出坚持适度负债的财务原则，追求负债经营的效益性和建立风险监测应对机制来应对企业负债经营带来的财务风险。

三、负债经营控制策略

（一）负债经营遵循的原则

负债经营应遵循效益性、严守信用、资金融通有偿、信息公开、适度和低成本的原则。

（二）企业应如何适度负债

1. 确定合适的负债规模，保持合适的负债比率

一般来说，确定合理的举债规模应注意以下几个因素的影响：

（1）宏观经济环境：在经济衰退、萧条阶段，企业应尽可能压缩负债，甚至“零负债”，以减少损失，避免破产。在经济繁荣、复苏阶段，市场供求趋旺，企业可适当增加负债，抓住有利的投资机会迅速发展。

（2）行业因素：例如处于垄断地位的企业，经营利润稳中有升，可适当提高负债比率，利用债务资金提高生产能力，获得规模效益。

（3）经营状况：经营状况良好，可适当扩大负债规模，企业规模扩大可进行多样化经营，有效分散经营风险。其次，企业的经营收入变化过大会增加企业的经营风险，相应地减少负债能力，而企业赢利能力是其负债能力的标志与保证，赢利能力较低，则负债规模将受到限制。

具体来说，企业在制订负债计划时应把握以下几点：

（1）应当把满足企业最低必要资金需求作为举债的数量目标。

（2）必须保持借入资本与自有资本一定比例。

（3）必须把负债利息率低于息税前利润/所有者权益作为筹集负债资金的主要标准。

（4）必须保持流动资产与固定资产一定比例。

2. 适度利用财务杠杆作用

如果过分强调财务杠杆的作用，举债过多，则会增加财务风险；一旦企业经营不善或经济环境恶化，息税前资金利润率就可能下降到利息率以下，就将使主权资金利润率因此而降低。负债比例越高，主权资金利润降低得越多，会加重企业的危机，出现财务杠杆反作用。因此，我们要根据企业的实际情况，合理运用财务杠杆。

3. 确定适度的负债结构

在企业负债总额一定的情况下，需要安排多少流动负债、多少长期负债呢？需要考虑

销售状况、资产结构、行业特点、企业规模、利率状况等因素。

（三）企业负债经营的风险控制

1. 建立有效的风险防范机制

企业在从事生产经营活动时，由于内外部环境的变化，导致实际结果和预期效果相偏离的情况是在所难免的。当风险来临时，企业一筹莫展，无以应对，必然会遭至失败。因此，企业必须树立风险意识，建立科学有效的风险防范机制，及时对负债风险进行预测和防范，避免因决策失误和风险失控而造成的财务危机，把风险减少到最低限度。

可以运用一些指标来衡量企业负债经营的风险程度，例如销售利息比率、负债界点等。销售利息比率是指企业一定时期内支付的利息与销售额之比。根据销售利息比率可判断企业的风险级别，3% 为健康型；5% 为稳定型；7% 为缩小型；10% 为危险型。

2. 采取正确的负债经营方式

企业的外部债务主要来自材料供应商、银行。原材料赊销一般期限较短，有时因是赊销不得不提高采购价格，在进行赊销决策时，主要是考虑采购成本，严密采购合同，防范诉讼风险；银行借款在企业举债经营中具有举足轻重的地位。内部债务不会增加企业利息负担，只是在发生诉讼时会支付一笔较大的滞纳金，而银行借款不仅需要支付利息，如果到期不能付款，还需要支付滞纳金。企业长期无力偿债，轻者影响企业信誉，严重时会导致企业破产。

3. 选择恰当的筹资渠道

企业在利用负债筹资时，必须结合自身实际情况，进行综合分析，选择合适的筹资渠道和负债方式。因为不同的筹资渠道其借入资本的成本不同所承担的风险也不相同。

4. 合理确定长中短负债资本的期限

负债资本的期限不同，其成本费用和承担风险各不相同。一般而言，短期负债资金成本较低，但还本付息的压力大，风险也大，要求企业资产变现能力高；中长期负债资本的成本费用高，但使用时间长，还本付息的压力小，其风险也小。为了规避负债经营的风险，企业应把中长期负债资本的比例适当放大，把短期负债资金的比例适当压缩，或以中长期负债为主，以短期负债为辅。企业应根据自己资本运作情况，确定合理的长、中、短期借款期限。同时要适当拉开还款期限，避开还款过于集中某一时期，造成资金短缺，财务状况恶化而危及企业的生存和发展。

5. 选择较佳的还款方式

同样的借入资金，若采取不同的还款方式，会产生不同的资本成本。还款方式得当，利息支出减少，企业收益才能增加。企业可根据其生产经营情况在以下三种还款方式中选择：

一是在规定的借款期限内，到期累计一次还本付息这种方式偿还债务资金。这种偿还方式的本息比较集中、数量大、资本成本高，所以财务风险大。

二是在规定的借款期限内分期等额偿还本金和利息，这种年金的方式可将偿还债务的压力分散在平时或各期，其资金成本小，还债压力小，风险也小。但这种以年金形式偿还本息,随着时间的推移,企业往后可用的贷款额越来越少。

三是在规定的借款期限内,每期只支付利息,到期一次偿还本金。这种偿还方式使借入资金成本适中,负债风险适中。

6. 提高企业的偿债能力

一是提高企业的核心盈利能力,这是企业偿债能力的根本保证。资金周转难的企业往往就是那些效益较差的企业,企业要科学决策,加强管理,提高盈利能力。

二是要通过企业内部资金循环,加快资金周转,减轻债务负担。

三是加快应收账款的回收,保证资金及时回收,使企业流动资金得到及时补充。

四是做好偿债能力分析。正确的进行偿债能力分析,可以使企业的负债经营沿着健康的轨道向前发展。

四、企业在不同发展阶段的负债经营策略

(一)初创期

采用股权资本筹资方式,由于这一时期企业的盈利能力不是很高,甚至是负数,投资者之所以愿意将资本投资于初创期,不是看到它的负效益,而是看到它未来的高成长。而此时若采用负债筹资,风险很大,企业并没有足够的利润作为偿还本息的保障,从财务角度考虑,在初创阶段企业并没有或者只有很少的应税收益,即便此时采用负债经营也不能从中得到任何税收上的好处,即此时无节税功能。所以,在这一阶段企业融资方式的选择应结合初创期的特点,以股权资本筹资为主,辅助以其他融资方式。不应将负债作为融资的主流,应谨慎采用负债筹资,若采用,应制定一个负债融资的最高限额,以降低财务风险。

(二)发展期

针对于发展期经营目标及经营风险,企业应采取稳固发展的经营策略,具体作法如下:

(1)仍需通过追加股东投资解决资金短缺问题,因为股东此时对企业的发展仍然充满信心,仍期待着日后能获得一个较高的投资回报,可采取无股利或剩余股利政策,即便分配股利也应采用股票股利,用来增强股东对企业发展的信心,是较为有效的筹资方式。

(2)将大多数留存收益留存于企业内部,减少向外分配,将企业内部可利用的财务资源充分利用起来,将盈利大部分用于再投资。如果这样仍不能解决发展所需资金,再考虑负债融资方式,可通过商业信用、与银行间的周转信用借款长期贷款项目以及对外发行债券等筹得,但规模必须适度。

(3)加速应收账款的回收,减少坏账的发生和收账费用,降低借款额度和利息支出,从而提高资产的流动性,弥补资本短缺。

(三)成熟期

在成熟期,要利用这一期的特点,充分利用负债优势,调整资本结构,对股东实施高股利分配政策,以满足股东期望,否则股东对企业的积极性将受到打击,从而影响企业未来

的再筹资能力。

(四)调整期

(1)财务资源集中配置,以保证企业的再生与发展。

(2)进入调整期后,企业仍可维持较高的负债率而不必调整成熟期已经形成的资本结构。

(3)在调整期企业一定要慎重,一方面要强化财务集权,统筹财务运作,考虑好发展与缩减的规模合理资源配置;另一方面要加强现金流量的管理,消减不必要的费用开支,谨慎调整股权结构,合理分配收益,以避免产生大的财务损失。

总之,企业负债经营的优势与风险并存,企业管理者应进行战略性思考,积极利用负债经营有利的一面,正确地进行负债分析与决策,科学地确定负债结构,努力降低和分散财务风险,增强和保证企业良好的偿债能力,积极利用负债资金为企业谋求更大利益,使企业得到迅速发展。

浅析如何围绕《企业产品成本核算制度(试行)》开展煤炭企业多维度、多层次成本核算

徐利华

随着市场经济的不断深化,市场竞争愈演愈烈。在整体市场经济疲软的情况下,企业要想实现持续发展,渡过难关,必须练好内功,减少企业内部成本消耗。通过优化成本结构,实现节支降耗,提高产品竞争力;通过优化成本结构,实现职工收入持续稳定;通过优化成本结构,实现企业利润最大化。财政部《企业产品成本核算制度(试行)》的出台,通过多维度、多层次成本核算能够有效促进和提升企业成本管理水平,能够将企业成本管理手段和方法通过财务核算得以具体体现。现结合工作实践浅析如何围绕《企业产品成本核算制度(试行)》开展成本核算。

一、什么是多维度、多层次成本核算

所谓多维度,是指以产品的最小生产步骤或作业为基础,按照企业有关部门的生产流程及其相应的成本管理要求,利用现代信息技术,组合出产品维度、工序维度、车间班组维度、生产设备维度、客户订单维度、变动成本维度和固定成本维度等不同的成本核算对象。

所谓多层次,是指根据企业成本管理需要,划分为企业综合管理部门、系统管理部门、生产单位和班组等成本管控层次。

二、开展多维度、多层次成本核算的必要性

目前,会计成本核算按照成本科目进行归集核算,核算过程过于单一,不能够服务成本管控的需要。如煤炭企业依托内部市场管理平台,依照作业成本按生产过程开展模拟产品核算,按工作内容、施工单位开展多维度、多层次对标管理时,会计核算结果不能够提供多维度、多层次的数据支持。只能够依托台账进行核算管理,台账管理造成数据不准确、人员不重视,严重影响各项精细化成本管理措施的落实,不能够使管理措施充分发挥应有的效果。成本核算结果不能够按内部管理需要服务管理行为。

通过会计科目启用辅助核算构建多维度、多层次会计记账体系,能够在会计账簿内实现核算结果按管理需要进行统计查询,从而为精细化成本管理提供充足的依据和考核结果,并且将管理行为在会计核算中得以具体体现。

三、如何通过会计科目启用辅助核算实现多维度、多层次成本核算

随着信息自动化的发展,各业务部门数据的统计和分析日趋先进,变得更准确、及时,

作者单位:河南能化集团焦作煤业(集团)新乡能源有限责任公司

从而为开展多维度、多层次成本核算奠定了基础。同时,在《企业产品成本核算制度(试行)》中第二十条、第三十三条、第五十条多次要求“对产品成本进行归集、分配和结转,企业内部管理有相关要求的,还可以利用现代信息技术,在确定多维度、多层次成本核算对象的基础上,对有关费用进行归集、分配和结转。”为会计核算提出了新的要求。会计软件的不断升级,为开展多维度、多层次成本核算提供了充足的技术支持。现以煤炭企业为例进行说明。

例如焦煤公司开展3年瓦斯区域治理,资金来源由安全资金和成本构成。同时开展全面预算、作业成本、模拟产品核算等精细化成本管理,并依托内部市场建立了系统抓、抓系统等考核机制,对目标成本进行横向到边、纵向到底的立体考核责任体系。开展了各项指标的对标管理。

(一)在安全投入核算中初步使用了多维度成本核算

安全生产费用会计核算为全面反映安全投入情况,在“其他应付款”下增设“安全投入”二级明细科目,作为过渡性科目以归集单位发生的所有资本性和费用性安全投入,同时按照安全投入项目增设15个三级明细科目,并启用“安全投入费用归口”辅助核算,按费用构成要素设置辅助档案;为单独反映瓦斯治理投入情况,还对“其他应付款—安全投入”启用“瓦斯治理投入”辅助核算,按工作项目名称进行辅助核算明细设置辅助档案,对“专项储备—安全生产费用”增设相同的三级明细及辅助核算。

1.会计分录示例

发生安全投入时,根据经安全管理部门及相关业务部门审核的原始凭证:

借:其他应付款—安全投入—三级明细(瓦斯治理投入启用辅助核算)

贷:银行存款

　　原材料等

同时须作对应结转分录,如果是费用性投入:

借:专项储备—安全生产费用—三级明细(瓦斯治理投入启用辅助核算)

贷:其他应付款—安全投入—三级明细(瓦斯治理投入启用辅助核算)

如果是资本性投入:

借:在建工程(或固定资产)

贷:其他应付款—安全投入—三级明细(瓦斯治理投入启用辅助核算)

资本性投入结转固定资产时:

借:专项储备—安全生产费用—三级明细(瓦斯治理投入启用辅助核算)

贷:累计折旧

月末“其他应付款—安全投入”科目余额为“0”。

当实际发生的安全投入超过计提的安全生产费用时,超出部分按正常成本费用渠道列支,但发生时必须通过“其他应付款—安全投入—三级明细”科目进行核算,例如:

发生安全投入时:

借:其他应付款—安全投入—三级明细(瓦斯治理投入启用辅助核算)

贷:原材料(应付账款、银行存款等)

同时需作对应结转:

借:生产成本(或制造费用、在建工程、固定资产等)

贷:其他应付款—安全投入—三级明细(瓦斯治理投入启用辅助核算)

2. 初步实现账簿维度查询示例

按工程名称进行查询可以实现工程名称、明细费用构成、成本负担、专项资金负担明细及汇总统计报表的查询。可以直观地查阅到某某工程发生了什么费用,以及费用成本负担多少、专项资金负担多少。

按明细费用构成查询可以实现费用明细、工程名称、成本负担、专项资金负担明细及汇总统计报表的查询。可以直观地查阅到某费用明细在某工程中发生了多少,以及分别成本负担多少、专项资金负担多少。

(二)如何结合目标成本控制考核体系进行辅助核算设置,从而实现多维度、多层次成本核算

1. 辅助核算档案的设置

按照单位组织框架,建立“部门辅助核算”,按部门名称进行辅助核算档案建立;按照生产过程,建立“工序辅助核算”,按照生产过程明细进行辅助核算档案建立;按照工作地点,建立“工作地点辅助核算”,按照工作地点名称进行辅助核算档案建立;按照生产工艺、技术要求,建立“生产技术参数辅助核算”,按规格要求、技术参数、生产工艺进行辅助核算档案建立;按照计量单位进行“工作量辅助核算”,按计量单位进行辅助核算档案建立。辅助核算项目的设计不限于以上几种,可以根据本单位成本控制、考核体系的需要设立辅助核算项目及辅助档案明细的建立。

2. 会计科目辅助项目的选择

会计科目辅助项目的选择是按照单位成本控制、考核体系的需要而定的。

如我单位要开展办公费、差旅费、会议费、业务招待费四项非生产性费用部门对标考核,就需要对办公费、差旅费、会议费、业务招待费四个明细科目启用“部门辅助核算”。通过部门辅助核算,可以分别以会计科目为主导汇总、分类统计各部门费用情况,反之也可以依据“部门辅助核算”为主导进行查询统计。

如我单位要开展开拓工程对标考核,就需要对制造费用类科目启用“部门辅助核算”“工序辅助核算”“工作地点辅助核算”“生产技术参数辅助核算”“工作量辅助核算”。通过“工序辅助核算”确定开拓工程为查询主体,选择“部门辅助核算”确定开拓工程施工参与部门,选择“工作地点辅助核算”确定施工难度,选择“生产技术参数辅助核算”确定开拓工程支护形式和规格,选择“工作量辅助核算”确定完成的工作量。从而可以直观地查询到制造费用内月度发生开拓费用多少、有哪些单位施工、都发生在哪些工作地点、该地点施工技术要求支护形式是什么、干了多少工作量。即可实现工作量对标、单米单进费用对标、费用总额对标,以及综合对开拓工程进行统计分析。

如我单位要开展11050工作面一次性采全高技术经济效益评价,就需要将所有成本科目启用“工作地点辅助核算”,通过“工作地点辅助核算”确定以11050工作面为账簿主体进行查询,按经济效益评价需要选择其他辅助核算项目,可以实现对整个11050工作面从上、下顺槽掘进到回采结束所有成本项目、施工单位等情况的统计分析。

四、多维度、多层次成本核算的作用

多维度、多层次成本核算能够有效修正市场化管理价格体系。价格体系是市场化精细管理的基础,是市场化运作的重要依据。煤炭企业要建立内部市场关系,就必须首先建立规范的内部市场价格体系。按照市场化精细管理的基本要求,企业内部成本的管理与控制是通过资金市场到各专业市场,再到各基层单位、各个班组和员工个人,层层分解、层层管理与控制。在整个成本控制的过程中,依靠的是管理机制的作用,而非强制考核手段,科学、合理、有效地运用了价格体系、结算体系和核算体系等市场化管理机制,充分发挥了"内部市场链"的相互制约作用,使企业的经营成本得到有效控制。若价格体系不准,市场化管理体系将不能够最大限度发挥其应有的效果。

通过设立会计辅助核算,依据管理需要将其与会计科目连接,实现多维度、多层次成本核算,就像建立了一个会计核算魔方。按照控制体系和目标要求进行统计数据旋转组合以达到自己所需的统计反应要求,从而配合管理控制体系实现目标责任管理。能够有效为开展企业经营目标控制、经营计划编制、经营成果分解、经济效益评价等经营管理决策工作提供有效的数据基础。最大限度服务于企业经营管理需要,最大限度提高企业成本竞争力,最大限度实现企业经济效益。

试论煤炭企业材料成本管理与控制

李俊鸽

随着煤炭价格一路狂跌，陷入亏损境地的煤炭企业越来越多，煤企之间的市场竞争越来越激烈。煤炭生产经营企业要想在竞争日趋激烈的市场环境中，逆势突围，长期立于不败之地，做到可持续经营，必须走内部挖潜的道路，千方百计降低煤炭产品成本。降成本是企业在市场竞争中立于不败之地的法宝，无论何时何地，对企业都适用。企业效益好时，降成本使企业效益更好、锦上添花，优势更加突出；企业效益不好时，降成本可以使企业竞争优势明显，抵消价格劣势，打败竞争对手，同样也能使企业保持健康、稳定发展。因为在外部市场发生巨大变化的情况下，市场走势和国家的宏观政策企业无能为力，但是企业内部，我们可以有所作为。怎样才能降低煤炭产品成本，是摆在我们面前的一个重大课题。在煤炭企业的生产成本中，材料成本占相当大的比重，如何通过加强材料成本管理来实现降低生产成本，关系到煤炭生产经营企业的市场竞争力和可持续发展能力。

一、材料成本管理是煤炭生产经营企业成本管理的一项重要内容

（1）从煤炭生产经营企业成本的构成情况来看，材料是原煤生产成本的重要组成部分，占煤炭产品成本的比重较大，一般在15%左右。根据会计核算重要性原则，要降低煤炭产品成本，增强市场竞争力，提高企业经济效益，应首先从降低材料成本入手。

（2）从煤炭生产经营企业成本的性质来看，在煤炭产品成本的费用要素中，原煤成本主要包括材料费、工资及福利费、电费、折旧费、修理费、提取的维简费及安全费、矿山环境治理保证金、地面塌陷赔偿费、其他支出等。其中，材料成本大部分属于可控成本，从其采购、储存、领用、消耗的每个环节来说，都有文章可做。因此，加强材料成本管理至关重要。

（3）从材料成本管理的效果来看，材料成本的可降低空间相对较大，通过制订科学、合理的管理办法和措施，将会对煤炭企业降低成本、提高经济效益起到明显的效果。根据当前煤炭企业成本管理的现状，材料成本管理中存在的主要问题集中在几个方面，例如采购计划的准确性不高，临时性计划较多，库存材料居高不下，领用材料控制不严，材料消耗存在跑、冒、滴、漏大量浪费，回收复用不够好等。针对当前成本管理现状，根据财务经营人员推算，煤炭企业如果能进一步提高材料成本管理水平，制订切实可行的管理办法和回收复用措施，对于产量在100万t左右的煤炭生产企业来说，一年节约300万元以上材料费应该不是问题。

综合以上所述，对于煤炭生产经营企业来说，材料成本是整个成本管理中的重点和切入点，企业要想在激烈的市场竞争中取胜，只有加强材料费管理，严控材料采购、存储、领

作者单位：郑州煤炭工业（集团）郑新煤业有限公司

用、消耗、回收和复用等全过程，才能提高煤炭企业的经济效益和市场竞争力。

二、煤炭企业材料成本管理的现状

目前，煤炭企业根据本矿的生产实际情况，都分别制订了相应的管理办法和措施，形成了“层层分解、分级抵押、严格考核、节奖超罚”的材料成本管理模式。归纳起来，主要内容如下：

(1)年度材料成本指标的分解。首先，矿财务、经营等部门根据集团公司下达各矿的年度成本计划指标，结合历史成本发生情况和井下生产经营布局的最新变化情况，在征求各指标主管部门意见的基础上，经过反复测算，上下平衡，对集团公司下达计划成本进行分解，最终形成矿井年度成本预算。物管部门根据财务部门分解的材料成本指标，经过一定的调整，进一步分解到各个采掘区队和各个辅助区队，形成各个区队的材料成本控制指标，报矿长审批生效后执行，作为材料费计划执行和考核的依据。

(2)月度材料成本计划的制订与审批。各区队每月底编制上报下个月材料需求计划，统一汇总上报矿经营管理部门，经营管理部门根据当月计划产量以及下达的材料成本指标进行审批，并从各区队全年总指标中扣减，再下发至物资管理部门进行控制。

(3)月度材料费的控制。各区队在发生材料成本时，按照月计划成本进行严格控制，各区队只能在下达的计划指标内领用材料，领用材料时必须经过物资管理部门批料、划价、审批、稽核、建立台账等环节才能领到材料。对于因生产实际情况、计划外发生的急需材料，应首先向企管部门申请追加材料费指标，再到相关部门办理借支手续，并扣减下月材料费指标。对于临时用料和大宗材料的领用，应先写明原因，经企管部门审核后，再经主管矿长批准执行。

(4)材料成本的考核。各区队负责人、主管部门科长、区队材料员向矿财务交纳材料管理风险抵押金，实行月度与季度双考核。月度考核，当月指标完成情况与当月绩效工资挂钩；季度考核，季度指标完成情况与抵押金挂钩，节奖超罚。

三、材料成本管理中存在的问题

从各个矿井目前执行的材料费管理办法和措施来看，虽然取得了一定的实际效果，但是从煤炭企业的横向对比来看，我们的材料管理还远远落后于其他的煤业集团公司，个别矿井实际工作中材料管理粗放的情况依然存在，离精细化管理的差距还很大，仍然存在许多需要解决的问题，材料费管理是较为薄弱的一个环节。现行的材料成本管理已不能完全适应当前煤炭生产经营企业成本管控的要求，存在着材料发生地点不详、用途不明、积压浪费、回收不力、考核跟不上等问题。具体来说，主要表现在以下几个方面：

(1)材料成本分解时缺乏科学、合理的制定标准。虽然材料费指标在分解过程中参考了历史材料费发生的数据，并考虑了一些特殊因素，但人为主观因素对各项指标的确定影响较大，没有科学的成本分解模型作为指导。

(2)材料成本的分解和制订计划时，考虑井下地质条件变化和支护方式改变对材料消耗的影响不够充分。煤矿生产成本的高低受制于井下煤层地质条件变化和生产布局的调整,材料成本与井下地质条件变化密切相关,所以各种大型材料的投入要与井下地质条件变化相挂钩。因此,要求财务、经营、物管等部门必须经常深入井下生产现场,掌握第一手资料,根据生产条件变化,及时修订、完善材料考核指标。

(3)一些部门、区队在管理上缺乏预见性和计划性,材料用料计划不准确,造成物资储备偏离实际需要。有些物资库存过多,造成储备资金占用较大;有些物资库存不够,造成临时采购成本增加,这些都是造成材料成本增加的一个重要因素。

(4)材料成本指标考核内容粗放。企管科在考核各区队材料费指标时,只考核其材料消耗的总金额,没有控制各单项材料的消耗量和价值量,再加上考核时,只与区、队领导绩效工资挂钩,没有与班组、职工个人工资挂钩,同时也没有对基层制定有效的奖罚激励机制。所以,在生产过程中造成职工没有节约意识、与职工利益不相关的情况,只要总材料成本没有超支就尽量多领材料的现象,造成多余材料丢失、压埋、乱扔乱放、损坏浪费等现象屡禁不止。

四、材料成本管理应采取的对策措施

针对煤炭企业材料管理的现状和存在的上述问题,必须推行材料费精细化管理,使材料成本管理达到科学化、实用化、信息化。同时,加强对相关人员的业务培训和职工的教育管理,使大家树立过紧日子的思想,形成一种节约文化,加强对基层区队材料使用情况的考核和控制,注重材料的回收和复用,从而提高煤炭企业的经营效益。具体来说,材料成本管理应注意以下几个方面的问题:

(1)要因地制宜地提高材料成本指标分解分管的科学性。在材料成本指标分解的过程中,应充分考虑各种因素和条件。例如,采煤系统的材料消耗要与原煤产量相联系进行分析;开拓掘进系统的材料消耗要与进尺相联系进行分析;对于井下辅助和平地各部门的材料消耗定额,与原煤产量关系不大或与生产基本无关的,要制定合理的材料消耗定额。

(2)做好材料定额管理基础工作。材料定额是材料控制与考核的直接依据。材料定额是否准确,直接影响到材料成本的控制效果。要想做到材料定额的准确与适用,首先要考虑材料成本的定额必须是各种材料的消耗量定额,不能只是一个笼统的价值量定额;其次是在制定各种材料消耗量定额时,必须要充分考虑井下不同的地质条件和支护方式对材料消耗的影响。

(3)对区队、部门材料的领用、消耗情况实时跟进管理。定期或不定期由纪委、企管、财务、计划、审计、各区队材料员、生产科室人员等深入井下现场了解生产情况,检查材料的使用情况,并对材料物资的使用全程跟踪,杜绝材料使用过程中的损失浪费和超范围领用材料等现象,从而促进各区队和班组合理领用、使用材料。同时,划分井下材料现场管理责任区,要求各基层单位在材料管理上做到既要抱“西瓜”,又要捡“芝麻”,对责任区实行“精耕细作”,杜绝材料乱丢、乱放的现象,做到“物在其位,物有其为”,最后达到即时控制的目的。

（4）加大修旧利废和回收复用工作力度。修旧利废是减少新品投入、降低材料消耗的有效手段之一，进一步完善材料回收管理办法，明确废旧物资回收复用范围、最低回收率及奖罚措施，物管部门除保证支护钢、卡缆等常规物品的及时升井和修复外，还要对井下现场不用的小设备及材料，及时安排相关单位回收升井；充分发挥材料政策激励、约束作用，对回收后的材料物资能维修、改造的，进行再利用，尽可能不作废品处理，做到有旧的不领新的，能修复的决不报废，在修旧利废中节支降耗。

（5）进一步加强材料费考核力度。再严、再细的材料管理办法和措施，如果考核不到位，奖罚不落实，等于一纸空文。要让制度走下来，落实到工作现场去，每月除把材料费指标与系统领导、区队领导工资挂钩外，同时要与基层班组职工个人工资挂钩，奖罚分明，使职工自觉形成节约材料就是增加工资的意识。同时，每周定期或不定期由企管部门牵头，组织相关部门开展材料管理现场检查，对使用单位的小仓库和责任区进行考核，规范材料管理，减少人为浪费。每月对各单位的材料管理和材料费节超情况进行一次通报，节奖超罚，严格兑现。

第三篇　会计委派、内部控制、提高会计信息质量

浅谈混合所有制对事业部财务管理的影响

黄淑梅

改革开放以来，集体经济的发展和国有企业改革的深化为混合所有制经济成分的发展提供了空前的机遇，股份制、股份合作制、联营经济等混合所有制经济迅速发展，混合型经济增势强劲。

集团公司积极响应党的十六届三中全会的号召，大力发展混合所有制，在煤炭板块进行试点，先后参股成立了首山焦化、中鸿煤化、京宝焦化等混合所有制公司，并于 2013 年成立了焦化事业部。伴随着混合制公司的成立，在钱、财、物、人的管理方面也呈现出许多前所未有的问题，给财务工作的开展带来了极大的难度，而笔者作为一线财务管理人员，希望通过对问题的梳理和分析，以期对今后的财务工作和集团公司的发展有所帮助。

所谓"混合所有制经济"，是指在同一经济组织中，不同的产权主体多元投资、互相渗透、互相贯通、互相融合而形成的新的产权配置结构和经济形式。

一、混合所有制经济的兴起

为了进一步增强我国的公有制经济活力，加快调整国有经济布局和结构，适应经济市场化不断发展的趋势，党的十六届三中全会明确提出，要在我国实现国有资本、集体资本和非公有资本等参股的混合所有制经济。十六届三中全会在论述公有制的实现形式时，首次明确提出了要大力发展国有资本、集体资本和非公有资本等参股的混合所有制，实现投资主体多元化，使股份制成为公有制的主要实现形式。可以说，这是对以往在国有企业所有制改革方向上的肯定。

经过 20 多年的发展，混合所有制经济已经成为推动我国经济发展不可忽视的重要力量。

作者单位：中国平煤神马集团公司焦化事业部

二、混合所有制企业在事业部财务管理中的问题

在焦化事业部管理的合资公司当中除中鸿煤化是相对控股外，其他公司均是处于绝对控股地位，虽然各个公司的股东不同、股权比例不同，但是在财务管理当中都存在着近似的问题，为事业部的财务管理工作带来了极大的困难。其主要体现在以下几个方面。

（一）管理主体不明确，无法进行有效管控

事业部管理模式在集团公司的其他板块管理中显现出了极大的优越性，既解决了集团公司在规模扩大过程中分公司、子公司的管理效率问题，又承担了集团公司管理层的职能管理工作，对下属公司形成了更有效的控制。但是，在以混合制公司为主体的焦化事业部，事业部管理的优越性却无法体现。在合资企业当中，集团公司虽然为绝对或相对控股地位，可在成立时已约定企业的生产经营活动由合营另一方进行管理，因此事业部的管理工作按照《中华人民共和国公司法》来说，只能以大股东代表的形式从审核审计的方面对合资企业进行管理。由于上述原因，造成在日常的管理中事业部对合资企业的行为无实际考核的权利，而合资企业对事业部的考核和一些日常管理工作态度不重视，表面趋于应付，无法形成有效的监管。

（二）管理方法老旧，无法适应混合所有制管理的特性

事业部在日常的管理当中，一直还遵循着以往集团公司针对下属公司的集中化管理模式，但是由于股权结构的不同，往往合资企业无法适应以往单一股权结构下的管理模式，事业部管理过多过细，不但会使合资方对管理形成抵触心理，也影响了其生产经营的活力，导致无法体现合资经营的优越性。而疏于管理却又无法真正地为集团公司起到监管作用，因此管理方法的改进至关重要。

（三）考核指标趋于行政化，无法契合企业的实际发展

一直以来，合营企业的考核指标仍遵循着上级下达、逐级分解的行政化指标下达方式，导致合营方疲于应付指标考核，而且在达不成指标时仅仅只能对集团派遣高管的薪酬进行考核，而对合营企业却无有效的处罚手段。这样，不仅大大降低了指标考核的实际控制作用，也大大束缚了各个合营企业自身发展的经营特性，降低了合资合营、优势互补的优越性，更会使企业经营者产生束手束脚的感觉。因此，制定因地制宜、合理有效的经营考核指标，才能真正地发挥考核激励的作用。

（四）合营企业迅猛扩充，导致贷款规模不断扩大，经营风险不断攀升

随着各个合资企业产业链的不断完善，合营企业的规模也在不断的扩大，截至2013年年底，经集团公司担保合营企业的融资规模已经达到其注册资本的2.4倍。但是由于上述原因，事业部又无法真正对合资企业形成有效的监管，再加上近几年来金融危机余波的影响，焦化行业上游采购商需求萎缩，欠款压力增大，下游供应商资金偏紧，采购大多要求现款交易，双行挤压的效果，造成企业整体资金面偏紧，这样大大降低了合资企业归还贷款的能力和意愿，给集团公司担保款项的归还形成了巨大的风险。

三、混合所有制企业财务管理的一些构想

十八大三中全会以来，国家对国有企业的改革制定了基本的方向。“健全协调运转、

有效制衡的公司法人治理结构。建立职业经理人制度，更好发挥企业家的作用。深化企业内部管理人员能上能下、员工能进能出、收入能增能减的制度改革。建立长效激励约束机制，强化国有企业经营投资责任追究。探索推进国有企业财务预算等重大信息公开。国有企业要合理增加市场化选聘比例，合理确定并严格规范国有企业管理人员薪酬水平、职务待遇、职务消费、业务消费。”

在亚洲地区，国有企业改革做得最好的是新加坡政府的淡马锡模式。淡马锡模式指的是淡马锡控股公司是一家新加坡政府的投资公司，新加坡财政部对其拥有100%的股权。它主要是通过产权结构和约束机制来对下属公司实施控制。

(一)产权结构

淡马锡控股有限公司直接拥有44家公司的股权，这44家公司共同组成淡马锡控股有限公司的第一层次子公司，即直属子公司。另外，淡马锡又分别通过产权投资活动、下设子公司等方式控制500多家公司，逐步形成了一个从政府到母公司、子公司、分公司的产权经营多达六个组织层次的大型国有企业集团。淡马锡多层次宝塔型的产权结构决定其治理模式的一个主要特征是不同层次公司之间的逐层控制。

(二)约束机制

淡马锡控股有限公司的约束机制主要包括所有权约束、内部监督约束和外部监督约束三方面。

所有权约束是指淡马锡控股有限公司通过国家控股的方式拥有众多上市和非上市公司的股份，国家作为股东拥有财产所有权、剩余索取权和控制权。内部监督约束主要指产权代表机构对经理人的监督和约束。外部监督约束主要是指来自产品市场、资本市场和经理市场竞争的约束。

通过对十八大三中全会精神及淡马锡模式的了解，笔者认为集团公司在对混合所有制企业的财务管理中应当遵循和借鉴十八大三中全会的精神和淡马锡模式的管理经验，应该从以下几个方面入手：

(1)强化管理模式，加强股权制约模式。

(2)加强董事会、监事会的经营监管职能，起到所有权约束、内部监督约束和外部监督约束的作用。

(3)优化经营考核指标，使之行之有效，起到制约激励的作用。

(4)通过规范职业经理人行为，规避企业经营和债务违约的风险。

参考文献

[1] 葛扬，潘薇薇. 发展民营经济提升混合所有制经济的运行质量[J]. 南京社会科学，2004(2)：69-73.

[2] 李应海. 浅论混合所有制经济中的民营经济[J]. 边疆经济与文化，2004(12)：43-45.

[3] 常修泽. 中国国有企业改革和民营经济发展中的几个突出问题[J]. 经济社会体制比较，2004(4)：1-6.

[4] 赵晓. 走向“混合所有制经济”时代[J]. 民营科技，2004(1)：36-37.

[5] 陈频. 试论混合所有制经济与公有制经济的关系[J]. 社会主义研究，2003(6)：107-109.

[6] 吕春华. 混合所有制经济探析[J]. 辽宁经济，2005(11)：52.

企业内部控制制度研究

殷兴旺

随着国内外各大上市公司会计造假事件的曝光,企业内部控制存在缺陷的问题也逐渐暴露出来。2001年,美国率先提出《萨班斯奥克斯利法案》,要求上市公司必须披露内部控制信息。我国于2008年5月,由财政部、证监会、审计署、银监会和保监会联合颁布了《企业内部控制基本规范》(财会[2008]7号)。2010年4月,五部委又联合发布了18项《企业内部控制应用指引》《企业内部控制评价指引》和《企业内部控制审计指引》。2012年,财政部发布了《行政事业单位内部控制规范(试行)》。至此,我国基本建立起了内部控制的规范体系。同时,证监会提出以"选择试点、逐步推广、总结经验、稳步推进"为原则,分步骤、分阶段在上市公司中开始内控规范体系建设,并要求自2011年1月1日起首先在76家境内外同时上市的公司施行,2012年实施范围扩大到777家国有控股主板上市公司,非国有控股上市公司不晚于2014年执行。

随着《企业内部控制基本规范》和三大指引的颁布,我国基本建立了内部控制的规范体系。按照规范体系的要求,各类企业相继建立了本企业内部控制制度。内部控制制度的建立和实施对企业防范风险和提高经营效率发挥了重要作用,但我国企业的内部控制制度建立时间不长,还存在各种各样的问题,有待进一步完善。

一、企业内部控制制度存在的问题

(一)传统观念制约内部控制制度建设

大多数企业的内部控制制度建立时间不长,内部控制制度还不够完善,只重视基本的内部监督、控制等方面的工作,而对于内部控制制度的建设和完善置之不理,重视程序化环节而忽视内部控制制度本身控制结构的调整和完善。

我国大部分企业的内部控制制度无法有效地实现监督和参与企业内部管理的职能。许多企业负责人在管理企业的过程中没有足够的经营风险意识和执行预算控制和决策控制的能力,并且在一些重大决策方面严重超越权限,致使本企业之前所设置的一些内部控制制度和方法流于形式,形同虚设。出现这种现象的原因有很多,其中最根本和最重要的就是东方文化与传统观念中管理层地位的不可逾越性。而在这种文化背景下就容易造成管理舞弊的巨大风险,特别是广大群众在这种现实主义的价值观导向面前,极易形成传统文化意识战胜理性制度控制的思维习惯,最终导致企业内部控制制度在实务工作中的缺失。

(二)内部控制制度体制失灵

有些企业虽然建立了相应的内部控制制度,但因为设计不够合理而不能起到应有的

作者单位:河南省许平煤业有限公司财务处

效果。还有些企业虽然设置了合理的内部控制制度,但却不能被有效地贯彻和实施,使得内部控制制度形同虚设。许多企业管理者也并没有把内部控制制度当作是企业发展和完善的关键点去认真建设,这样就导致了企业员工和管理层从观念上没有引起对内部控制制度和监督机制的足够重视,从而造成岗位设置和人员配置的不合理性、各岗位职责不明确等状况,到最后出现问题时也没有相应的问责机制和惩罚制度。

(三)企业会计人员整体素质有待提高

会计人员素质是加强内部控制的关键,企业要通过科学、合理的聘用、培训、轮岗、考核、奖励、晋升、淘汰等办法,提高财会人员的整体素质。目前,我国会计人员整体素质普遍偏低,不注重会计知识方面的学习,对现代管理知识、计算机等先进技术不能熟练掌握,导致会计人员监督意识淡薄,自制能力较差,严重影响会计监督职能的充分发挥。有的会计人员政治素质与业务素质不高,粗心大意,对内部控制的程序和方法错误的认识与理解、判断失误等都会造成内部控制失效。甚至有极个别会计人员被利益迷惑,冲破道德底线,对违规行为视而不见,对发现的问题不仅不提出建议加以完善,反而直接参与违法违纪行为,从而制约了企业内部控制制度的建设。

(四)内部控制制度不够完善

内部控制应随着企业内部、外部环境的变化及时修订、完善,但有的企业内部控制制度却一成不变。相当一部分企业不重视内部控制制度建设,内部控制制度缺乏科学性、系统性。企业对外部环境和经济业务的变化不能有效地预测,内部控制制度不健全,使得企业管理严重滞后。另外,企业通常是在违规违纪行为发生后才想方设法地制止或处罚。企业管理人员不关心内部控制制度的实际执行情况,使内部控制制度只是存在于形式方面,内部控制制度失去了其应有的刚性。从我国现代企业建立并实行的内部控制制度来看,几乎涵盖了企业所有的生产经营活动。但是企业内部控制制度是否确实符合企业实际,手续是否严密,设计的方法和措施实际执行情况如何,能否起到事先控制的作用,预防错误的发生;即使错误发生了,能否及时发现和纠正,对这些问题在我国现代的企业中都缺乏自身的评价。

二、建立和完善企业内部控制制度的对策建议

(一)完善企业内部控制环境

内部控制环境是实行内部控制的前提和基础,是内部控制体系的一个重要因素,企业内部控制应当建立在共同的道德规范的基础上,强调沟通和感情的交流,消除管理者和被管理者之间的隔阂,形成真正意义上的团队精神。只有这样,才能为广大员工所认同,才能为内部控制程序的执行创造良好的人文环境,内部控制才能更有效。

(二)搞好基础管理工作,建立畅通的信息系统

控制是企业内部控制的主要方法,记录相关信息的凭证是控制的基础,同时其也能评定企业内部控制是否有效执行。各岗位职员必须严格依照企业内部控制制度的规定,规范地填写编制原始记录和凭证,做好信息管理的基础工作,尽量减少因口头交流造成的差错,有利于发现和处理经营管理过程中出现的非主观错误等行为,最大程度地预防和避免财务和经营风险。会计电算化是现代会计发展的必然,因此我们要加快会计电算化的建

设,有效地加强内部控制与防范计算机风险。在工作中要运用计算机对各项会计业务进行检查,建立一套先进的内部控制信息系统,用现代化手段对会计数据进行整理分析。在设计会计业务处理程序时要将制约、监督等风险控制防范功能融入其中,使操作人员必须按照职责权限和有制约的操作程序才能进入系统处理会计业务,以达到防范技术风险和计算机犯罪。

(三)加强内部审计

内部审计是内部控制的重要环节,它是对内部控制的再监督和再控制。内部审计作为企业最高管理层控制企业的工具,通过在企业内部设置专职审计机构,审计人员定期的审计活动,达到消除存在的问题、改善管理、提高企业效益的效果,以消除制约内部控制实施的各种阻力,保证企业内部控制的实施。健全内部控制制度,就必须有内部审计来监督实施,才能及时发现、解决问题,修改并完善制度。内部审计包括以下几个方面:

(1)规范整个内部审计工作过程,按一定的标准进行每项工作;

(2)明确内部审计工作的范围,确保企业正常运行;

(3)加强内部审计人员素质;

(4)加强内部审计人员与外部审计互相配合。

三、结　语

通过本文的研究,得出在新的形势下,企业内部控制建设问题,已成为现代企业获得竞争优势的新突破点。强化企业内部控制,有助于管理层实现其经营方针和经营目标,保护各项资产的安全、完整,防止资产流失,保证企业经营管理信息和会计资料的真实、完整,有助于企业避免或降低各种风险,提高经营管理效率,保证国家法律、法规的贯彻执行,保证企业发展战略和工作规划的顺利完成。

价值贡献利润分享模型在煤炭企业财务管理中的应用

张五星

受当前煤炭经济大形势的影响，煤炭企业经济效益明显下滑，经营压力、资金压力极度紧张。为有效应对当前严峻的煤炭经济形势，唯有利用企业现有资源，深挖内潜、节支降耗，方能提高自身竞争力，以有限的资金保安全生产、保职工工资的稳定发放。本文通过建立价值贡献利润分享模型，将煤炭企业应对危机实施的“扩增量、提质量、盘存量”以及降本增效的途径，与横向管理责任部门进行量化挂钩增量考核，实施“成本分布”包干改造，让管理责任真正量化为经营指标，建立“模拟责任中心、模拟成本中心”，有效衡量和评价管理行为对经营业绩的贡献，通过边际贡献的利润分享薪酬导向，获得单位和部门的收益共享，最大限度激发横向责任管理部门的工作主动性和积极性，实现“生产管理、技术管理与经营管理的有效融合”，确保企业获得最佳的经济效益。

一、煤炭企业横向责任部门的经营管理现状

对于煤炭企业而言，普遍建立了“公司—矿井—区队—班组—个人”的五级成本管控体系，实行了以划小核算单位责任优化主体为主导、以价格导向为纽带的模拟内部市场化体系，实行多劳多得、少劳少得的价值分配模式，通过价值贡献额度来实现收益分成，让创造价值的有收益、得实惠，最大限度的提升价值贡献程度。

但作为横向责任的管理部门和人员因不直接创造效益，管理效果的评价尺度不易把握，造成管理弹性过大，“干多干少一个样”的管理大锅饭现象比较普遍，打消了管理责任部门和人员的工作主动性和积极性。其主要存在以下几个方面的问题。

（一）薪酬分配正向激励导向欠缺

目前，矿井中层管理人员的薪酬构成主要以“定量递减”形式发放，且各类罚款与考核出现重复兑现的现象，严重影响管理人员的工作积极性，会造成“干的越多罚的越多”的现象，严重打消管理人员的主动性和积极性。

（二）薪酬分配定量标准不明确

因管理效果没有有效的尺度进行评价，对经营业绩的效果也不能直观的体现，造成管理人员薪酬分配的定量标准不具体明确，造成“干多干少一个样”。大部分矿井现行的管理人员薪酬分配机制及各项考核，不利于调动管理人员的工作积极性，过多的强调了以行政管理压迫式分配导向，从而造成管理人员薪酬分配“定量递减”现象的出现。

（三）管理部门的横向包保责任主体不够细化

建立的“纵向到底、横向到边”的经营指标责任控制体系，纵向层面分解落实得比较

作者单位：河南能化集团焦作煤业（集团）新乡能源有限责任公司

到位，但横向层面的包保指标过于笼统或责任不够细化明确，造成“包而不保、包不能保”等诸多管理责任失衡的现象。例如说财务部门包保利润、营业收入、成本等指标。

作为煤炭企业而言，横向管理部门的技术和现场管理优势具有较强的指导性、引导性，直接影响着矿井的持续发展。因此，充分发挥横向管理部门的工作积极性、主动性，提高管理部门横向管理责任，量化贡献考核、实现效益分享的市场化结算机制至关重要。

二、价值贡献利润分享模型的概念

所谓价值贡献利润分享模型，是指把横向责任部门对超额利润的贡献进行细分，明确各管理部门相应的职责和对应包保指标的价值贡献边际效益，实行超额累进式的分享机制，有效衡量管理部门的管理价值，促进其“算账搞经营、算账搞生产、算账搞设计”，最大限度提高“生产管理、技术管理与经营效果的连带效应”，规避管理部门“干多干少一个样”“干与不干一个样”“管多管少一个样”的不良现象。

单一矿井管理部门价值贡献分享模型见表1。

建立价值贡献利润分享模型是在管理人员原岗效工资＋绩效工资构成的基础上，进一步加大与各管理部门主要工作职能和价值贡献大小的挂钩考核力度，通过建立总额相对固定、分块进行考核的价值贡献利润分享模型，逐步构建中层管理人员薪酬结构清晰、收入相对稳定、考核更加科学、方向更加明确的薪酬分配导向，最大限度拓宽中层管理人员管理思维，强化其生产经营管理意识，变以往薪酬分配考核递减效应为自主提升效应，为全面实现矿井年度生产经营指标奠定基础。

三、价值贡献利润分享模型的内容

价值贡献利润分享模型主要从以下几个方面着手：扩增量、提质量、盘存量、降本增效等，从而实现经济效益优化。

（1）扩增量方面：煤炭企业的固定成本较高，实际产量的边际贡献较大，因此在确保安全的前提下，提高产量能够更加直接的获得收益。责任主体是与产量增产直接相关的安全、生产调度等管理线，通过建立直观明了的超额累进效益分享考核体系，实现超产、高产。

（2）提质量方面：重点是煤炭质量指标，包括块煤率、发热量、商品煤综合产率等指标，重点从主煤流系统、煤炭洗选系统等出发，对相关管理部门责任进行挂钩考核。

（3）盘存量方面：一方面是盘活现有的实体资产，建立台账管理，夯实管理基础，建立动态资源台账，“让固定资产动起来”“让沉淀物资动起来”“让有效资源动起来”。另一方面要盘活现有的人力资源，人力资源方面重点考核出勤率、井下出勤率、员工培训等方面的内容，通过健全相应管理制度，实行责任主体挂钩，强化过程考核，实现人力资源结构优化、效率提升。

（4）降本增效方面：在控制成本方面重点对发生成本的每一个作业环节入手进行控制，通过作业环节细化核算、明确责任目标，实现节支降耗与管理部门优化控制的直接关系，提升成本管理与生产管理、技术管理的融合性，最大限度降低成本消耗。

表1　单一矿井管理部门价值贡献分享模型

类型	指标名称	单位	计划值	实际值	较计划超节	边际贡献	价值贡献额	工资审批额	横向责任领导	横向责任部门	分享办法
增量指标	(一)煤炭产量	万 t							分管安全、生产、技术副职	调度室、生产科、技术科、地测科、防突科、机电科	根据对应价值贡献额和工资审批额，按照超额累进方式确定价值分享方案，明确各个责任领导和责任部门的分管责任，促进其强化管理、优化控制、提升效率。以产量为例：对超出计划产量部分的价值贡献额，根据上级工资结算办法的内容进行测算，按照分享部分、留有余地原则，对相应路径的管理责任人实行超额累进挂钩考额，例如：增加 1 万 t 以内的部分，每增加 1 t 奖励 X，1～2 万 t 的部分，每增加 1 t 奖励 1.2X，依次累推，提高多少和横向管理人员工作的主动性及积极性，让其付出和产生的效益直接挂钩考核，体现“多劳多得”的市场化基本概念，让生产与经营的贯穿性、渗透性更强
质量指标	(二)煤炭发热量	kg/kcal							分管生产、煤质副职	调度室、机电科	
	(三)煤质指标								分管生产、煤质、选煤副职	调度室、选煤厂	
	1. 商品煤综合产率	%							分管生产、煤质、选煤副职	调度室、选煤厂	
	2. 块煤率	%							分管生产、煤质、选煤副职	调度室、选煤厂	
	3. 洗末煤率	%							分管选煤副职	选煤厂	
成本指标（按照生产作业环节划分以模拟产品核算为依托，含所有人工费用、材料费用、设备折旧费用等）	二、煤炭成本	万元									
	1. 开拓准备成本	万元							分管开拓副职	生产技术科、开拓科	
	2. 回采成本	万元							分管采煤副职	生产技术科	
	回采进尺成本	万元							分管掘进副职	生产技术科	
	采煤成本	万元							分管采煤副职	生产技术科	
	工作面安装成本	万元							分管采煤、机电副职	生产技术科、机电科	
	3. 巷道修理成本	万元							分管开拓、掘进副职	生产技术科、开拓科	
	4. 区域治理费用	万元							分管技术副职	防突科	
	5. 防治水费用	万元							分管技术、机电副职	地测科	
	注浆堵水费用	万元							分管技术副职	地测科	
	排水费用	万元							分管技术、机电副职	地测科、机电科	
	6. 通风费用	万元							分管技术副职	防突科	
	7. 运输提升费用	万元							分管机电副职	机电科	
	8. 洗煤加工环节费用	万元							分管选煤副职	选煤厂	
	9. 地面辅助费用（供应、后勤等）	万元							分管副职	财务科	
	10. 管理环节费用	万元							分管副职	财务科	
	固定提取费用	万元							分管副职	财务科	
	管理环节可控费用	万元							分管副职	财务科	
存量指标	四、盘存量	万元									
	1. 修旧利废、回收复用	万元							分管经营副职	供应科、机电科	
	2. 设备调剂优化	万元							分管机电、经营副职	机电科	
	3. 人力资源结构调整	万元							分管人事副职	人力资源科	
经营效果指标	五、利润总额	万元							矿长	财务科	
	六、工资审批额	万元							矿长	人力资源科	

(5)设计优化方面:通过技术设计源头优化最大限度降低成本消耗,在原定基础上和满足安全生产的前提下进行的技术优化、断面优化、设备选型优化等进行经济效益评价,重点责任部门是生产技术科、机电科以及分管技术、机电的相关领导,提升"管生产技术同时管投入"的意识。让技术管理人员充分享受技术优化创造的价值贡献,从而获取利润分享的成果。

(6)修旧利废:对于煤矿企业而言,因为材料消耗不构成产品实体,修旧利废、回收复用工作至关重要。对大型材料等可以周转复用的材料应建立相应的表格台账,在对区队实行市场化模拟结算的同时,强化大型材料的周转复用工作,通过周转复用率、修旧利废率的考核,最大限度地提升专业科室的管理责任,对超过创造价值的部分实行利润分享,激发责任管理部门的主动性和积极性。

(7)其他生产成本按照作业成本环节和成本要素进行"成本分布",明确责任主体,细化考核措施,划小横向责任科室的管理责任。

四、价值贡献的评价与应用

对企业创造价值的各项责任主体优化后,关键在于如何进行评价和考核。评价的基础是细化核算,因此引入边际贡献价值评价核算模型,对各项管理行为进行量化核算,提升直观的感知度。

边际贡献价值评价是指在增产、提质、降本增效的过程中,每一项动因变动对经济效益的影响,例如每增产 1 t 对应的增加效益情况、块煤每增加 1% 利润增加多少,从而让每个管理者对经营指标的创造能够获得非常直观的感觉,通过价值贡献分享模型确定获得多少收益,真正让管理人员参与管理、让管理人员融入管理、让管理人员通过管理获得收益,最大限度地提升"管安全也管经营、管生产也管经营"的意识。

(一)边际贡献价值确定的方式

(1)产量边际贡献的测算:每增加 1 t 煤炭产量带来的边际利润是多少,同时按照工资结算政策,对矿井能够带来多少工资结算收益等。对矿井而言,因固定成本占比例较大,变动环节成本项目相对较低,产量的边际贡献测算按照模拟值进行:

产量边际贡献(元/t)=煤炭平均售价×商品煤综合产率－按照标准提取的相应费用(安全资金、维简资金、环境治理保证金、资源税等)－与收入挂钩的相应费用(矿产资源补偿费、城建税及教育费附加等)

(2)煤质结构边际贡献包括块煤率边际贡献、商品煤综合产率边际贡献、高附加值综合产率边际贡献等,以块煤率边际贡献为例:

块煤率边际贡献(元/百分点)=(块煤售价－块煤发热量×末煤大卡价值)×产量/100

(3)成本类项目边际贡献,重点介绍以下几种方式:

设计优化类边际贡献的测算:因矿井在生产过程中,设计优化方面涉及采区布置、巷道断面设计、支护工艺及强度设定等,在确保安全的前提下,通过技术方案的优化选择,降低断面或强度,或通过技术改造选型,使用替代材料,确保相同断面相同强度前提下降低成本消耗。以开拓巷道为例:

优化开拓巷道边际贡献 = 原设计方案 × 定额(断面、支护工艺等) - 新设计方案 × 定额(断面、支护工艺灯)

设计优化边际贡献 = ∑每一项施工项目优化边际贡献

(二)价值贡献利润分享模型的应用

(1)通过建立价值贡献利润分享模型,可以实行管理岗位价值贡献对标排序,营造比贡献、比价值的良性管理氛围,把横向管理责任部门的评价指标可以量化考核,让价值贡献来引导薪酬导向,让正贡献的按贡献额得奖励、让负贡献的按损失额受处罚,实现管理水平、用心程度与贡献收益挂钩,真正打破管理责任大锅饭的格局。

(2)通过优化横向管理人员的薪酬结构,完善薪酬导向,实现管理人员工资是靠创造价值贡献"挣出来"的理念,实施"多劳多得、少劳少得、不劳不得"的模拟市场化改造,激发管理人员干事创业的主动性和积极性。

(3)通过价值贡献利润分享模型的建立,按照模拟产品的方式进行细化核算,实现成本要素与生产环节的成本分布包干,可以有效地划小横向成本主体单元,建立"模拟责任中心、模拟核算单元、模拟成本中心",通过规范管理流程,有效明确管理责任,科学核定边际贡献,最大限度地降低成本消耗。同时,通过建立价值贡献利润分享模型,可以健全经济技术评价档案,通过对一个采区、一条巷道、一个工作地点的投入情况进行记录和分析,可以有效实施经济技术一体化评价,实现效益最佳。

五、注意事项

(1)为确保各个管理部门价值贡献利润分享能够兑现,作为煤炭企业要结合上级部门的工资结算政策,通过着力构建"指标分解总量、市场收入总量、经营效果总量、工资预测总量、核发工资总量""五量平衡"无缝对接环形闭合一体化管理机制,逐步形成"指标围着成本转、市场围着指标转、效益围着市场转、经营围着工资转、工资围着导向转"的经营管理格局,激发经营管理内生动力,同时通过计划完成弹性的综合平衡调节,确保在既有效益的情况下获得最高的工资结算额度。只有这样,才能确保对横向价值贡献部门进行薪酬兑现,从而提高其工作的主动性和积极性。

(2)为提高工作效率和准确度,要充分利用信息化手段,规范科目核算体系,细化作业成本过程成本核算,实现"成本分布",提高数据的精确水平,确保价值贡献核算客观、数据准确。

(3)价值贡献利润分享办法的制定要经过科学测算,方能确定薪酬导向,合理兼顾企业、部门、个人的利益,做到收益共享。

煤化工企业煤炭采购成本控制问题与对策浅析

蒋晓颂

义马气化厂作为煤化工企业，是资源消耗型企业，煤炭成本占总生产成本的70%左右，年煤炭采购量百万吨以上，金额近9亿元。煤炭成本的波动变化对总生产成本的影响较大。因此，找出影响煤炭采购成本要素的变化规律，通过合理的管控机制降低采购成本，是企业良性发展的必由之路。

一、煤炭成本控制管理的必要性

在当前化工产品市场低迷的形势下，化工企业面临着巨大的困难。2009年义马气化厂采购煤炭147万t，2010年采购煤炭167万t，2011年采购煤炭180万t，2012年采购煤炭144万t，年平均煤炭采购支出费用9亿元，随着2013年产品结构调整的深入，煤炭需求量及消耗量将逐步攀升。

根据财务成本核算，2009～2012年煤炭成本平均值占生产成本的70%。因此，创新实施煤炭成本管理必然是我们有效破解困局的重要手段。

二、煤炭成本控制存在的问题

目前，义马气化厂的煤炭采购工作主要由煤气化公司物资供应部承担完成，物资供应部作为煤气化公司外派部门，每月依据气化厂的物资采购需求计划按需进行煤炭采购。义马气化厂作为煤炭使用及消耗单位，负责煤炭消耗环节的调控。

物资供应部在采购业务中能否合理编制采购计划、选取恰当的供货渠道，对实现煤炭采购价格的最低化都有直接影响。

三、煤化工企业加强煤炭成本控制的对策分析

（一）煤炭采购环节成本的控制

做好煤炭采购工作，需要做好大量准备工作，如目标设定、供应商选择、制订采购计划，以及事后的检查考核等。目前，煤气化公司物资供应部通过实施煤炭采购信息化建设，有效实现了采购价格、采购地点、采购数量、采购模式的合理控制，为降低煤炭采购成本提供了有力支持。

1. 煤炭采购信息化建设

2012年初开始着手构建内部信息化管理体系，安排信息员重点收集煤源地、周边用

作者单位：河南省煤气（集团）有限责任公司义马气化厂

煤客户、义马附近煤场的煤炭价格、煤质、库存量等情况，以及运输市场的变化等信息，并把这一工作作为常态化工作来做。

通过实施信息化管理，供应部对煤源地、周边煤场及用煤客户、煤炭市场行情及运输市场变化情况进行分类收集与统计，并将收集到的信息运用到采购工作中。

目前每天车辆到厂数量稳定，进煤均衡，装卸有序，一方面减少了因卸煤、转煤发生的额外费用。另一方面加强了对供应商、承运商的管理，充分掌握采购主动权，为降低采购价格做好基础工作。

2. 依据信息做出的采购决策

通过对有效信息的充分把握与利用，物资供应部领导可以掌握市场的动态变化趋势，及时作出价格调整和采购策略的决策。

1）先市场而动，及时价格调整

通过对收集来的信息整理、分析，了解市场的变化趋势，在市场变化前的一两天提前指导调整采购价格的调整，降低采购价格或提高采购价格，稳定每天的煤炭采购量，按照当月的计划采购，不会导致到厂车辆过多或者没有运输车辆，降低了中间环节发生的费用。如存放在煤场的煤炭若需使用需要发生中间转运等费用 15 元/t，稳定均衡的进煤可以让当天到厂的煤炭直接使用，按每天使用 2 000 t 到厂煤炭计算，每月可节省中间费用约 90 万元。

2）针对不同的供应商制定不同的采购策略

由于充分把握市场变化动态，物资供应部通过分析各家供应商的煤炭价格、质量、性价比等指标，了解到直供商的煤炭性价比较好，制定了“以直供商采购为主，中间商采购为辅”的采购策略，在计划采购范围内，大量采购直供商煤炭，降低了采购成本。

3. 信息化管理取得的成果

1）采购资金量下降

供应部通过实施以上措施，充分收集市场价格和库存等信息，每周两次对周边市场调查、每月一次煤炭市场行情预测，有效的实现了煤炭采购信息的准确、及时、充分，为领导决策提供可靠依据，降低了巨额采购成本。以 2012 年采购情况为例：2012 年 1～12 月共采购两煤（块煤、混煤）144 万 t，与 2011 年 180 万 t 相比，采购量减少了 36 万 t；2012 年发生采购资金 8. 37 亿元，与 2011 年同期 12. 19 亿元相比，少使用采购资金 3. 82 亿元。

2）区域采购价格保持较低

供应部在信息管理的基础上，在市场出现波动时，提前对煤价和运费进行了调整，掌握了“以我为主”的主动权，在一定程度上主导了区域市场价格的降低。以 2012 年块煤采购价格为例，全年一共调整煤炭采购价格 38 次，2012 年块煤综合含税单价 631 元/t，与 2011 年同期 719. 5 元/t 相比，下降了 88. 5 元/t，降幅达到了 13%，通过对比周边用户采购价格，公司在同一时期采购的煤炭价格为最低价格。

3）合理保持煤炭库存量

合理保持煤炭库存量在掌握准确、及时、充分的信息条件下，物资供应部通过深算经济账，在保证安全生产的前提下，合理的保持库存量，减少财务费用，避免热值损耗。

由于煤炭库存每降低 1 万 t，按照 540 元/t 的煤价，同期贷款年息 6% 计算，节约财务费用 2.6 万元/万 t;煤炭储存在煤场会因氧化导致热值降低约 70 kcal/月,损耗按 5 000 kcal 计算,折合标煤 140 t(540 元/t),可节约 7.56 万元/月。与 2011 年相比,在保证安全生产的前提下,合理保持煤场库存,仅此项就可减少财务费用、氧化损耗共计 52.3 万元/月。

(二)煤炭消耗使用环节成本控制

2009 年,义马气化厂以内部市场化为载体,逐步构建了较为全面的内部成本控制系统,实现了煤炭单耗指标的逐步优化,为降低生产成本开辟了新途径。

1. 构建合理的煤炭消耗定额体系

义马气化厂煤炭消耗主要为块煤、混煤,其中块煤用于气化炉生产粗煤气,混煤用于锅炉作为蒸汽燃料。在年度块煤、混煤消耗定额计算时,首先参照装置设计参数,其次依据历史经验记录,按照指标确定的先进性、可行性原则综合确定年度两煤(块煤、混煤)消耗定额。

年度消耗定额确定后,按照内部结算主体的不同,在每月的内部市场化结算中,按照节奖超罚的原则进行对标结算。

2. 煤炭消耗定额对标结算的效果

在对标考核结算中,温度、压力、参数调控等技术标准纳入职工日常工作质量考评体系,对参数控制实现量化评价,确保生产企业经济单元的最小化控制。

其次,根据企业年度生产经营总体目标,将其层层分解到基层单位,基层单位对班组进行目标分解,班组对岗位及个人下达生产经营指标,签订经营目标责任书,把每一个生产作业单元转变为独立核算的内部市场主体。

(三)财务成本核算

2013 年 4 月,义马气化厂财务部在常规财务生产成本核算的基础上,与企管部、生产部等部门联合成立了全厂经济工作核算小组,每周进行一次生产成本测算,把影响生产成本的大宗原材料煤炭价格、单耗波动因素及时纳入成本核算体系,按最新采购价格及消耗数据进行成本测算,为生产成本动态监控提供了数据。

四、煤化工企业加强煤炭采购成本控制的意义

在煤化工企业通过加强煤炭成本控制,实现了大宗原材料的动态管控,一是实现了采购过程信息的及时、准确;二是有效地控制了成本支出;三是实现了财务成本测算的动态化,最大限度实现了煤炭采购、消耗过程中费用、责任的清晰化,实现了企业精细化管理水平不断提高。

煤炭企业环境成本核算与控制研究

靳明月

传统的煤炭企业成本理论仅仅核算企业的产品成本，忽视了企业对资源环境的消耗成本，造成企业虚高的经济利益，一定程度上鼓励了企业透支环境换取高额经济利益，使得自然资源日趋枯竭，环境污染日趋严重。建立合理的环境成本核算体系，通过环境成本的核算，反映企业对自然资源的耗减程度，对生态资源的破坏程度，可以为企业进行环境管理提供各项环境费用信息，完善环境管理制度，拓展会计主体的核算范围，扩展环境成本核算范畴。为煤炭企业决策科学化和煤炭企业成本核算规范化、科学化提供建设性意见。

本文试从会计学的角度探讨分析煤炭环境成本核算和控制，探索建立环境成本核算与控制体系。

一、研究背景和研究意义

(一)研究背景

煤炭企业对环境的影响。我国是以煤炭为主要能源的国家，2011 年我国煤炭产量 35.2 亿 t，约占一次能源生产总量的 78.6%，煤炭消费总量 35.7 亿 t，约占一次能源消费总量的 72.8%，煤炭生产与消费总量同比分别增长 2.1 和 1.9 个百分点。随着工业化、城镇化和农业现代化的快速发展，对煤炭消费也会随之快速增长。我国富煤缺油少气的能源资源状态决定了在今后较长时期内，煤炭仍将是我国的主要能源。

(二)研究意义

煤炭是不可再生资源，煤炭行业作为高污染行业，可持续发展问题相比其他行业问题更加突出，因资源环境破坏和保护资源环境付出的费用更大，正确认识和研究煤炭企业环境成本问题，尤其是环境成本的核算与控制问题，对煤炭企业可持续发展具有重要的意义。

二、煤炭企业环境成本的核算

(一)煤炭企业环境成本现行会计处理方法

近年来，许多学者对独立的环境会计核算体系已有一定程度的研究，但到目前为止还没有在实务中真正建立起完全独立的环境成本会计体系。从国外对独立环境会计系统的应用情况来看，该系统更多地适用于宏观环境经济核算。在我国，企业具体的生产经营业务与相应的环境保护工作紧密对应，如果单独建立独立的环境会计体系，实际上是把相互依存的企业财务事项分割开来进行会计处理，显然这种选择不适合我国国情。

作者单位：河南大有能源股份有限公司常村煤矿

例如,矿产资源一般要经过地质矿产调查、普通地质测量、矿产资源普查、勘察、矿产开发勘察、矿区建设勘察等多项工作,即一个复杂过程才能够确定。既要花费大量成本,同时也要承担没有成功勘探、开采的矿产资源项目的分摊成本。如果按照独立环境会计核算体系计算,将这部分费用也纳入成本,则煤炭企业无法承担巨额的前期开发成本。这种情况下企业生产经营亏损,经营资本没有持续投资动力,最后环保资金也会失去来源,陷入恶性循环。因此,有学者提出将环境会计要素对应地纳入企业财务会计要素之中,建立独立的会计账户,并将其融入企业对外财务会计报告中作相关的信息披露,是完善会计核算体系、改善环境成本核算的唯一途径。

(二)煤炭企业环境成本分类

会计核算中对于支出最基本的分类是根据支出与受益期间之间的关系,并考虑所得税税前扣除项目的规定,将企业的环境支出划分为资本性支出和收益性支出两大类。环境资本性支出是指该项为实现环境目标而发生的支出的受益期超过一年或一个营业周期,而环境收益性支出是指该项为实现环境目标而发生的支出的受益期不超过一年或一个营业周期。

环境资本性支出所反映的内容在某一项资产的相关费用集合完毕后,最终要结转为企业的固定资产,如企业用于环保的洒水车的购置、防尘网和挡风墙的建造等;环境收益性支出所反映的内容包括环境部门的运行费用、环境补偿费(如环境部门的材料、工资等)、环境发展费(绿化费、环保行政收费等)和环境管理费(环保科研经费、环境监测费用等)。

(三)企业环境成本核算账务处理

环境成本在发生时借记"环境成本—资本性支出(或费用性支出)"科目,贷记"银行存款""应付职工薪酬""原材料"等相关科目。会计期末将已经归集完成环境固定资产的资本性支出结转入"环境固定资产"科目,将全部费用性支出随当期损益结转入"本年利润"科目计算损益。

与环境损害有关,将来很可能支付的费用能够被合理而可靠地计量时,出于谨慎性原则,应计提一定比例的准备金,以防止大额损失发生而资金应对不及的情况。"环境成本"科目从经济内容上看是成本类会计科目,从其用途和结构上归属于成本计算类账户,其借方登记当期企业发生的环境成本支出以及分配计入本期的环境成本,贷方登记结转为环境固定资产的资本性支出和转入管理费用的费用性支出,本账户所发生的费用性支出于会计期末全部结转入当期损益.借方余额反映的是会计期末没有形成环境固定资产项目的资本性支出的总额。

三、煤炭企业环境成本控制

(一)煤炭企业环境成本的影响因素分析

1. 煤炭开采条件因素

煤炭资源是在一定的地质条件、水文条件下赋存的,不同的地质赋存条件,既可能影响到煤炭资源生产的经济利益,也可能影响到煤炭资源开采过程中的环境成本。

2. 经济发展水平因素

随着我国经济规模的不断发展扩大,煤炭资源的需求量也越来越大:煤炭资源开采量和生产量越大，对生态环境造成的影响就越大，环境污染也越严重，为治理环境污染、改善生态环境的支出也越来越多，环境成本也随之增大。

3. 技术进步因素

技术创新对于矿区环境成本的影响表现为双重性：一方面，技术进步使得开采深度加深、产量增加，造成"三废"排放量越来越大，环境成本增加；另一方面，随着技术的发展，煤炭环境污染的保护技术等越来越先进，这将使煤炭环境成本不断降低。

4. 矿井开采年限因素

随着矿井开采年限的不断增加，矿井开采的范围越来越大，开采深度不断增加，地下水资源的破坏加深、地表塌陷面积增大、煤矸石等固体废弃物的排放增加、空气污染程度加大等，致使环境成本随着开采年限的延长而不断增加。

5. 煤炭生产量因素

煤炭资源是不可再生资源，采一吨就少一吨。过度的、不当的开采利用，会加速煤炭资源的枯竭。据有关理论研究表明，环境系统的资源供应量存在一个阀值，这就是环境系统自净力。一旦煤炭资源开采量过大，超过环境的阈值，就会使资源过早衰竭，引起环境质量的退化，进而威胁到人类的生存。

（二）煤炭企业环境成本控制的方法

对环境成本进行控制可以采用很多方法，结合煤炭行业全程污染的实际情况，应重点考虑以下几种方法。

1. 重点控制法

影响煤炭企业环境成本的因素很多，主要有煤炭开采条件、经济发展水平、技术进步、矿井开采年限、煤炭生产量、环境标准和环境意识等。这些影响因素在不同企业的影响程度是不一样的。因此，可以分析每个煤炭企业影响环境成本的主要因素，然后对各个主要因素影响的影响程度进行评判，根据影响因素排序重点进行环境成本的重点控制。

2. 综合控制法

在煤炭企业矿井设计阶段进行环境预评价，以可持续发展理论为指引，将绿色环保理念贯穿于全过程，从生产源头合理规划、综合开发煤炭资源；积极推行清洁生产技术，清洁生产是预防污染的根本途径，也是污染治理事半功倍的法宝。在煤炭开采过程中，采用清洁开采技术，变被动的污染治理发展为主动的环境预防，实现从末端治理向全过程控制的转变；对矿区及周边污染治理实施专项整治，加强生态恢复综合治理。

参考文献

[1] 陈毓圭. 环境会计和报告的第一份国际指南——联合国国际会计和报告标准政府间专家工作组第15次会议记述[J]. 会计研究，1998(5)：1-8.

[2] 许家林，孟凡利 . 环境会计[M]. 上海：上海财经大学出版社，2004.

[3] 郭道扬 . 绿色成本控制初探[J]. 财会月刊，1997(5)：3-7.

企业集团财务控制研究

江丽娜

我国企业的集团化趋势已日益明显，极大地改变了我国国民经济的结构和经济发展的模式，影响着企业的经营方式和财务对策。但是，由于我国企业集团起步较晚，许多企业集团的发展没有按部就班地遵循市场经济发展的规律，这就容易导致企业集团的“集而不团”现象。本文着重从集团公司应该如何加强母公司对子公司财务控制的角度来做探讨。

一、集团公司财务控制的特点及必要性

集团公司也称企业集团，企业集团也称母子公司。拥有若干公司的母公司作为集团公司（母公司或总公司），集团公司不但拥有子公司在财务上的控制权，而且拥有经营上的控制权，并对重要人员的任命和大政方针的确定拥有决定权。企业集团的母子公司之间主要以股权、产权为联系纽带。从内部组织关系来看，一方面，集团母公司、子公司和关联企业均具备各自独立的法人地位；另一方面，公司以其股权、产权为纽带垂直向下控制下属企业，包括拥有全部产权关系的全资子公司、有一半股权以上的控制性子公司以及拥有一定比例的参股关联企业，而同时子公司不得反过来向上持有集团母公司一定比例股权。

企业集团是一个多法人的联合整体，母公司与子公司之间的血缘纽带是资金。从本质上来说，整个企业集团是一条资金链，出资人将资金委托给母公司，母公司又将资金委托给子公司，通过此方式，出资人的资金通过多层委托代理关系分布到集团中的各个成员企业。这个过程中可能引发道德风险、逆向选择、内部人控制三种委托代理问题。出资人要求自有资金保值增值，必然会要求集团母公司对资金的使用和成员企业的财务状况进行必要监督，而集团母公司从整个企业集团的整体利益考虑，为避免各成员企业出于自身利益而损害集团长远战略的实施，也会对成员企业采取约束和激励手段进行控制。因此，母公司必须对其所出资本进行控制，这种控制既不能干预子公司的经营权，又必须维护出资者的资本权益。

二、集团公司财务控制问题的分析

（一）集团公司没有健全的运行机制

有效的财务监控应形成一种健全的运行机制，由于集团公司规模巨大、管理层次多、利益关系复杂，因此，集团公司的财务控制尤其需要完善的控制机制和政策。而目前一些集团公司本身没有建立起贯通母子公司的财务监控机制，缺乏全过程的财务监控，监管不

作者单位：河南神火铝业公司

到位，监督力度不足。此外，集团公司不能从整体发展的战略高度统一安排投、融资活动，下属子公司各自为政，追求局部最优而损害集团的整体利益，出现了投资效益下降、举债规模失控等现象，弱化了集团整体优势和综合功能的发挥。

(二)职能不清，机构庞大，管理链条过长

一些集团公司依据计划行政体制设置机构，根据法律行政关系进行多层管理控制，下属子公司对应设置机构，职能机构间职责不清，管理链条仍显得过长。因此，如何合理设置组织机构，优化业务流程，使财务控制更好地服务于集团的发展，是我们在考虑集团公司财务控制问题时需要认真思索的。

(三)财务控制集中于事后控制

许多集团公司在事前决策形成之后，对于进一步的财务管理工作，往往止于年度利润规划。他们满足于制订出全年的销售收入、成本费用、目标利润等几个总括性指标，而没有进一步将决策具体化，编制出据以进行控制管理的月份、季度、年度财务预算。

从对上述问题的分析中可以看出，我国集团公司目前的财务控制体系仍处于初级的摸索阶段，难以适应目前集团公司发展壮大的需要。因此，现阶段广大的集团公司迫切需要构建一个适应集团发展的财务监控体制，及时堵住各种财务失控的漏洞，发挥出财务管理强大的生命力，最终达到使其所属子公司能在经济效益上成为集团公司新的利润增长点的目标。

三、加强对集团公司财务控制的具体措施

我国企业集团实行财务相对集中管理，在实际运作时采取的具体策略或方式应视各个集团的不同情况而有所区别。总的来说，有以下几种方式可以考虑。

(一)通过财务公司或资金结算中心实现资金的集中管理

资金是企业的血液，资金管理则是企业财务管理的中心。对企业集团而言，母公司只有控制了子公司的财务收支，控制了其资金的流动，才能使子公司按照母公司所确定的发展战略开展生产经营活动。资金的集中管理有多种实现方式，目前比较常见的是在母公司设立资金结算中心或由集团内各成员企业共同出资成立财务公司。作为集团内部的一个独立法人，财务公司是全面负责集团内所有成员企业资金管理的非银行金融机构。

(二)实行全面预算管理

预算是财务控制中目标管理的有效手段。预算的制定要以财务管理的目标为前提，根据企业的发展计划来规划生产经营活动，并通过计划的形式，具体系统地反映出企业为达到经营目标所拥有的经济资源的配置情况。母公司可根据子公司的组织结构、经营规范以及公司成本控制的特性进行预算控制，其具体的实施措施如下：

(1)预算的编制采用从下到上、再由上而下的方法，这样既考虑了子公司的意见，照顾了子公司的利益，又有利于母公司审视子公司的经营活动。

(2)预算的整体性及全面性使子公司在实施的过程中需要相互配合和协调，提高管理效率，减少摩擦，增强凝聚力。

(3)预算要以母公司的发展规划为依据，以保证母公司目标计划的实现。

(4)通过建立预算信息系统，将各子公司的资金流转和预算执行情况都集中在计算

机网络上，母公司可以调用数据、查询子公司的财务状况，全面控制各子公司的经营情况，及时发现存在的问题，减少子公司的经营风险。

在预算的执行过程中，集团的各级预算部门可通过建立严格的工作制度和实施适当的激励措施来保证各级预算目标的完成。若在预算的执行过程中出现需要调整的情况，则须经集团公司的预算管理委员会批准。预算管理委员会还应制定相应的标准来对各子公司的预算完成情况进行考核，并据以进行奖惩。

（三）实行财务总监委派制和财务人员资格管理制度

集团公司为了实现对子公司的财务监控，可依据产权关系，以出资人的身份向其全资子公司和控股子公司派出财务总监。作为母公司派出的监督者，财务总监的主要职责是：监督子公司的经营管理策略，特别是财务政策是否符合母公司的总体战略，一旦发现子公司经营者的行为损害了子公司或母公司的利益时，有权责令其立即纠正；监督子公司是否建立并执行了财务管理工作制度；批准或否决子公司重大的投、融资决策；将影响集团长远发展的重大事项向母公司董事会及时汇报；对子公司财务人员的上岗资格进行审查并报母公司备案以及母公司赋予的其他权力。财务总监应是子公司董事会成员，参与公司重大事项的决策，是母子公司之间信息沟通的桥梁。为了保证其相对于子公司的独立性，财务总监的工资、奖金和津贴应由集团公司统一管理和发放，而且应该实行财务总监定期轮岗制。

（四）通过使用集中式财务软件加强对子公司的控制

集团公司可以根据企业的具体情况，设计一套符合公司财务控制的软件来一方面加强对子公司重点环节的控制，另一方面利用完善的业绩考核体系来实现对子公司财务控制的目标。

由于企业集团本身管理模式的特殊性，因此在对子公司财务控制方面不可能面面俱到，因此应该抓住重点，有针对性的对子公司的财物进行重点控制。其具体措施如下：

(1)加强资产管理。加强对子公司的资产管理。首先要根据国家有关规定，结合本企业及子公司的特点促使子公司提高经济效益，保证企业资产保值增值。其次母公司要加强对子公司固定资产、流动资产、存货等资产管理，督促子公司合理、有效地使用各项资产，做到节约使用，提高资产综合使用效果，杜绝资产闲置和浪费。

(2)加强资金管理。资金使用的合理与否直接关系到企业的生存与发展，若对子公司使用的资金没有一套有效的控制制度，势必会引起财务会计活动的混乱，给企业带来极大的风险，很有可能造成无法挽回的经济损失。因此，母公司一定要注重对子公司资金的管理与控制。

(3)加强对外投资管理。加强对外投资管理，对于防止国有资产流失，防范财务风险具有重要意义。①母公司要切实加强对外投资的管理，建立健全对外投资的立项、审批、控制、检查和监督制度，规范投资行为。②母公司要加强对已立项投资项目的管理。

(4)加强对外担保管理。加强对外担保管理，规范子公司的担保行为，对于防范财务风险具有重要作用。①子公司对外提供担保，必须报母公司核准。②子公司对外提供担保，必须落实反担保。③子公司应指定专人具体负责跟踪、监控担保合同的履行情况。

（五）通过内外部审计制度加强对子公司的财务控制

加强对子公司的财务稽核。一方面，母公司应定期或不定期对子公司的财务会计工作进行日常稽核或专项稽核；另一方面，督促子公司设立内部稽核岗位，定期进行自查并向母公司报告财务自查情况。

不定期对子公司进行外部审计。这里的外部审计是指由集团公司聘请会计师事务所对集团公司及子公司的财务报表（主要是资产负债表、利润表及利润分配表、现金流量表）进行审计，总体目标是对“三表”的合法性、公允性表示意见。在以往的工作中不难发现，对如何利用注册会计师审计加强财务控制这一问题，大多数公司大多只是停留在账务调整事项上，属于会计层次，还没有上升到加强财务控制的高度。

事实上，根据我国独立审计准则的要求，注册会计师在发表意见之前，需按程序做很多工作。其中，至少有两项很重要的工作要做：第一，了解企业管理基本情况和内控制度等，判断固有风险和控制风险，依据初步判断继续以后的工作，最终要对内控制度的有效性作出评价；第二，对报表的主要财务指标进行分析性复核，通常是采用趋势分析、比率分析、比较分析等方法，以帮助确定重新审计的领域，也就是确定报表的风险所在。通过以上工作，注册会计师可以客观评价企业财务控制系统的有效控制程度，并可以通过主要财务指标的分析判断企业财务状况的好坏。如果说集团公司能获悉注册会计师的这些工作情况，并加分析利用，就能对本公司的财务控制起到加强作用。

企业内部会计控制制度建设的理论与实务研究

——工业企业成本会计核算存在问题及规范措施

李变霞

成本核算工作是企业财务管理过程中一项十分重要的财务会计核算形式，是促进企业厉行节约，强化成本管理的重要手段。随着时代的进步和经济的发展，成本核算在工业企业经营管理中的地位和作用也越来越重要。

一、工业企业成本会计核算存在问题

(一)各种制度对生产成本核算方法规定不具体

《企业会计制度》规定：企业应当根据本企业生产的特点，选择适合于本企业的成本核算对象、成本项目及成本计算方法。《小企业会计制度》规定：小企业应当根据本企业生产的特点，选择适合于本企业的成本核算对象、成本项目及成本计算方法。《企业产品成本核算制度(试行)》规定：企业应当根据企业生产经营特点，以正常生产能力水平为基础，按照资源耗费方式确定合理的分配标准。这些规定使企业在生产成本核算方法上有较大的自主权，在实际工作中，具体的工作人员如果对本企业的生产工艺不了解，缺少经验和常识，又对生产成本核算的内涵、精髓未理解透彻，似懂非懂，致使各种产品成本核算方法混用，随意性大，同时也会形成不同的成本计算出的产品成本不同的现象，影响企业成本数据的真实性和可靠性。

(二)多产品生产企业成本转移现象较为普遍

成本转移是由于成本计算方法的原因，使某些产品成本被低估，另一些产品成本被高估。例如煤制天然气企业，天然气的主要成分甲烷是从净煤气中提取出来的，生产过程中还会产出氢气、一氧化碳和其他气体，成本核算中，这三种气体就要分摊净煤气生产所耗用的煤、水、电、材料等成本，如果将净煤气成本按三种气体量的比例进行分配，则会低估甲烷成本，高估其他气体的成本。假设焦炉煤气净煤气单位成本为1.5元/m^3，按气量比例进行分配，每种气体的单位成本仍为1.5元/m^3，三种产品作为中间产品，很难估计其合理售价，但从市场价格来看，天然气(主要成分甲烷)的售价明显要高于氢气和一氧化碳，很明显哪种气体的热值越高，售价就会越高，可见按气量比例平均分配净煤气的成本显失合理，同时也会给管理层提供错误信息，使管理者认为生产天然气的利润空间较大。

作者单位：河南省煤气(集团)有限责任公司义马气化厂

二、工业企业成本会计核算规范措施

(一)提高成本会计核算的综合能力和素质

无论是从产品成本的归集,还是从生产成本核算方法的确定,成本会计核算的业务能力都尤为重要。所以,成本会计核算人员不能仅仅熟悉纯粹的会计知识,还应深入到生产一线,了解产品生产工艺流程,准确核算产品成本。企业应加强对成本会计核算的培训,提高其综合素质,使其熟练掌握会计专业和本企业生产经营特点等方面的知识,对相关会计制度能够融会贯通,使多产品生产模式下的各产品单位生产成本基本趋于科学、合理。

(二)加强成本测算,合理确定各产品单位成本

工业企业的总成本金额一般较大,产品成本分配比率的轻微变化就会使各产品单位生产成本失之毫厘、差之千里,造成管理当局认为生产某种产品暴利,而生产另一种产品亏损的现象,使管理者做出错误的生产模式,给企业造成不可挽回的损失。为避免这种情况的发生,在确定成本分配方法之前应进行两种及两种以上方法的产品成本测算,得出结果应和每种产品的市场售价进行对比,使产品的单位成本科学、合理。就以上面提到的例子中,成本转移比较严重,而各气体的热值对售价又有较大影响。依据《燃气燃烧与应用》中一氧化碳、甲烷及氢气的高热值标准,热值分别为 12 644 kJ/Nm^3、39 842 kJ/Nm^3、12 753 kJ/Nm^3,各气体热值比为 1:3.15:1.01,如果按照“谁受益多,谁多承担成本”的原则对产品成本进行分配,显然甲烷的热值最高,不论是从天然气的售价角度,还是从产品受益对象的角度来说,将各气体热值和量结合,作为依据分配一氧化碳、甲烷及氢气应承担的净煤气成本,分配出的各气体单位成本则更为合理。这样,就会避免高估某一产品成本、低估另一产品成本的现象。

(三)加强成本计算信息化建设,搭建数据处理平台

一般工业企业根据自己的生产特点及工艺流程,都有一套独一无二的成本计算表,而相对其他行业的成本核算来说,工业企业的成本核算工作量又非常大,其范围涉及直接人工的统计与分摊、直接材料出库分配、中间产品及副产品成本核算、制造费用、期间费用的分摊与归集等。因此,工业企业要加快自身成本计算表电算化的建设工作,根据企业自身的生产特点,制定直接人工、直接材料、间接费用统一的分配表格,各产品单位成本、产品总成本等消耗物料的明细表格。

每个工业企业的成本计算过程比较繁琐,包括辅助生产成本分配表、制造费用分配表、直接成本分配表、产品成本分配表及各单位成本计算表等,若非专业会计人员和对本厂的生产工艺不了解的人员,短时间内很难弄懂成本计算表内容。很多企业内部为了提高会计人员的业务素质,都会采用轮岗制度,若在成本会计新旧人员交替时,新接任成本会计核算人员还要对整个成本计算表和全厂工艺流程进行熟悉和了解,不可避免会影响成本会计核算工作的质量。所以,建议每个工业企业编制自己的成本计算表使用说明书,内容应包含以下几点:

(1)本企业生产工艺流程图及概述,主要从工艺流程的角度介绍每个生产车间自身耗用的物料及自身产出的产品,便于分配每个车间应承担的成本费用;本企业组织结构情况说明,应分清辅助生产车间和基本生产车间,便于制造费用的分配。

(2)规定决策成本核算方法的级次,即哪种会计核算方法应通过管理层、治理层,还是董事会等决策层的决定,会计核算方法一经确定,不得随意变更。并简要说明间接费用的分配方法、制造费用的分配方法、材料的计价方法、产品成本核算方法、生产费用在完工产品与在产品之间的分配方法等。

(3)成本会计核算人员应对成本计算表中每张表格中的数据进行批注,注明其数据来源;如果企业工艺流程有较大变化,现行成本计算表不能满足核算需要的,应有编制变更依据及说明,并在报表附注中予以披露;定时开展成本分析,对成本计算表中不合理、不适用部分定时改进。

这样,不论是会计人员还是非会计人员,不论是老成本会计还是新成本会计都会对本企业的成本计算表有初步的了解,减少重复工作,不会出现见到成本计算表就束手无策的局面,也为本企业建立一个良好、高效的信息沟通和处理平台,打下良好的基础,并能及时、准确、全面地为企业提供需要的成本信息。

(四)加强监督机制,确保核算数据真实、可靠

工业企业应制定《成本核算监督制度》,对营业收入的实现、各项生产费用支出和各产品生产成本的形成、各项期间费用的发生和归集过程、企业利润的实现等过程进行会计监督。在实际的成本会计核算过程中,每个工业企业基本都没有严格的、行之有效的监督手段和方法,使得管理当局,为追求某一特定期间的利益最大化,搪塞、推诿会计核算人员,影响企业内部成本核算数据的真实性和可靠性。

综上所述,任何一种成本核算方法都不是完美无缺的,各工业企业应根据自身的实际情况进行选择和应用,找到适合自身企业发展现状的成本核算方法,不可盲从,以免给企业造成不可挽回的损失。企业要在实践中不断完善核算制度和体系,使成本会计核算体制更加科学、合理和高效,从而不断的促进和推动工业企业的建设和发展。

参考文献

[1] 汪逸帆.浅析企业产品成本核算制度(试行)[J].现代商业,2014(17):247-248.
[2] 郭海霞.工业企业成本会计核算现状及其应对策略分析[J].中国外资,2013(1).

企业内部会计控制制度建设的理论与实务研究

王红敏

企业内部会计控制是内部控制的重要组成部分,对加强会计监督、提高会计信息质量、提高管理效率具有重要作用。内部会计控制制度可以改善企业的会计信息质量、加强企业防范风险的意识、规范企业的经营管理活动。

一、企业内部会计控制制度理论

(一)企业内部会计控制的必要性和作用

良好的内部会计控制制度可以保证组织机构经济活动的正常运转,提高经济核算的正确性与可靠性,推动与考核企业单位各项方针、政策的贯彻执行,评价企业的经济效益,提高企业经营管理水平。由此可见,做好企业的内部控制和会计控制,具有以下重大意义:

(1)提高企业经营管理水平和风险防范能力,提高企业的竞争力。良好的内部控制和会计控制可以很大程度上降低公司的风险问题。企业建立与实施有效的内部控制和会计控制,可以及时系统分析经营活动中与实现内部控制目标相关的风险,合理确定风险应对策略。企业根据风险评估结果,采用相应的控制措施,将风险控制在可承受度之内,避免经营失败。

(2)促进企业可持续发展,进而促进行业良性发展。不断完善内部控制和内部会计控制制度,可以使企业随时对自身经营情况进行监督检查,评价其内部控制的有效性,发现内部控制和会计控制的缺陷,及时加以改进。

(3)维护市场经济秩序和社会公众利益。每一个企业都做好内部会计控制,遵循市场经济秩序,特别是上市企业,对维护社会公众利益具有举足轻重的正面意义。

(二)企业内部会计控制的原则

企业在进行内部会计控制制度建设时,需要遵循一定的原则。只有这样,建立的企业内部会计控制制度才能够发挥应有的作用。在当代,流行的原则主要有以下六项。

1. 合法性原则

在我国社会主义市场经济条件下,内部会计控制制度应当在国家宏观控制和指导下进行,并与宏观控制制度相一致,因此在制定本单位的内部会计控制制度时,要符合国家的法律要求,这是建立内部会计控制的基本前提。

2. 全面性原则

内部会计控制应当贯穿于决策、执行和监督的全过程,覆盖企业及其所属单位的各种

作者单位:郑州煤电股份有限公司米村煤矿

业务和事项。

3. 重要性原则

内部会计控制应当在全面控制的基础上，关注重要业务事项和高风险领域。内部控制工作的效率性决定了内部会计控制应针对企业日常工作处理过程中的关键控制点，落实到决策、执行、监督、反馈等各个重要环节。

4. 制衡性原则

内部会计控制应当在治理结构、机构设置及权责分配、业务流程等方面形成相互制约、相互监督，同时兼顾运营效率。

5. 成本效益原则

构建内部会计控制制度时，应根据企业经营业务的特点、规模的大小、具体的管理情况，既要考虑控制设计成本、执行成本和修订成本，又要考虑企业整体效率和效益的提高。

6. 动态性原则

内部会计控制应当与企业经营规模、业务范围、竞争状况和风险水平等相适应，并随着情况的变化及时加以调整，以保证内部控制框架的有效性。

二、本单位内部会计控制的不足

本单位运用良好的内部会计控制制度，获得了较为令人满意的内部控制效果，但在我从事工作期间，还是发现其内部会计制度中存在不够完善的方面。

(一)缺乏良好的学习机制

财会作为一门与时俱进的学科，需要不断地进行准则的学习，需要时时关注。而本单位财务人员缺乏良好的学习机制，财务科虽然定有一系列的财会杂志，但基本上无人查看，也没有形成共同研究学习的良好氛围。缺乏定期的学习机制，这样会造成财务人员专业素质的降低，进一步影响企业内部会计控制制度发挥其作用。

(二)奖惩机制落后

在本单位的奖惩机制中，虽然企业历史悠久，但其奖惩机制却没有跟上时代的发展，许多标准与当下物质生活和市场消费水平存在一定程度的脱离，例如在《差旅费管理制度》中，工作人员出差的交通费和住宿饮食费用开支标准过于落后，与当下的生产生活平均消费水平严重脱离。在企业的《职工薪酬管理制度》中，大部分以扣项为主，缺乏相应的奖励补助措施。落后的奖励机制，使得企业工作人员缺乏工作积极性，这势必会影响内部控制效果。

(三)控制制度执行力欠佳

虽然本单位有着具体完善的内部控制制度，财务制度也较为规范和具体，但在执行方面并不如意。由于财务人员普遍以年轻人员为主，缺乏丰富的工作经验，对其企业内部的标准并不能准确理解。虽然有专人对专岗的工作要求，但是其财务人员在进行具体财务工作时，仍然受到了一定的人为因素，专人专岗的独立性受到了制约。此外，企业的财务人员多以女性为主，在工作交接时间，个别岗位员工不能够做到妥善交接，而忙于其他事务，这就一定程度影响了企业财务信息的真实性和及时性。

(四)缺乏独立的内部审计

本单位的各项内部会计控制制度中，虽然涉及面很广、重点也有所突出，但缺少了独立的内部审计制度。没有设立独立的内部审计部门，这就为问题凸显埋下了隐患，财务人员就有可能进行包庇造假，进而造成企业财务信息和财务工作出现纰漏，这是和内部会计控制制度设计的初衷相违背的。

三、完善本单位内部会计控制制度的建议

为了保证本单位持续健康发展，笔者通过运用企业内部控制和内部会计控制理论的相关理论知识，特提出以下建议。

（一）建立日常学习机制，培养建设性人才

公司财务人员要转变财务只负责财务核算的观念，坚持不断学习新的财务会计知识，要把内部会计控制当作财务科的重要职责，不断地为公司提出富有建设性的意见和建议。可以通过每月举行自助学习研究、举办带奖励性质的知识竞赛等，通过这些方面的努力，使得单位上下认识到内部会计控制在整个内部控制中的重要地位。

（二）合理规范奖惩机制，提升员工工作积极性

本单位应调整其政策，使得企业进入良性循环，把遵守财经法规和内部控制制度列入年度考核内容和晋升职务职称等的主要内容之一，做到有奖有惩、赏罚分明，通过奖惩办法激励会计人员执行制度的自觉性、积极性，提高内部会计控制制度在员工心中的权威性，努力营造遵章守制光荣、违章违纪可耻的良好工作氛围。

（三）提高企业人员素质，打造专业团队

现代企业竞争归根结底还是人才。只有高素质的人才，才能为企业创造出高质量的产品，增强企业的市场竞争力。在聘用会计人员上，不仅要选择业务能力强的人，更要注意选择那些具有良好的道德观、价值观的人才。注意逐渐地提高财务会计人员的专业素质，使得财会人员朝专业化、高层次化发展。在会计人员安排上，要实行工作岗位轮换制，通过轮换及时发现存在的问题，抑制部分人员的不良动机。

（四）提升审计地位，形成良好的自我评估新局面

内部审计在防范方面具有独特的优势。一方面，内部审计部门作为企业内部的一个职能部门，更贴近管理，熟悉情况，能及时发现内部会计控制中出现的问题。另一方面，内部审计部门本身就是企业内部控制系统的一个组成部分，有更强的责任心，也有充足的时间采用多种方法，进行内审外调，提高审计效果。因此，本单位应改革其部门职能设置，将内部审计部门独立出来，对财务部门进行监督和制衡。内部审计部门要定期或不定期对企业内部会计控制效果进行评价，加大监督检查力度。

参考文献

［1］高枝弟，杨丽，王桂琴. 合理运用内部会计控制的方法与原则［J］. 中小企业管理与科技，2009（25）：20.

［2］何文仲. 浅谈企业内部会计控制制度的完善［J］. 财经界，2010（5）：126.

［3］洪建强. 浅谈企业内部会计控制的方法及应注意的问题［J］. 管理观察，2009（31）：248-249.

［4］李敏. 企业内部会计控制制度建设［J］. 商业经济，2011（13）：102-103.

［5］吴永和. 内部会计控制制度创新研究：问题、原因与对策［J］. 审计与经济研究，2007（5）：76-80.

企业内部控制存在的问题及对策

王　旭

由于公司法人治理结构上的缺陷,企业管理者的内部控制意识淡薄,很多企业未形成风险意识,以及对企业内部控制制度的执行情况缺乏有效的监督等多方面的原因,造成我国企业的内部控制普遍薄弱。结合新颁布的相关法律,就如何完善现代企业的内部控制,建立健全内部控制标准体系,为完善企业内部控制提供规范标准;应推行独立董事制度,完善公司法人治理结构,强化企业负责人的内部控制观念;确保企业内部控制的科学、合理和完整,应加强对内部控制执行情况的监督检查。

一、内部控制的概述

(一)企业内部控制的基本要素

内部控制是受企业董事会、管理层和其他职员共同作用,为实现经营效果性和效率性、财务报告的可靠性以及对适用的法律、法规的遵循性等目标提供合理保证的一种过程。内部控制不仅仅着眼于会计和财务会计报告,还应针对经营活动的效率、效果和遵循法律、法规。相应地,内部控制框架也被划分为五个内部控制要素,如内部环境、风险评估、控制活动、信息与沟通、监督。

(二)企业内部控制的基本方式

企业内部控制是形成一系列具有控制职能的方法、措施、程序,并予以规范化和系统化,使之成为严密的、较为完整的体系。它本身是一种手段而非目的,是企业经营过程的一部分,与经营过程结合在一起,并监督企业经营过程的持续进行。内部控制深受企业内部和外部环境的影响。企业内部控制的基本方式有授权批准控制、会计系统控制、财产保全控制、职工素质控制、风险防范控制、内部审计控制。

二、企业内部控制存在的问题

(一)企业内部控制环境薄弱

控制环境是内部控制的基础,直接关系到企业内部控制的执行和贯彻。目前,我国控制环境薄弱主要表现为:组织机构设置不合理、不完善,内控组织虚位;企业管理层对内部控制认识不到位、意识不强;企业制度不健全;人员素质较低、诚信度不足;企业文化建设没有引起足够的重视。

(二)会计信息失真

近年来,企业由于会计工作秩序混乱、核算不实而造成的信息失真现象较为严重。如常规性的印单分管制度、重要空白凭证保管使用制度及会计人员分工中的“内部牵制”原

作者单位:煤业财务部驻焦电厂财务科

则等得不到真正的落实；会计凭证的填制缺乏合理的原始凭证支持；捏造会计事实、篡改会计数据、设置外账、乱挤乱摊成本、隐瞒或虚报收入和利润；资产不清、债务不实等。

（三）“内部人”控制和管理权责不清

由于企业“内部人”出于追求自身经济利益的需要，他们不愿意看到内部控制对既得利益的任何损害，所以对内部控制设置种种障碍，使内部控制不能发挥其应有的作用，即便是有内部控制制度，也是“控外不控内”“控下不控上”。

（四）激励约束机制不健全

我国企业控制活动中很大的一个薄弱环节就是激励约束机制不够健全、有效。计划可能是好的，但由于没有人去考核、去检查或者说没有认真地去考核、去检查，而只是搞形式、走过场，其执行效果可想而知。

三、企业内部控制存在问题的分析

（一）管理者对企业控制环境认识不到位

由于我国企业内部会计控制制度起步较晚，不少企业对内部环境控制的认识远远落后于现实的需要，对内部会计控制的重要性认识不足。

（二）会计人员素质较低

近年来，会计队伍迅速扩大，但对会计人员的思想教育、业务培训没有跟上，有些培训流于形式，根本起不到提高会计人员素质的作用。

（三）监督机构薄弱

内部审计薄弱，缺乏事前、事中的严格控制。外部监督力度不够。一是各种监督职能交叉，标准不一，加上分散管理、缺乏横向信息沟通，未能形成有效的监督合力；二是各种监督没有按设定的目标进行，使考核评价缺乏必要的依据，以至于弱化监督的效果。

（四）激励约束机制形同虚设

激励约束机制不够完善，缺乏相应的激励制度。不少企业内部控制制度制定得不错，但在执行过程中，没能去考核、去检查，实际执行效果不佳，使内部会计控制制度流于形式、走过场。

四、解决内部控制问题的对策

（一）完善企业控制环境

加强和完善企业内部控制，首先应注意企业内部控制环境的建设。要改善企业内部控制环境，需要做好以下工作：

1. 明确的内部控制主体和控制目标

控制主体解决了由谁进行内部控制的问题，而控制目标则解决了为什么要进行控制的问题。

2. 先进的管理控制方法和高素质的管理人才

企业管理控制是管理当局对其他人的授权使用情况直接控制和整个公司活动实行监督的一种方法，管理控制方法的好坏直接影响到企业的经营成果及控制效果。

3. 有效的控制文化

企业集团内部控制的建设与文化是密切相关的，通过塑造良好的企业文化来影响员工的思维方式和行为方式，形成一种控制观念，员工自觉执行公司的内控制度可以推动内部控制的顺利实施。

（二）加强会计人员的控制

加强内部控制行为主体人的控制、把内部控制工作落到实处。只有上下一致，及时沟通，随时把握相关人员的思想、动机和行为，才能把内部控制工作做好。

（三）规范企业经营者行为，分清权责，强化内部控制

1. 规范经营者行为

《内部会计控制基本规范》的发布实施，是从根本上解决企业管理中产生错误与舞弊的重要手段，但却对企业经营者无法做到充分约束。必须认识到企业经营者对内部控制的重要作用，通过制定相关制度，确定合理指标，明确经营者在内部控制中的角色，强化内部控制。

推行独立董事制度，完善公司法人治理结构（指治理企业行为的组织体系）。

2. 推行不兼容制度，杜绝管理者权责交叉

管理权责推行职务不兼容制度，杜绝中高层管理人员权责交叉。在上市公司中，这一问题虽有了较大的改变，但从公司制企业的总体上看，仍普遍存在。因此，建立内部控制框架首先要在组织机构设置和人员配备方面做到管理者各尽其责，避免权责交叉。

（四）健全内部约束机制

内部控制制度的执行者是包括高层管理人员在内的全体员工，激励和约束的对象也是企业的员工，员工的道德水准和价值观念长期被认为是内部控制环境的重要因素，要求内部控制结构的建立要考虑员工道德水准和价值观念的承接性。实践表明，基于环境现状而构建内部控制机制是一种被动性的做法，就我国目前公司的现状而言，道德规范与行为准则的建设并不是空白的，有的公司甚至有良好的基础和较丰富的经验，现在需要解决的问题是如何在道德规范与行为准则建设中避免空洞的说教，应根据内部控制结构的要求，针对各岗位的特点建立起具有操作性的行为规范与准则体系。如企业设立专门考核小组，考核内部控制的执行效果。对执行效果好的部门或个人，应予以奖励；反之则予以惩罚，追究相关责任人的责任。

参考文献

[1] 罗新华. 现代企业内部会计控制[M]. 济南：山东大学出版社，2011.
[2] 孙永尧. 企业内部会计控制[M]. 北京：经济管理出版社，2012.
[3] 宋建波. 企业内部控制[M]. 北京：人民出版社，2007.
[4] 姚友胜. 基于网络的企业内部控制[M]. 北京：中国财政经济出版社，2007.

企业应收账款原因分析及风险防范研究

张东明

应收账款是商业信用条件下采取赊销方式的产物,企业为了扩大市场地位,不惜采取赊销方式打开市场,这对于提高企业的竞争力无疑会起到很大的推动作用。然而,应收账款如不及时收回,很可能会成为呆账和死账,因此制定良好的应收账款回收政策,对于企业保证资金安全,实现资产投资的高效率,具有举足轻重的作用。

一、企业应收账款存在的问题及原因分析

(一)企业应收账款存在的问题

企业应收账款存在的问题主要表现在以下两个方面:

1. 逾期应收账款比例高

根据相关资料分析,我国企业的应收账款数额巨大,在流动资产中占据50%以上的比例,超过了国际社会20%的标准。股份制企业,尤其是国有大中型企业互相拖欠,导致企业应收账款在资产负债表中居高不下,这已成为阻碍经济运行的一个主要问题。

2. 应收账款管理不到位

首先,我国企业的应收账款数额巨大,造成应收账款在企业的资金流动中占据很大比例,虽然企业的销售业绩在连年递增,总资产也在不断增加,但是应收账款的存在,导致很多坏账和死账的出现,使企业的资产结构呈现了不合理的现象。在很多企业中,应收账款增加的速度远远超过了企业总资产的增加速度,如果企业的应收账款不及时回收到位,就会严重影响企业的正常运转,导致企业的资金链断裂,甚至导致企业的破产。其次,在企业应收账款的管理中,销售人员经常为了销售业绩而盲目赊销,这在一定程度上增加了应收账款坏账的风险程度。在销售业务发生时,企业应对客户的信用情况以及资产负债情况做一下基本的调查和分析,只有掌握了这些信息,才能在应收账款的管理中节省人力、物力,有效降低应收账款回收的风险,提高企业资产投资的效率和周转速度。因此,必须加大对应收账款的及时催收力度,落实到人,把账款回收情况纳入销售部门的绩效考核范围,而不单单看销售数量。

(二)应收账款产生的原因(以外贸企业为例)

应收账款管理状况不佳已严重影响了企业的资金安全,其原因是多方面的,这些原因有外部的,也有一些是企业内部的。企业逾期应收账款为什么总是非常高?主要有以下几个方面的原因。

一是好大喜功,一个华丽的出口和进口货物的到货指标涵盖了利润指数。某单位通过一个外贸企业进口一批货物,应付1 000万元进口设备。之前开的信用证仅支付了100

作者单位:中国平煤神马集团国际贸易有限公司

万元押金,代理公司不得不使用银行贷款及其他业务预付款提前付款,等货物到达后,委托方无力付款或故意拖延不付款,从而形成了一个恶性循环:代理方进口货物账面价值不断提高,如代理费挣了多少,进口货物值多少万,其实它仅仅体现在账面价值上,而真正到手的货款却是很微薄的。在这个过程中,一路走下来,代理方每购入一笔进口货物,就意味着一笔逾期应收账款的发生。这可以称为"泡沫收入"。

二是缺乏管理。防止和克服逾期应收账款的形成说来也不难。只要加强管理,细心一点,是可以预防和避免的。事实上,如果加强应收账款的管理,逾期账款也将逐年减少,所以要切实提高销售人员的警惕性,严防货款无法收回事件的发生。

三是人为因素,造成拖欠的形成。考察逾期账款形成的原因,也有可能是内部人与外部人串通,私下达成某些协议,故意拖延货款的收回,致使企业因此遭受损失。所以,要把销售人员的薪资与应收账款的收回进行挂钩,实行更加细致、科学的薪酬考核机制,防止人为因素对应收账款的影响。

二、应收账款管理的风险防范对策研究

(一)保持信用管理部门的独立性

大中型企业应该根据业务发展的需要,建立相对独立的信用管理部门,同时招聘专业的人员进行管理,确保实现信用管理的功能。一般情况下,财务总监负责信用管理部门的管理,它是沟通销售和财务两个部门的纽带。

企业需要制定一个合理的、可行的信用政策,根据不同客户的信用状况,认真贯彻落实在经营活动中,这是财务管理的重要组成部分,也是企业实现应收账款管理,预防和解决应收账款风险管理的重要措施。因此,我们需要了解客户的信用状况的好坏,从而确定其赊销额度的高低。

(二)建立客户管理档案,对客户进行资信评价

客户是最大的财富之源,同时也是最大的危险来源,良好的客户资信调查是加强应收账款管理的基础工作。

为了取得调查结果,我们需要建立客户的信用评级档案,以掌握客户的信用状况,这包括财务报表分析、银行资信证明、企业对彼此的证明三个方面。针对不同的客户,需要根据信用状况的不同,利用各种报表数据,计算各自的信用状况的指数值,并与指标值进行分析,然后根据需要细化到不同信用状况的客户中,对客户的偿债能力进行准确的分析,避免坏账损失的发生,提高企业投资的净资产收益率。

(三)制定最佳收账政策

客户应该遵守在约定的时间里付款,这是长期合作的基础,有利于合作双方的双赢。然而,由于种种原因,有些客户拖欠货款。应收账款政策是指收款方在债务逾期后应采取的策略。企业对于不同的信用状况的客户,要采取不同的政策,以收回应收账款。对于信用优质的客户,可以采用宽松的收账政策;对于信用不良的客户,要采取积极的、严格的回收政策。

另外,针对不同的客户,需要根据不同的情况,采用灵活的收账技巧,在收到账款的同时,又不至于失去客户。第一,对于经营良好的企业客户,可以通过债权置换股权,从而使

不良资产得到转移,也就是说,处置不良资产的最好办法是转移风险,转让所有权,换取优质资产。第二,也可以通过债权抵押,在证券市场上进行投资,换取其他上市股份公司的股权。第三,可以通过成立应收账款回收公司,负责清理欠款,从而使企业摆脱催账收款的麻烦,减少企业的收款费用。如果采用以上方法以后,仍然不能凑效,那么就要上诉司法机关请求仲裁,依法维护本公司的合法权益。

(四)提高财务管理工作的风险意识,规范设置会计账户

为了加强对应收账款的管理,在总账科目的基础上,需要根据赊销客户的信用状况的名称,制定具体的明细账户,严格遵守信用合同规定,登记应收账款回收的情况,按照时间顺序详细记录收账情况,以及合同执行情况。另外,需要记录增加和减少的应收账款信息。应收账款的管理,需要专人负责执行,对债务进行分析和不定期检查,切实提高财务管理的风险意识,发现问题及时上报,尽量降低坏账损失。

(五)确立企业坏账准备制度,加强企业抵抗坏账风险的能力

由于商业信用在现代社会的作用愈加凸显,由此而产生的赊销账款现象越来越多,巨额账款居高不下,成为阻碍企业发展的重大问题。坏账损失成为企业的沉重负担,一方面,企业为了拉拢下游代理商和渠道商,就不得不进行赊销业务;另一方面,为了提高市场占有率,企业冒险赊销,所以在每一笔应收账款发生时,都要考虑是否需要计提相应的风险准备金,以防坏账损失的发生,减少企业的风险,提高企业的经营稳定性。另外,需要加强内部控制,重大投资和决策实行集体协商,召开股东大会,不能一人决策,增加内部审计部门的独立性,出现重大投资失误时,可以及时予以发现和纠正,提高企业的风险防范能力。

(六)保持会计的独立性,履行监督职能

应收账款形成以后,相关负责人应定期与债务人沟通,了解债务人经营的动态信息,尤其是对可疑的账户必须及时检查,在对账单上签字并加盖单位印章,防止"清欠"的人员和债务相关人员串通起来,故意拖欠账款支付。定期进行"应收账款"的债务签字确认,也是最后可以通过法律手段保护债权人的防范措施。

一般情况下,账款欠的时间越长,收回的可能性越小,因此发生坏账的风险越大。会计部门应当发挥监督和核算职能,对每一笔账目进行详细记录,发现问题及时提交管理层,并提供分析报告,尽全力为企业规避财务风险服务。会计部门应当对每一笔业务做详细记录,整理记账凭证和原始单据,为企业管理层决策提供依据。对于财务管理中发现的问题,尤其是应收账款的逾期问题,根据客户的不同信用状况,估计可能的潜在风险损失,协助管理层制订账款回收计划,明确销售部门的职责,建议由销售部门负责催收账款,实行"谁销售,谁收账"的动态账款回收计划。作为会计部门,除对每一笔账目细心核对外,还要对一些特殊的异常项目进行记录,发现问题,及时上报,以防企业财务管理舞弊现象的发生。

(七)制定应收账款回收资金责任制

应收账款是企业的一项重要资产,对应收账款管理的好坏,直接关系到企业的持续、健康、稳定发展。销售部门是应收账款的直接发起人,作为企业的销售代表,销售部门有义务对客户的资产负债率和经营情况进行详细了解,根据其信用情况,确定是否提供赊销,以及赊销的额度。销售部门应当落实责任制,制定应收账款"谁销售,谁收账"的绩效考核机制,将应收账款的回收率作为一项重要的考核指标,纳入员工年终奖金的考核范围之中。

三、结　论

应收账款作为企业的一项重要资产,其管理的好坏直接影响企业的经营状况。应收账款扩大的原因有很多方面,但企业应加强应收账款管理的风险控制,加速应收账款的回收,减少坏账损失的发生,主要是应在完善信用赊销政策管理和加强内部控制方面下功夫。

企业的财务管理,只有制定好信用政策,严格控制应收账款的赊销业务,才可能会降低投资风险,将坏账损失控制在较小范围内。

参考文献

[1] 戴艳艳.浅析应收账款的管理[J].中国乡镇企业会计,2010(2):88.
[2] 刘维红,陈晴.企业应收账款持续增加存在隐患[J].黑龙江金融,2010(7):30-31.
[3] 杜凤玲.内部控制体系中应收账款的管理[J].经济观察,2010(11):67-68.
[4] 周元花.浅析我国应收账款的信用管理[J].襄樊职业技术学院学报,2011(1):52-54.
[5] 李小霞.我国企业应收账款管理研究[D].北京:北京交通大学,2010.

第四篇　会计信息化与会计职业道德

浅析会计信息化环境下强化企业内部控制的措施

山红勤

内部控制是企业进行现代管理的一种必不可少的手段。会计信息化的发展使企业内部控制的内容、方式都发生了很大变化。如何在会计信息化环境下,建立与完善良好的内部控制体系,保证企业正常运转,是一个必须要解决的问题。

一、内部控制的影响

(一)扩大了内部控制的范围

传统的内部控制主要局限于企业内部的查错防弊,而会计信息化条件下的控制范围相应扩大,其中包括对系统开发过程的控制、数据编码的控制以及对调用和修改程序的控制等。另外,传统的内部控制侧重于对企业的管理,而在会计信息化环境中,企业面对的不再是一个独立的、封闭的环境,它要与互联网上的众多企业进行频繁的电子交易活动,形成企业与企业之间、企业与客户之间、企业与政府之间共享资源的局面。

(二)改变了内部控制的方式

传统的手工会计方法应用结构控制法,通过职能的分割与人员的分工以及对会计业务的相互稽核关系或者多重反映来形成有效的内部控制。会计信息化系统是按照计算机及网络数据处理系统组织起来的,记账、算账、报账全部由电子计算机自动完成,主要处理过程不须人工干预,使得会计控制更为复杂,要求更加严密,原有的内部控制措施逐步由相应的程序功能代替。这种数据处理的集中性使传统的组织控制功能减弱,与此相适应,会计部门常常划分成数据(信息)收集组、凭证编审组、数据处理组(包括数据输入、处理、输出)、财务管理组、系统维护组等。

(三)改变了内部控制的重点

在传统的手工会计环境下,内部控制主要放在人员之间的相互牵制上,而实施信息化

作者单位:河南省建筑科学研究院有限公司

后，由原来的证实相符、证账相符、账账相符以及人员与岗位之间的牵制制度等控制方式，转变为以原始数据的输入控制、会计信息的输出控制、人机交互处理的控制、计算机系统之间的连接控制为重点的控制方式。

（四）加大了内部控制的风险

会计信息化提倡开放，目的在于为会计与有关各方建立有机联系创造条件，以推动会计发展的变革，提升企业管理水平。开放表现为软、硬环境的开放，从内部控制的角度看，硬环境的开放是内部控制风险增大的一个重要方面，是指在技术、管理制度、标准等方面的开放，具体表现为网络及通信设施、融合开放集成思想的软件、会计信息交换的标准等为建立会计信息系统与社会和其他管理信息系统的联系提供了技术支持。会计信息一直被视为商业秘密，但是，没有哪一种加密技术绝对安全，不法分子有可能通过编制计算机病毒、进行搭截侦听、口令试探、篡改会计数据、解密文件等手段，使内部会计控制措施失效，正是由于会计信息化控制技术的复杂性，加大了系统的控制风险。

二、在会计信息化环境下，建立与完善良好的内部控制体系

（一）完善内部控制规范和制度

完善内部控制需要科学、合理的会计控制规范。科学、合理的会计控制规范既是企业加强内部控制建设、进行内部控制评价的标准，也是推动企业内部控制建设的法律保障。现行的规范整体上未涉及内部控制的环境问题，控制目标中也未包含内部控制的企业价值最大化经营目标等。职能部门应充分研究和借鉴国际先进经验，建立一套操作性强、适用广泛的内部控制标准体系。信息化系统的实施对内部控制体系产生了广泛而深远的影响，它不仅仅是简单的软件系统及其网络的使用，还应该配合企业内部业务流程、企业内部管理体系，特别是内部控制体系质量的提升才能体现其应用价值。在会计信息化环境下，企业原有的内部控制活动和组织结构扁平化，这改变了企业的业务流程、工作流程等。信息化系统中内部牵制是指在对具体业务进行分工时，不能由一个部门或一个人来完成一项业务的全过程，必须要建立科学、严密的内部控制体系。会计信息系统的权限控制始于系统初始设置阶段，即通过系统管理员对工作人员、工作范围等进行设置。要做到业务决策人员与经办人员权限设置全面分离制约，将业务授权、业务执行、业务记录、业绩检查等权限进行很好的分离，重大事项的决策和执行设置分离制约。

（二）重组业务流程

信息技术使企业业务流程与信息流程融合在一起，如果企业的业务流程仍然保持手工环境下的状态，必然造成信息系统与业务流程之间存在许多冲突，从而使企业生产经营管理出现低效率，而且会形成内部控制的弱点，产生许多问题。因此，要提高企业内部控制的效果，必须从根本上重新考虑并彻底重建企业的业务流程，使企业能最大限度地适应以顾客、竞争、变化为特征的现代企业经营环境。业务流程控制与信息流程控制成为企业内部控制系统设计的重要内容。在企业流程控制中，企业业务流程必须与信息流程相协调，并针对组织内部控制目标的要求，对业务流程和信息流程的各类风险进行评估，确定风险重要程度。依据风险的重要程度确定业务流程与信息流程的关键控制点，建立控制

模型,设定控制参数与控制程序,并将其嵌入到信息系统中,形成人机结合、业务活动与信息处理结合的内部控制系统,这样在企业经营过程中,信息系统就能动态跟踪业务活动的信息,自动监控这些活动所产生的数据是否在控制范围内,预测发展趋势,实时输出预警信号。组织成员也能依据这些作业点的反馈信号及时制定正确决策,有效控制企业的经营活动过程。

(三)建立健全内部控制风险评估体系

企业实行会计信息化后,提高了运作效率和速度,同时由于新技术的应用,对传统的管理方式产生了冲击,不可避免地进一步加大了企业的风险,具体的风险可表现为经营风险、管理风险、环境风险等。针对这些风险,企业管理层应实施有效的风险评估制度,采取适当的行动来管理对财务、经营等有影响的内部和外部风险,并对所确认的风险采取必要的措施,包括:明确规定每个用户的安全级别和身份标识,并分别定义具体的访问对象对系统的操作控制权限,加强系统操作控制;定期对系统的硬件和软件进行检查、维护和升级,并对检查过程中出现的问题进行记录,以确保系统的安全和系统运行的效率,加强系统维护控制;加强信息化会计档案管理的控制,防止会计信息的泄漏或丢失。

(四)加强和完善内部控制监督机制

首先,加强内部审计,设立内部审计部门,并定期或不定期地对企业的会计信息系统进行审计。会计信息化的应用对内部审计提出了更高的要求。内部审计应包括:一是定期审计会计资料,审查会计信息化系统财务处理是否正确;二是审查系统数据与书面资料的一致性;三是监督数据保存方式的安全性、合法性,防止发生非法修改历史数据的现象;四是对系统运行各环节进行审查,防止存在漏洞等。其次,应引进并强化外部监督机制。发挥政府在建立内部控制方面的作用,有利于内部控制的有效进行,特别是在企业管理层会计控制观念薄弱的情况下,更应该依靠政府的威慑力。若企业管理者未能按照有关规定执行企业内部控制制度,违反相关规定的要依法惩处,追究法律责任。同时,还应确保内部控制制度的有效实施,因为它对企业财务管理目标的实现和企业的财产安全有重要及直接影响。

(五)建立良好的信息沟通系统

一个良好的信息沟通系统能够提供全面、及时、正确的信息,并在有关部门和人员之间进行沟通,使企业管理者及时掌握营运状况,有助于提高企业运行的效率和效果。首先,信息化战略性计划应当与公司的整体战略紧密相关。管理当局应对信息系统的开发工作高度重视,并给予支持,确保各职能部门与信息系统高度耦合。其次,各部门应按控制系统的需要识别使用者需要的信息,在此基础上收集、加工和处理信息,并将这些信息及时、准确地传递给企业内的相关人员,使他们能够顺利履行其职责。最后,通过内部控制框架的构建,完善公司的法人治理结构,建立健全会计及相关信息的报告负责制度,使企业内部的员工能够清楚地了解企业的内部控制制度,知道其所承担的责任,并及时取得和交换他们在执行、管理和控制企业经营过程中所需的信息。

(六)加强人力资源管理

在信息化环境下,单位加强内部控制的一个重要方面就是加强对人力资源的管理。

对于内部控制而言,人力资源管理的目标主要是保证和提高员工的素质及品行。信息化环境对员工的素质提出了更高的要求,员工不但要熟悉更多的业务流程,而且还要熟悉信息系统的操作方法。另外,由于信息系统的程序设计员、系统管理员等对信息系统具有巨大的潜在破坏力,要求这些人员具有更高的道德品质。企业应该通过完善的人力资源管理来保证员工尤其是与信息技术相关的人员的素质及品行,对他们进行合理且有效的管理,建立良好的绩效评价机制、激励机制以及约束机制,使拥有知识的员工获得合理的报酬,实现知识创造财富,留住了解重要信息资源的人才,防止人才流失以及相应的信息资源流失。

应用智能电子信息技术推进会计电算化发展

张　健

现代智能电子技术的广泛应用将人类社会带入了信息时代,会计电算化的多年推广和发展,已经使广大会计人员切身体会到它在提高工作效率和信息处理方面的精确性和效率,随着智能电子科技的迅猛发展及应用,我国会计电算化应充分结合新兴电子科技向更高效、更优质的方向迈进

一、智能电子信息科技发展的影响

(一)电子信息科技对人们生活的影响

"电子信息"是近几年频频出现的一个词,它是在计算机技术、通信技术和高密度存储技术的迅速发展并在各个领域里得到广泛应用的背景下成为信息学的词汇。电子信息在信息的存储、传播和应用方面已经从根本上打破了长期以来由纸质载体储存和传播信息的时代,成为当代最活跃、渗透力最强的科学技术。

随着网络成为人们日常生活中非常普及的一种工具,电子技术也顺应网络化的发展趋势,网络化特性更加明显,如消费者电子商务、网上支付、B2B网上交易市场及云计算业务,特别是二维码以其强大的信息获取功能得到了广泛应用。如今我国科学技术的迅速发展和人民生活水平的不断提高,各种智能电子信息技术的应用已经进入千家万户,成为现代家庭生活中不可缺少的重要组成部分。

(二)电子信息科技对会计电算化的影响

会计电算化也叫计算机会计,是指以电子计算机为主体的信息技术在会计工作的应用,具体而言,就是利用会计软件,指挥在各种计算机设备替代手工完成或在手工下很难完成的会计工作过程,是会计发展史上的一次重大革命。

我国会计电算化从20世纪70年代开始,由简单的单位自制软件,到有计划的商品化软件,逐步向网络化发展,但是现阶段会计电算化对时下新兴智能电子科技运用较少,专用会计软件也无法兼容通用的电子产品,大部分是以单机应用为主,仅仅实现了财务会计电算化,还没有实现管理会计电算化,不是完整意义上的会计电算化。

(三)电算化的发展对电子科技的需求

会计电算化只是一个过程,而不是最终目标,它的发展趋势是减劳、提效、便于统计管理,逐步走向质量标准化。这就需要应用计算速度快、运行稳定、兼容性好、质量优越的电子产品。

作者单位:平顶山天安煤业股份有限公司勘探工程处

电子科技发展迅速,电子产品更新换代快,会计电算化的发展要具备财务软件及硬件设备的可更新性,应开发可塑性高、兼容性强,有助于提高原始票据信息识别、自动化财务数据生成、全程化电子审批管理功能的智能通用型财务软件。

二、应用智能信息技术推进会计电算化

(一)我国财务软件的历史与现状

1. 我国财务软件的发展历史

1988年成立的"用友财务软件服务社"开启了中国财务软件商品化、社会化、专业化的先河,随后出现了全国最早的一批财务软件公司,当时较为出名的有先锋软件、万能软件、金蜘蛛软件、安易软件、吉联软件等。1989年,财政部出台了针对财务软件的规定,催生了商品化财务软件的出现。同年,诞生了中国第一款商品化的财务软件——"先锋通用财务系统",紧接着"用友"又将财务软件从简单的账务处理推广到包括报表、工资、固定资产在内的较为全面的核算体系。用友软件通过建设完整的销售渠道,1991年占据了行业第一的位置,中国的财务软件市场初步形成,一些地区性和行业性的财务软件公司取得了不错的经济效益。

2. 现有财务软件未实现管理型、智能型

从目前使用的大多数会计软件的现状分析可以看出,只做到了手工会计模式和计算机技术的简单融合,是计算机模拟手工会计系统,实质是仍未摆脱传统的会计模式。会计信息系统(包括会计信息在内的各种信息)利用为企业的经营控制和管理决策服务的优势还远远未发挥出来。因此,无论是从企业自身发展的角度,还是外部信息使用者的需要,以及由此带来的未来会计发展的需要,都对会计信息系统的发展提出了迫切的要求,开发以管理为导向的会计信息系统,实现财务软件由封闭型向开放型转换实现会计信息系统的高度集中和智能化,将是我国财务软件的未来趋势。

(二)开发新型智能化财务软件

1. 票据信息扫描系统

在当前电子信息发达的时代,二维码在生活中得到普遍应用,它是所有信息数据的一把钥匙,可实现的应用十分广泛。现如今,国家税务总局组织航天信息股份有限公司等研发了增值税防伪税控系统汉字防伪项目,利用存储更多信息量的二维码替代原来的84位和108位字符密文,在加密发票七要素信息的基础上实现了对购买方企业名称、销售方企业名称、货物名称、单位和数量等信息的加密、报税采集和解密认证功能,初步测算每张发票报税信息的存储空间约为原来的4倍,认证信息的存储空间约为原来的2.5倍。由此可判断,未来发票及一些财务单据都将具备二维码识别功能。如此一来,新一代的电算化财务软件应具备二维码的扫描识别功能,实现一扫获息,只需简单操作,就可自动获取票据详细信息,并自动鉴别真伪。

2. 原始数据收集与录入系统

对票据进行二维码扫描获取信息后,原始会计数据会自动导入临时数据库,临时数据库中的会计数据,由会计人员确认后,计算机程序自动进行分类整理和格式转换,存入主数据库,并按一定规律形成的会计凭证实行自动生成。

对临时数据库中经济业务的数据格式，在软件的初始化时，需要预先规定统一的标准，并且设置好“默认值”和“必须填写数据”等输入控制参数。对数据仓库的结构、元数据和多维数据模型，需要根据不同的行业进行设置。

会计部门和各类信息使用者（管理、审计）可以依据各自的权限，方便地进入数据仓库的相应层次，自动查阅、采集所需的会计数据。

（三）会计数据共享

1. 在社会化的广度上进行共享

社会经济联系的数据结构是网络状态的，由各个行业的某一类数据向上游搜索，可以到达最初原材料的生产行业（例如采矿业）；从一个产品向下游搜索，可以到达各个最终用户（例如消费者）。从一个地区或者一个国家的范围观察，汇总分析会计数据，能够反映各个行业之间的物资、资金的运动过程，可以在分析研究社会经济活动的情况方面，发挥很大的作用。

审计机构可以通过会计信息共享，对原始会计数据、中间会计数据和会计信息、发布的会计信息进行网络化的实时审计，从而提高审计质量，降低审计风险。上市公司、监管机构、交易所、会计师事务所、投资者、研究机构、证券信息服务商等上市公司信息的加工者与使用者可以通过会计信息共享，对证券交易所发布的会计信息进行处理，以更低的成本、更高的效率实现信息的提取、分析和生成自己需要的信息。

2. 在信息化的深度上进行共享

各个社会机构和单位将按照一定的权限，直接提取社会化共享的会计数据和信息资源，为财务分析系统、财务预测系统、筹资、投资、成本决策支持、股利分配决策支持系统提供第一手资料。

各个企业的会计数据和信息包含了企业内、外的资金变化信息和企业之间物资资源联系等的信息。企业管理者可以对企业内的会计数据进行内部价值链分析，判断如何降低成本，优化企业流程；可以对行业价值链进行分析，了解企业在行业价值链中的位置，判断企业是否需要沿价值链向前或向后延伸。

在会计数据和信息资源的社会化共享条件下，采用数据挖掘技术，通过对历史数据和当前数据的汇总、归纳、推理，尤其是对多维数据仓库的数据进行联机分析处理，可以得到各个层次的财务决策知识。

三、推进智能信息电算化所需要的技术支持

（一）制作会计信息专用二维码生成系统

会计信息专用二维码生成系统是新型智能化财务软件的分支功能，专用二维码要向智能化财务软件输送会计信息，至少应包含以下五项基本信息：

（1）项目品名；

（2）规格型号；

（3）单位信息；

（4）发票代码；

（5）价款及税额。

日常会计工作中，除正规发票外，还有其他形式的入账凭据（工资奖金表、罚款单、商品暂估入库单、工程进度收支预算表、工程竣工决算表等），应根据其性质、金额、单位信息等基本信息要素生成并加印专用二维码。

（二）编制完善的会计科目识别功能

针对专用二维码所获信息，在合理编制对应的会计科目的同时，还应考虑可选性。例如项目为住宿费的发票，可能是本企业员工出差所发生的住宿费，也可能是安置外来人员所发生的招待费，经二维码扫描获息后，智能系统即生成①管理费用—差旅费、②管理费用—招待费，供会计人员选择。

（三）输出的会计信息的标准化发布

经济的发展对会计信息发布的要求越来越高，传统的报表已经不能满足需要。国内正在研究和借鉴国外资料，研究我国的会计信息发布方法，形成标准化格式。其中，XBRL（可扩展商业报告语言）是专门用于财务报告编制、披露和使用的计算机语言，基本实现了数据的集成与最大化利用。会计信息数出一门，资料共享，是国际上将会计准则与计算机语言相结合，用于非结构化数据，尤其是财务信息交换的最新公认标准和技术。

新型智能财务软件的研发应借鉴 XBRL 的技术框架，真正解决会计信息的不对称问题，提高会计数据和信息的可获得性、时效性、相关性和可靠性。

四、发展中可能遇到的问题

（一）规范化难度大、成本高

若做到智能会计电算化的统一规范化，就必须更换所有企业现有的财务软件系统，因智能软件主要依靠扫描财务专用二维码进行工作，这就要求所有行业都必须安装专用的二维码生成器及扫描器。其难度系数大，所需成本高，不是短期内能解决的。

（二）二维码的潜在危险

理论上讲，二维码本身不会携带病毒，但很多病毒软件可以利用二维码下载，一旦感染病毒就可能危及数据库，因此有必要建立一个脱机的备份数据库，还要完善防火墙系统，屏蔽来自二维码扫描的下载链接。

（三）缺乏对计算机知识的了解兴趣

企业实施会计电算化后，多数会计人员虽然通过了会计电算化考试，也仅仅只是掌握了一些计算机应用方面的基本知识，只能从事几项规定性操作，他们对财务软件处理会计数据的许多功能还不能灵活运用，无法应对工作中出现电算化软件的技术故障，虽说软件的开发商都有售后维护服务，但作为一个会计人员，对于现代化会计工作中起主导作用的软件设备，至少要了解它的基本运行原理，这有助于提高工作效率。

浅议物资管理在物资信息化系统中的财务应用

丁亚凯

中国平煤神马能源化工集团有限责任公司物资供应分公司是中国平煤神马能源化工集团有限责任公司下属分公司，作为中国平煤神马集团的物资管理单位，担负着集团煤炭生产所需材料物资的供应工作，统管物资品种达10万余种，年销售供应物资近40亿元。物资管理成效直接关乎整个集团的原煤成本的高低，特别在目前整个经济下行的大环境下，煤炭行业处于经济寒冬期，物资管理的科学性、先进性、合理性直接影响着企业的经济和社会效益。而经济运行结果最终反映到财务部门，是如何充分利用物资信息系统最大程度发挥财务监督管理职能，以加强存货管理，促进降低成本，将吨煤材料成本降至合理的水平，提高集团的行业竞争力。这是我们艰巨的历史使命。

一、物资成本管理现状

作为集团的物资供应部门，经过多年的发展，物资管理系统的基础设施和装备已具有相当规模，物资管供方式历经变化形成了物资供应的管理体系。2011年底，物资信息化管理平台也由原来的各自一套系统软件升级为统一操作软件，并与财务系统进行了数据对接，实现了财务数据基本全部取自物资管理信息系统。虽然目前物资管理系统运行1年有余，但因为沿袭旧的成本核算理念和模式，以及网络速度等条件限制，材料成本计算依旧繁复，材料成本差异不能同步还原到材料成本中去，为满足市场经济及各部门成本分析的需要，成本核算方法有待进一步完善。因此，完善和加强物资管理体系越来越重要。

(1)为企业规范经营管理，控制风险，保证经营业务活动的正常开展，应根据有关法律、法规和各项规章制度，并结合自身的实际情况和管理需要，制定一整套贯穿于企业生产经营各层面、各环节的存货内部控制制度体系，并不断健全其内部控制制度。为了保证物资管理控制目标的实现，企业应建立物资管理控制制度，如实行严格的内部牵制、职务分离控制制度、储存保管制度、盘存控制制度、计价方法控制制度等。其次是制定对物资管理控制制度执行情况的监督制度，加强监督检查。

(2)加强对物资管理的监督检查。为了使物资管理内部控制制度能有效运行，企业应当建立并健全对物资管理的监督检查制度。成立物资管理科，指定专人负责监督检查，明确检查职责权限，采取定期或不定期的形式，对物资管理控制进行日常的检查和监督，可以抽取有关物资的会计记录凭证，如采购合同、采购计划、明细台账、出入库单等来分析单位物资控制制度的合理性及具体执行情况；通过实物盘点，并与账面记录对比，物资信

作者单位：中国平煤神马能源化工集团有限责任公司物资供应分公司

息账套对应，检查单位物资的保管、盘点制度的严密性等，对监督检查过程中发现的物资管理内部控制中的薄弱环节，应当及时采取措施，加以纠正和完善。

(3)加强物资的回收复用，进一步提高物资的使用效率。为了最大限度地发挥存货的利用价值，减少浪费，降低投入成本，提高经济效益，提升经济运行质量，应当建立存货回收复用、修旧利废规章制度，加强物资的使用及回收修复使用管理。物资供应分公司成立了产品回收复用科，回收复用物资，年节约数亿元。

(4)加强企业文化建设，增强全员控制管理意识。企业员工通过物资管理系统账进行管理，但各个节点操作人员专业素质参差不齐，应加强企业人员专业知识培训，做到每个不兼容岗位人员的熟练操作。

二、物资管理内部控制

(一)岗位的分工与授权

由于物资管理系统上线以来，更加明确规范了职责分工、权限范围和审批程序，机构设备和人员配备更科学、合理。企业应当建立物资管理业务的岗位责任制，明确内部机关部门和岗位的职责、权限，确保办理物资管理业务的不兼容岗位相互分离、制约和监督。

(二)物资的采购控制

实行全面预算，加强预算管控。企业的各部门根据各矿站的耗用计划，制订采购预算，通过每月底计划会平衡，通过物资信息网上报计划，各专业科室根据计划下采购订单。首先，要考虑存货品种的控制，应根据各矿站计划、物资需求预测等，分析和制定物资的品种决策，考虑企业自身条件和外部环境的影响，决定物资的品种和规格，并考虑是否有相应的替代品，以满足紧急时的需要。其次，要确定物资的数量结构。一定数量的储备是必要的，要用最经济的办法实现合理储存。企业应根据生产经营活动的特点，通过分析内部和外部诸多因素来确定存货储备定额水平的高低。采购计划必须报最高管理层审核批准后实施，任何人未经授权不得擅自批准。

(三)加大物资验收与保管控制

企业应建立验收和保管环节的管理制度，应当建立严格的审批制度。对于运抵的货物，仓库工作人员应根据交货单的内容和既定的验收制度等对物品的品种、规格、数量、质量、到货时间和其他相关内容进行检查验收，特别是货物的质量是否达到相关标准。验收时必须严格，并认真填具验收报告。对于不符合要求的，及时报告有关部门和人员，并查明原因，及时进行退货、违约等处理。符合要求的予以入库，填制多联入库单据。仓库保管部门根据验收单验收的存货，填制入库单，登记存货台账，将发票、运单连同材料单送回采购部门。对于存放于仓库中的物品，首先应建立清楚完整的台账和物卡，对存货进行详细的记录，有专人负责，并通过保管责任考核其业绩。仓库保管人员必须严格按照仓储规章制度执行作业，维护好存货的质量、安全和完好。

(四)物资的出库控制

仓库保管人员应依据经过审核的领料单(表式统一，由各领用物料部门根据生产经营情况填制)进行发料。对于不符合要求的不予发料。对于超额或计划外的领料，应有经过相关部门和领导的审批。发料时,应办妥出库手续,进行相关的会计记录,并做到准确、迅速、及时发料,不影响生产经营。

(五)盘点清查环节控制

为加强存货管理,有效避免存货积压或短缺给企业造成损失,保证存货的账账、账实相符,发现差异,及时查找原因,分清责任,达到盘存控制的目的。企业要定期或不定期地安排专人对存货的库存情况进行清查盘点,编制盘点报告,并针对发现的问题进行调查处理。

内部控制结构是人制定的,也是由人完成的。它为企业提供了自律架构,能树立员工的控制意识和企业的文化氛围。企业的诚信原则、道德价值观、员工的素质、企业文化等对内部控制结构的效果有重要影响,所以应从根本上和思想上强化资产的内部控制,培养、提高节约使用资产的意识,以达到最理想的内部控制效果。

三、物资信息系统存在的问题及解决措施

(一)物资信息系统存在的问题

物资信息系统环境下材料成本管理及核算过程中还存在不尽完善的地方。

1. 网速有待提高,操作程序有待简化

新的信息系统的升级上线为全公司整体运营提供了有力的管理支持,但物资供应公司基层站点分布广,个别站例如平禹仓储中心、十三矿供应站、梨园供应站等地处偏远,目前在业务繁忙时段网速有待提高。另外,操作人员集训起来比较困难,各站点沟通或联系不方便,加之单据比较多,审批手续繁复,审批程序有待优化。

2. 人员素质有待提高

各操作节点的人员专业素质参差不齐,出现误操作或确认不及时或者重复操作,信息系统中缺乏警示节点,最终问题集中反映到财务部门,造成财务数据不能及时取得,甚至出现数据重复,因涉及部门比较多协调起来也比较困难。

3. 计划价调整跟不上市场变化速度

对于市场价格变动较快的品种,虽然每年价格调整相对频繁,但因调价审批需要过程和时间,所以调价速度依然跟不上市场价变动速度,往往滞后,造成价格偏离较严重,容易造成物资使用部门的误解,同时不利于成本分析。

4. 成本计算不够精准

传统的材料成本差异计算在月末仓库结账后进行人工计算,经集团相关部门核批后于次月返还各使用单位,且因受次月领料额、税务部门对专用发票折扣额等条件的限制,当月材料成本差异只能次月返还,不能反映当月最真实的材料成本。

(二)解决措施

要充分利用信息化的手段提升财务管理水平,把信息化作为财务数据分析和成本核算的支撑平台,首先应加强各环节系统操作员的业务素质培训。同时,在考虑财务核算需求和企业内部控制点的基础上完善系统的相应节点应有的功能,优化业务流程,促进结算、查询快捷化和精准度,做到物资管理系统查询平台能为企业管理提供全方位的服务。

(1)向系统开发商提供尚未设置的切合实际的财务需求,以优化、完善、扩充原系统功能,增加系统的业务处理能力,实现物流系统和财务系统数据的无缝链接,最大限度地实现数据共享,提高财务成本分析效率。

(2)在系统内增加稽核控制节点,跟踪系统内物资流转的全过程,督促同一业务异地操作同步进行,保证系统内实物库存与账面库存的一致性。

(3)充分利用物资系统数据处理快捷优势,按单个物资计算价差率,并于当月计算返还各使用单位材料成本差异,尽可能保证材料成本计算的精确度,为决策分析提供最为可靠的数据。

在经济形势持续低迷的情况下,继续实行集团下发吨煤材料成本指标,健全、有效、合理的物资管理控制是企业健康发展的重要保证。企业物资管理控制,首先要建立与健全内部牵制制度;其次要加强企业文化建设,增强全员存货控制意识。从根本上和思想上强化存货等资产的内部控制。合理节约材料成本,提高企业利润,使企业持续健康发展。

议全面提升的信息化系统对会计工作的推动

孙瑞红

在大型企业集团下，随着物资品种的增多，材料管理与核算的精确性与准确性将成为一个难题，本文结合自己单位实际情况分析了全面提升的信息化系统对会计工作的推动。

一、全面提升信息化系统是物资管理和会计工作的需要

（一）集团业务壮大的需要

随着中国平煤神马能源化工集团的扩张和集团内部物资供应制度的改革，按照集团公司集中采购、统一管理的要求，物资供应分公司作为集团的一个职能部门，主要承担集团所有矿区生产、安全所需物资的采购、管理、供应业务。物资供应分公司横向将实现及时收集涉及各供应商以及市场有关信息，纵向将实现及时传递各矿（厂）的物资动态信息，使集团的各业务部门实现资源共享和业务流程系统的效益最大化，为管理人员和各级领导分析、判断、决策提供科学依据。可见，没有高效系统的信息化管理显然是不能适应目前形势的。

（二）物资管理的需要

中国平煤神马能源化工集团是一个大型的企业集团，物资供应分公司承担着集团下属二三十个生产矿、公司以及基建单位的物资供应，物资分为十八大类、几千个品种、上万个规格。目前的管理体制显然对生产经营活动所需的各种物资计划、采购、库存地点、库存量等情况不能做到很好地掌握，需要有一套完整的系统，对从计划、请购、审批、进货、仓储、销售、配送等一系列流程进行全盘管理与控制。

（三）会计工作的需要

以前，会计人员核对材料验收入库与出库单据全靠手工进行，没有任何便捷的途径可走。每到月末，会计把手中采购验单与验收入库单一一核对，由于物资采购量大、品种多，至少需要1天时间，有时还会出现丢单子的现象，销售单子也是如此，光核对单据就需要两天甚至更多时间，给财务工作带来极大不便，增加了财务人员的工作量，使财务人员无法从单纯核算中解脱出来，更无法实现由核算向财务管理与监督功能的转变。

（四）价差摊销与返还的需要

物资供应分公司作为一个物资统一采购部门，每到月末，需要按将计划价核算的材料成本差异返还给集团其他分公司与子公司，因物资品种多，无法实现价差的单品种规格核算，只能按部门计算出一个综合价差率，领用任何材料都乘以这个综合价差率，使得领用

作者单位：中国平煤神马集团物资公司财务科

单位的材料不能真实地反映出实际价格，从而影响生产矿的吨煤成本，特别是个别材料成本涨价、降价迅速，市场价格与计划价格严重背离、计划价不能随意频繁调整的情况下显得更为突出。这就需要一套完整的物资信息管理系统来自动实现价差的一一对应。

二、全面提升的信息化系统的内涵

全面提升的信息化系统是用友公司结合中国平煤神马能源化工集团和物资供应分公司的具体情况推出的一款高端信息化产品，主要是把物资管理与会计工作结合起来，把物资管理的各个环节（计划、审批、合同、采购、验收、保管、批料、配送等）有效地在一个完整的系统中实现链接，把会计工作的核算、查账、分析等运作得简便快捷。

三、全面提升的信息化系统在物资管理和会计工作中的具体实施

为保证项目的顺利实施及使项目风险降低到最小的程度，根据目前中国平煤神马能源化工集团和物资供应分公司的业务现状及管理特点，应用深度也是由浅到深、先固化后优化、先流畅后控制。先在试点单位进行项目各模块的实施方案测试，并在实施过程中测试方案、培养物资供应分公司各专业科室驻矿站优秀信息管理人员，待试点单位实施测试成功后，再推广到物资供应分公司所有专业科室、仓储、质检、配送和全部驻矿站进行全面实施。以下介绍几个主要模块。

（一）供应商的管理模块

根据物资供应分公司现行采购业务流程与关键需求分析，考虑物资信息化系统应用，规划供应商管理的主要内容包括：供应商基础信息动态管理、采购业务执行监控、供应商选择、供应商历史交易信息查询与统计分析、供应商评估、供应商分类、供应商档案管理、供应商供应存货关系维护、新引进供应商管理、供应商业务冻结和解冻等。

（二）采购合同管理模块

采购合同管理模块主要包括：采购合同类型设置、采购合同版本规范、采购合同审批管理、采购合同执行与执行情况统计分析。

信息化系统应用后，采购合同审批主要有两种方式：全面网上采购合同审批和纸文档的采购合同签批，签批通过的采购合同要录入信息化系统中进行后续管理。采购合同是采购业务的必要环节，信息化系统要随时能对采购合同进行查询和对合同执行情况进行统计分析。

（三）采购业务模块

专业科室采购员根据采购计划生成采购订单，订单选择供应商、厂家、产品数量、价格、到货地点、到货仓库。专业科室采购员对采购订单进行审核。到货后，质检部根据采购订单生成到货单，并录入合格数量、证书类型、证书号，并审核到货单，打印出到货明细交仓库保管员。仓库保管员根据到货明细对实物验收入库，在信息化系统中对采购入库单录入实收数量，并对单据进行签字确认。

专业科室采购员对当月的消耗进行汇总。专业科室采购员根据当月消耗汇总通知供应商开具发票，并在信息化系统中录入采购发票，在单据上录入发票号、发票价格、金额，并审核采购发票。采购员持采购发票及消耗数据到财务报账，材料会计根据发票号在系

统中审核应付单,生成总账凭证。月末,专业科室对当月已消耗而发票未到的部分物资进行暂估。材料会计对暂估采购入库单生成总账凭证。

(四)批料与托收模块

供应单位向供应站移库由专业科室批料员根据查询出的计划在内部交易中增加调拨订单;调拨订单保存后进行审核操作生成含应发数量额度调拨出库单,专业科室打印出调拨订单,并交与批料人员,驻矿站批料人员凭打印出的调拨订单到仓库进行领料。仓库保管员根据调拨订单号在库存管理查询出对应调拨出库单,进行修改后填写实发数量及供应商,并对出库单进行签字打印。驻矿供应站保管员收到货后,查询调拨出库单单据号,生成调拨入库单,填写实收数量后签字确认。

驻矿站批料业务由驻矿供应站批料员在销售管理中增加销售订单,销售订单保存后进行审核操作生成含采购公司的调拨订单和调拨出库单,驻矿供应站批料员打印出销售订单并交与批料人员。驻矿供应站批料人员凭打印出的销售订单到仓库进行领料。驻矿供应站仓库保管员根据销售订单号查询出对应销售出库单,进行修改后填写实发数量及供应商,并对出库单进行签字打印。驻矿供应站稽核员根据销售出库单生成销售发票,审核销售发票后生成应收单形成托收。

(五)存货核算模块

存货的核算是企业会计核算的一项重要内容,正确计算存货购入成本和发出成本,促使企业努力降低存货成本;反映和监督存货资金的占用情况,促进企业提高存货的使用效果。

物资供应分公司存货的收发主要通过采购系统、库存系统、销售系统、内部交易系统进行业务处理,经过相关签字、结算等操作自动生成存货相应的单据。信息化系统要具备存货调整、退料及存货入出库成本计算,以及所有存货核算单据经过成本计算后,自动传递会计平台生成会计凭证的功能。

(六)计划价调整模块

计划价调整单用来调整存货的计划价,在存货系统中填制。计划价调整单在成本计算时,会影响物料生产档案上对应存货的计划价,同时会影响结存计划金额和结存差异。

(七)价差分摊模块

月末,机器存货核算系统将自动计算材料成本差异率,并依此差异率自动生成当月的销售材料差异结转单,根据领料单位领用的品种、规格将价差分摊到各领料单位,合理地进行价差摊销与返还。

四、全面提升的信息化系统的实施效果

从2011年12月在物资管理和会计工作中全面提升信息化系统开始到2013年11月,已经运行了2年,通过这2年的运行,物资管理和财务核算等各项工作都取得了显著的成效。

(一)全面提升的信息化系统实现了数据资源共享

使物资按标准的物资采购流程运行,从生产矿编制月度计划、集团领导会议审批、专业科室组织购料、仓库验收入库、驻矿站申请批料、配送中心配送货物等全过程的上机运

行,随时可以查到物资供应工作进行到哪个步骤了。每个步骤都有不同的人员审批和签字,这样形成了相互监督、相互管控的管理模式,如果一个部门出了问题,其他部门都能及时发现,避免了徇私舞弊现象的发生。各相关科室领导也可以随时查阅工作的进展。哪个环节停滞了,可以通过平台发布消息的方式通知相关部门及时办理业务,使工作衔接有序。

(二)全面提升的信息化系统有利于仓库精细化管理

通过信息化系统,可以随时查到各种物资的库存情况、进货日期、存放地点、进货价格、计划价格等相关信息,可以随时统计出哪种库存物资到了最低库存点(也就是再进货点)。各种物资的进货都需要根据生产矿的计划进行,避免了盲目采购,造成存货积压,减少了存货资金占用。

(三)全面提升的信息化系统节省了库存物资的盘点时间

库存物资的盘点工作以前一直是物资供应分公司的一项繁重耗时的工作,工作的特点决定了盘点的不经常性,一般都是在年终进行。全面提升的信息化系统运行以后,可以做到随时盘点、抽查盘点、全面盘点,仓库保管员打出库存物资明细账,按照上面显示的库存地点随时对自己保管的物资库存情况进行盘点,时刻做到心中有本明白账。

(四)全面提升的信息化系统把会计人员从繁重的工作中解放出来

物资系统信息化后,验收入库可直接在电脑中查出,入库了保管员就在上面签字,不签字的单据就打印不出来,这样既不会出现遗漏,也不会出现重复。

(五)全面提升的信息化系统完善了材料成本差异的计算与返还

物资系统信息化后,材料成本差异按单个产品规格单独计算价差率、单独结转,使各单位领的材料按实际价格进行了转移。

(六)全面提升的信息化系统实现了会计人员从核算向财务管理和监督职能的转变

以前,会计人员被大量的会计基础核算工作束缚着,没有时间站到更高角度上进行财务管理分析和监督,物资系统信息化为会计人员节约了不少时间,使得会计人员更加注重财务管理、财务数据分析,实现了对基层财务工作的监督,提高了会计人员的业务水平。

煤炭企业财务管理信息化问题研究

张 媛

煤炭企业作为我国国民经济中的支柱产业,在社会发展中发挥着至关重要的作用。然而,煤炭企业是传统企业,其传统的企业管理模式早已无法满足市场与企业的需要,并且其传统的财务核算也已经不能适应煤炭行业新形势发展的需要。煤炭企业实行财务管理信息化能够有效将信息技术运用在财务管理工作中,加强财务信息之间的传递。但是在现阶段,煤炭企业的财务管理信息化过程中还存在着一些问题,需要从多层次、多方位进行探讨和研究,从而提高煤炭企业的财务管理信息化水平。

一、财务管理信息化的概念

财务管理信息化就是将信息技术引入到传统财务管理中,将技术与管理充分结合,企业的管理思想、管理方法、组织机构、运营流程等也将随之改变,同时对人才的管理与开发提出新的更高的要求。

二、煤炭企业建设财务管理信息化的重要意义

(一)财务管理信息化提高了企业财务管理的效率

财务管理信息化是以信息技术为基础而建立起来的,它具备了整合企业财务信息、提供企业运营相关有效信息的功能。将财务信息化建成以后,会简化财务工作人员的工作环节,减少财务工作人员的工作强度。另外,财务管理信息化建成以后,将会提高财务工作效率,并使财务工作逐步走向程序化和系统化。这样就解决了常在财务工作中出现的记账不规范、不准确问题,提升了成本核算的精准性。

总之,财务管理信息化建成以后,不仅可以提升财务工作的质量、效率,还推动财务工作逐渐变得规范化、标准化和制度化。

(二)提高信息共享程度,突破信息孤岛效应

通过集团化、网络化、一体化的现代化财务管理信息化系统建设,不仅能够完成共享财务信息资源,而且还能够及时提供动态的财务信息,从而为企业内部经营的决策奠定坚实的基础。同时,企业财务管理信息化建设也是打破信息孤岛,确保数据来源一致性的前提,是改善信息不对称、信息失真的技术保障。

(三)增强了财务的可监管性

通过采用一致的财务管理软件和先进的信息网络技术,可以随时随地对公司的资金流向与结算进行查询、调度、控制,从而能对公司的资金资源配置进行优化,减少资金沉淀,控制资金违规风险,提高资金规模运作效益。

作者单位:河南能化集团焦作煤业集团有限责任公司中央医院

三、煤炭企业财务信息化中存在的问题

(一)财务管理观念陈旧

目前来看,我国财务管理的信息化进程得到了飞速的发展,然而部分煤炭企业出现了财务管理模式相对落后的问题。由于我国的煤炭企业多年来一直受到传统财务管理理念的约束,所以很多煤炭企业的子公司一直沿用口头汇报或者上报财务报表的方式来反映公司的财务状况和经营情况。事实上,会计核算方法、领导者的集权程度以及不规范等因素容易对财务报表的编制造成影响,因此企业内部很容易会出现财务监控不严、财务管理混乱以及会计信息失真等现象。另外,传统财务管理理念效率比较低,总公司并不能及时掌握子公司的经营情况以及财务状况,可以说,现代管理理念的缺乏逐渐弱化了财务管理的效用,阻碍了企业的持续发展。

(二)指标制定不统一,难以掌控预算

1. 预算管理制度的缺失

现代的预算管理缺乏一定的规范性以及相应的制度约束,大部分的企业财政部门只是简单地制定了预算管理,这就严重地制约了预算管理在预测、协调、控制以及激励等方面职能的发挥。

2. 财务管理监督机制的缺失

目前,煤炭企业下属分公司多采用独立核算方式,这容易导致总公司难以及时掌握下属分公司的财务资金流动情况。按照传统的财务管理监督办法,煤炭企业内部的核算标准并不统一,事前缺乏预算计划,事中缺乏实时监控,事后缺乏审计监督,这就不仅提高了资金监控的难度及成本,还影响着事后的监督效果,就可能导致总公司对下属分公司不能进行有效的控制。

3. 财务信息准确性不高

目前,企业财务管理普遍实现了一定程度的信息化,但原始财务数据的输入还是主要依靠人工,这易造成漏输、多输等问题,影响企业财务信息的准确性。考虑到分公司的财务核算相对独立,各自计算加工后才汇总到企业的总体财务数据库中,这一过程容易受到部门利益或者内部控制等因素的影响,所以会计核算的准确性与真实性会有一定的出处。

(三)有效的财务集中管理模式还没有形成

在企业管理中,集权和分权两者的关系一直处于对立统一状态。从国外大型集团企业的优秀管理经验来看,事权可以分散,财权必须集中。大多数煤炭企业的职能部门是分散的,因此部门之间相互缺乏信息联系和数据集成,各部门之间的信息相互脱节,原本连贯的业务被人为地分割成多个环节。

现在传统管理模式逐渐被淘汰,但是新的管理模式还没有完全建立起来,因此总公司与下属公司之间对集权与分权的认识尚没有达到统一的认识,以前煤炭企业采用的分权管理模式已经达不到现代煤炭企业扁平化集中管理的要求。由于部分企业内部没有组建高度集中的资金管理指挥系统,没有统一的信息平台,也没有统一规范的财务资金调控制度,直接导致信息传输的拥堵。换一个角度来思考,如果财务数据、资金结算等方面集中不起来,这将会导致企业的决策者不能够及时、准确、全面地掌握企业的生产运行情况,同

时也没法做好监督工作。

四、完善煤炭企业财务信息化的对策建议

（一）单位应加强财务人员的培训力度

企业可以适度加强对财务工作者的相关培训力度，从而提高财务工作者对财务管理信息化的认识水平。企业中的大部分财务工作人员已经在传统会计工作的影响下形成了惯性思维，而新的财务管理信息化系统要改变传统会计的工作思路，而且信息技术的融入从本质上改善了其原有的工作形式与内容。因此，对财务工作人员的培训力度的加强，可以提高财务工作人员的认识水平，增强财务工作人员对新系统的接受与运用能力，从而才能充分展现新财务管理信息化系统的功效。

（二）完善企业的财务制度

财务制度还有很大的完善空间。公司应该根据财务管理信息化系统的要求和使用情况，从而修缮或重新编制财务制度。明确财务的控制权力和职责，同时对财务工作流程进行改善和优化，从而保证财务管理信息化的系统能够正常运作。为了充分发挥财务管理信息化的功能，需要从两方面着手进行改善。一方面，需要以企业的管理制度为基准，制订明确的处理预案，确立操作和管理人员的规范，并明细数据备份策略，使相关的管理过程变得标准化、规范化，从而充分发挥财务管理信息化的功能。另一方面，仍需不断完善企业的内部管理制度，尽量解决原有制度中各方面的问题，具体包括制度未落到实处、管理制度模棱两可以及与财务管理系统不相适应等，以发挥财务管理信息化系统的控制能力，从而持续改善企业财务管理信息化的建设。

（三）注重增强人才储备

煤炭企业的财务管理信息化的引进，能明显地提升企业各层财务人员的素质水平。财务管理信息化的建设要求其操作人员必须具备计算机基础知识以及一定的分析数据的能力，同时还需具备相应的管理知识。因此，企业要注重增强人才的储备，以确保煤炭企业财务管理信息化的建设与正常发挥。

五、结　语

综上所述，目前的煤炭企业处于一个非常时期，而财务管理作为煤炭企业管理的核心，因而备受企业的高度重视。面对建设财务管理信息化出现的问题，应该需要从多角度、多方面地完善财务制度的配套建设，加强员工培养，增强创新意识，从而完善煤炭企业的财务管理信息化建设，并发挥其作用，这样才能为煤炭企业带来更好的经济和社会效益。

循环经济下煤炭企业闲置物资信息化平台建设研究

熊丹丹

一、引　言

随着经济的快速发展和工业化水平的不断提高,随之而来的环境问题也越来越突出。煤炭企业遇到了前所未有的发展压力,如何循环发展,降低企业成本,成为我们迫切需要解决的问题。对于煤炭企业来说,每年的矿用物资采购金额都高达十几亿,近年来,随着各类矿用机械设备的技术升级与更新换代,相继产生了部分闲置、淘汰的设备,一些设备尚未超出折旧期,存在调剂利用与修复利用的可能,如果采取统一集中报废处置,则会导致固定资产的流失与采购成本的增加。因此,对企业闲置物资的循环再利用迫在眉睫。随着信息化、网络化的发展,笔者通过对义煤物资需用及采购的分析,认为利用闲置物资的信息化平台可以加强企业闲置物资的再循环利用。

二、闲置物资信息化平台概述

(一)闲置物资信息化平台的特点

目前,大部分煤炭企业都开展了闲置物资调剂,但仅仅局限于企业内部,没有扩展到企业与企业之间。现在也有一些闲置物资调剂的平台,例如一些网站和专门的闲置物资调剂公司。这些虽有其优势,能取得一些效果,但其局限性也很大:一是各自为政,闲置物资资源不能充分共享,调剂的范围和力度都不够宽;二是调剂信息不能及时获得,缺乏一个透明的平台,信息的传递速度慢,覆盖的企业范围少。

鉴于目前闲置物资调剂的现状,笔者认为急需搭建一个煤炭企业的闲置物资调剂平台。此平台可借助电子商务,与现在闲置物资调剂的方式相比有以下特点:

(1)速度快。建立闲置物资调剂平台,可以借助电子商务的方式,实现闲置物资的实时信息化。通过此平台,可以随时查看各单位闲置物资的数量、使用状态、所处位置等信息。

(2)范围广。平台可以对有意向参与闲置物资的企业开放接口,采取多种方式进行经营,吸引更多的企业入驻,这样闲置物资的数量、范围都可以扩大,各个煤炭企业可根据实际需要选取物资进行调剂利用。

(二)建立闲置物资信息化平台的必要性

闲置物资的大量存在阻碍了企业生产经营活动的有效开展。一方面,闲置物资挤占

作者单位:河南大有能源股份有限公司物资采购中心

库存容量,增加仓储和管理成本,导致企业管理效率低下;另一方面,闲置物资降低企业资源的利用效率,导致企业出现重复采购,浪费现象严重,造成企业的经济损失和相关环境成本支出。通过建立闲置物资信息化平台,煤炭企业积极开展闲置物资的再利用,挖掘闲置物资的潜力,对企业各部门、各生产项目的闲置物资加以系统整合,充分发挥闲置物资的用途,可以盘活企业闲置库存,降低采购成本,节约能耗,减少污染物产生。

三、闲置物资信息化平台的建立

(一)建立手段

可以借助电子商务平台,例如像阿里巴巴、京东商城等网站类的方式,争取政府资金支持,也可以联合省内,甚至全国的煤炭企业共同参与。对于建立后的平台,前期可以鼓励各煤炭企业免费入驻,为进驻企业开放平台接口,以吸引更多的企业和闲置物资。通过此平台,可以实现闲置物资的实时信息化,加强企业与企业之间,单位与单位之间乃至于个人与个人之间的交流。

鉴于煤炭类企业闲置物资大致雷同,可以采用全面化的平台,将各种制式设备一一陈列在平台上,标注数量,比如某常用设备如果没有企业或者单位闲置,该设备的数目可以设置为0,一旦有企业该设备处于闲置状态,可以及时上传,将设备数目进行变更,无需再为该设备进行设备系统的具体描述过程,简单易行,而对应企业平台接口的管理员只需要了解设备的运行状况,无需对网络知识特别了解。

对于那些已经经过验证确定为属于可以循环利用的物资,从采购时候就可以上传物资数据,并且标明可能闲置的时间段,当同一种物资的闲置可能性达到一定数量的时候,其他需要该物资的企业就可以确定自己在未来需要该物资的时间段内能否取得到该物资的使用权,这样对于未来情况的一种直观可靠的判断,将会极大地有利于企业的投资预算和采购计划,同时对于提供闲置物资的企业来讲,也可以加快物资周转和资金利用效率。

(二)支付方式

对于闲置物资的交易方式,可以采用多样化的支付方式,比如购买、租赁、等价交换等多种模式,简单来讲,只要双方愿意,可以采用任何双方可以接受的支付方式。比如,有些设备可能只有在企业建设的某个时期使用,以后可能就很少用甚至不用,但是购置费用却很高。此时根据信息化平台,就可以直接提前预知其他企业该设备的闲置情况或在自己需要使用的时间段内的闲置情况以便进行租赁,这样就可以极大程度地减少固定资产投资预算。对于中小企业而言,这样的物资交流平台可能会起到更大的作用,私营企业由于资金主体远不如国企,在很多耗费资金的设备采购上可能会出现瓶颈,此时就可以通过这样的信息平台通过一定时期的设备租赁来使用该设备,既能增加效率,又能够减少资金投入。

(三)风险防范

建立闲置物资调剂平台可以极大地方便各企业,降低采购资金。同时,这样的闲置物资调剂平台对于设备的可使用性以及可靠性依赖程度也就相当高,必须要求所有参与企业确保闲置物资的可利用性,并准确判断其折旧程度和生产效率,因此每一笔交易的产生都可能会伴随着产品实际使用状况与描述状况不实的风险,因此要对该风险建立惩罚机制，当然这里不是本文需要讨论的重点，只是要强调无论对于平台自身或者供需单位都应该正视这样的可能性。

（四）附属功能

附属功能其实是闲置物资调剂平台的一个扩展功能，但不可或缺。闲置物资平台如果想要凝聚人气，加强关注度和利用效率，有了这样的一个个人交换的衍生功能，就能够加强平台活力，毕竟闲置物资的交换量和周转速度都是不稳定的，极有可能长时间无人关注；而对于一个煤炭企业来讲，有了人与人之间交流的平台，可以促进人工交流和私人闲置物资的利用，也能够让更多人了解到煤炭企业的闲置物资，人多了，信息也就更广泛，闲置物资的利用效率自然也会更高。这样的附属功能对于主平台——闲置物资交流平台有很大的促进作用，毕竟对于企业而言，一笔闲置物资的交易金额都不容忽视。

（五）平台维护

平台的建设仅仅是一个网站，对于有意向参与闲置物资的企业开放接口，以便于维护更新，而仓储、物流等环节均由各个企业独自承担，因此平台只需少量的维护人员以及客服人员就可以维持运行，远远比各个企业建立闲置物资调剂站要简单易行。对于企业内部的信息化平台同样如此，而行业大平台的建立，可以利用网页广告、咨询服务、中介等服务模式获得相应收益，以维持运行。

对于闲置物资的信息化管理尚且还有很多需要完善的地方，这里所陈述的仅仅是一种设想，其信息化平台的主要功能在于在企业投资预算之前了解其他单位或者企业的物资闲置状况，根据自身状况制订合理化方案，尽量利用闲置物资进行生产和使用，既能提高物资利用效率，又能获得经济收益。

四、结　论

闲置物资信息化平台既能最大化地发挥物资的作用，又能有效地满足部分生产单位的物资需求。不仅煤炭企业，各种类型的企业都应该认识到闲置物资在企业成本中的经济效益和环境效益，积极探索闲置物资管理和利用的方法，以循环经济理念为指导，逐步建立起规范、有效的闲置物资信息化平台，并将其融入到生产经营过程中。

第五篇 审计工作

经济责任审计的风险防范及控制

贾 珍

经济责任审计是指对企事业单位的法定代表人或经营承包人在任期内或承包期内应负的经济责任的履行情况所进行的审计。经济责任审计的主要目的是分清经济责任人任职期间在本部门、本单位经济活动中应当负有的责任，为组织人事部门和纪检监察机关和其他有关部门考核使用干部或者兑现承包合同等提供参考依据。

开展经济责任审计，是加强干部监督工作的一个重要环节，是从源头和机制上治理腐败，促进领导干部廉洁勤政的一项重要举措。经济责任审计有其特殊性，它的对象不是单位，而是人，用李金华审计长的话来说：经济审计就是财政、财务收支审计的人格化。因而，审计的责任和难度风险很大，所以我们要做到有效地防范和降低经济责任审计风险。

一、经济责任审计风险及其成因

经济责任审计风险是审计机关及其审计人员在履行经济责任审计监督法定职责的过程中，因对特定审计事项发表不恰当审计意见和评价意见而承担责任或损失的可能性。

(1)审计人员综合素质不够高所形成的内在审计风险。一是审计队伍知识结构不合理。复合型人才的缺乏难以适应新形势的要求。二是审计人员专业能力有限。审计人员采用何种审计方法，收集多少审计证据，做出哪种审计评价，提出怎样的意见，很大程度上依赖于审计人员的专业判断，取决于审计人员的经验和能力。

(2)经济责任界定难度大，不易量化，缺乏统一的评价标准和办法。在经济责任审计中需要界定现任责任与前任责任、主管责任和直接责任、集体责任和个人责任、主观责任和客观责任、错误和舞弊等。责任的不明加大了审计风险。开展经济责任审计的一个前提条件，是领导人必须有事先预定的、明确的经济责任。若没有明确的职责与目标也就不能确认其应负的责任。在经济责任审计中往往还会涉及一些不可量化的非经济责任的内容，如领导水平、管理能力等，审计人员只能根据短时间内的审计调查作出自己的判断。

(3)被审单位提供的资料不真实导致的审计风险。经济责任审计更注重量化指标，

作者单位：河南能源化工集团永煤公司审计监察部

审计评价在很多情况下是靠数据说话的。会计资料的不全面,特别是被审单位在审计过程中阻挠、干扰审计工作,提供虚假、不真实、不全面的审计资料,审计人员稍有疏忽,就会对应审项目的资产、负债、损益的不实情况揭露不了,反映不出事物本来的面目,从而造成审计认定不全面、不客观,出具了不真实的审计结论,留下了审计风险隐患。

(4)目前经济责任审计往往是事后监督,特别是离任经济责任审计更多的是实行“先离任后审计”,使审计失去了时效性。审计时间上的滞后导致审计结论的滞后,滞后的审计结果对于组织人事部门来讲失去了其应有的作用和价值,形成的损失职责不清,无法追究。这样,审计结果的价值同样也制约了审计监督职能效果的发挥,更会影响审计的权威性。

(5)经济责任审计往往面临时间跨度大、任务重、时间紧、力量有限等问题,需在有限时间下完成审计任务,客观上必然影响审计的深度和质量。同时,由于被审计人任职期限较长,期间国家经济政策、市场环境、财务制度等均会发生变化,失察的可能性也随之增大,由此在评价上发生偏差的概率也相应增加。

(6)相关法律法规不够健全,增加了审计评价难度,形成审计风险。法制建设仍相对滞后,致使审计过程中遇到的一些新情况、新问题难以用现行法律来评价认定。另外,一些地方性或行业性的规定又有与国家法律法规不相一致的地方。经济责任审计一般期限跨度较长,这期间相关法律法规可能会有变化,也为选择适当的法律法规进行审计评价增加了难度。

二、控制离任经济责任风险的对策

(1)提高审计人员综合素质,公正客观地进行审计评价。离任审计内容复杂,责任较大。审计时,必须选派业务能力较强、作风正派的审计人员组成审计组,要制订好审计工作方案,严把审计质量关,审计报告必须要客观公正、实事求是,充分考虑客观因素,认真听取离任者的意见,把责任的性质分析清楚,防止片面性。尤其要考虑离任者在接任时该单位的具体情况,认真研究,划清范围,明确责任,评价必须客观公正。

(2)推行双向承诺制度,防范和规避审计风险。推行审计承诺制的目的是明确责任,提高审计工作质量,规避审计风险。一方面,被审计单位要对其提供的会计资料、合同文书、财产盘点记录和债权债务认定书等资料的真实性向审计组作出承诺,审计组只对其作出承诺的会计资料进行审查,发表审计意见,对于因被审单位提供虚假承诺造成的后果由被审计单位负责;另一方面,审计小组要对其出具的审计报告的真实性、完整性向审计部门作出承诺,保证其不存在重大疏忽和遗漏。

(3)强化风险意识,更新和提高现行内部审计技术,确立以制度遵守性测试为基础的风险基础审计。内审人员要冲破传统审计的思路和方法的束缚,从思想上、观念上深入理解审计风险,在审计方法上引进目前最先进的以风险为导向的风险基础审计模式,以风险的分析与控制为出发点,以保证审计质量为前提,统筹运用符合性测试、实质性测试、分析性检查等方法,综合各种审计证据,以控制审计风险。

(4)建立健全经济责任审计的相关法规制度,审计评价指标体系,规避审计风险。建立健全经济责任审计相关法规制度,制定操作性强的具体实施办法,使其在审计内容、操作程序、方法体系、评价结果应用以及部门协调等方面有法可依、有章可循,提高经济责任审计的规范性。

(5)有效利用社会审计、内部审计的工作成果。经济责任审计中对财务收支真实性、合法性的评审应当充分利用社会审计的工作及结果,以提高效率、降低风险。

(6)进行审计公示。实行审计公示制度,这项制度是审计质量的重要环节,实行这项制度可以增强审计工作的透明度,将审计与群众监督有机结合起来,有利于完善自我监督约束机制。群众可以自觉参与到监督中来,向审计组织反映一些账面难以了解的情况,增强审计工作的针对性,提高审计工作的质量,减少审计失误,降低审计风险。

内部审计在公司治理中存在的问题及对策

张乐乐

当今社会，人们的视线开始转移到内部治理上来，使得公司治理和内部审计成为企业界乃至世界各国关注的焦点。内部审计的产生是企业发展的内在需要，现代公司治理要求公司要完善自身的内部控制系统，强化内部约束机制。

一、公司治理与内部审计的定义

公司治理是对公司进行管理和控制，协调公司内部不同利益相关者之间的利益和行为等一系列法规制度的统称，用以联结并规范财产所有者、受托者、代理人等权益人之间有关经营和权利的配置关系，是受托责任系统中的一种控制机制，其最终目的是确保受托责任系统的有效运行。

内部审计是一种独立、客观的确认和咨询活动，旨在增加价值和改善组织的运营。它通过应用系统的、规范的方法，评价并改善风险管理、控制和治理程序的效果，帮助组织实现其目标。

在这个内部审计的定义中我们不难看出，风险评估、控制确认已经构成了现代内部审计的主要活动，内部审计的范围已经延伸到了风险管理和公司治理当中。

二、内部审计在公司治理中的重要性及其作用

内部审计是企业风险管理的一个重要组成部分，同时也是公司治理的一个重要组成部分，内部审计在企业公司治理中所起到的作用表现在以下几个方面。

（一）客观、公正、全面的从事风险管理工作

设立内部审计组织机构最重要的原则是独立性和权威性。内部审计的相对独立性决定了在风险管理中既可以从战略层面对企业发展方向、发展战略、风险承受等组织实施审计工作，又可以从具体操作层面对下属企业的内部控制系统的有效性、风险管理工具的运用、风险识别、管理系统的构建和实施独立地进行第三方监督，从而为企业风险管理和评价提供独立视角。

（二）发挥控制职能，促进公司治理科学化

内部审计部门应该确保内控机制和制度有效贯彻执行，起到防范和化解风险的作用。并将控制职能始终贯穿于企业各个管理程序，随时随地对公司的经营活动、经营成果、风险管理等情况进行审计，及时发现内部控制运行中存在的漏洞和缺陷，提出相应的改进措施和建议，协助管理者进行科学决策，使企业的管理和经营朝着预定的目标发展，从而达到加强公司内部经营管理的目的，提高经济效益，使公司治理更加科学化。

作者单位：河南能源义煤公司常村煤矿企审科

(三)能够控制、指导企业的风险策略

现代内部审计部门多处于企业的董事会、审计委员会和总经理等领导下,内部审计人员能够充当企业长期风险策略与各种决策的协调人。通过长期计划与短期实现的调节,内部审计部门人员可以调控、指导企业的风险管理策略,能够对企业风险管控提出及时有效的意见和建议;能够通过具体的风险审计工作对本企业的风险管理工作提出预警;当风险发生后,还可以通过事后的分析,指出风险管控中的漏洞和改进建议,从而为风险的控制提出改进意见。

三、目前内部审计工作存在的问题

从国内公司治理结构与监督体系方面看,随着我国国企改革的推进及现代企业制度的逐步建立,国有企业治理结构日趋规范,但仍然存在一些缺陷。

(一)内部审计人员的专业技能和公司治理的要求差距很大

目前我国内部审计师专业技能、职业素质参差不齐,仅仅是对财务资料进行审核,缺乏与职业相适应的敏锐洞察力和判断力,缺乏现代管理知识。而后续教育培训工作未纳入制度化进行规范,不具有强制性,致使后续教育培训工作得不到应有的重视;从执业能力看,大多数内审人员受专业和审计经验限制,仅能从事财务收支审计,缺乏对企业经营活动全局的审计能力,熟悉计算机技术和法律专业知识并在审计中加以应用的能力更显不足。

(二)有关内部审计工作的法律法规不健全

国务院、审计署1985年、1992年、1995年就内部审计颁布了一系列的规定,但规定内部审计工作的制度体系仍不完善。现行的我国《公司法》和《审计法》中均未对内部审计做出具体的规定,审计署发布的《审计署关于内部审计工作的规定》对内部审计的目标、职能、内容和本质做了新的规定,但仍不具体,内部审计法律法规仍需完善。

(三)公司治理中内部审计机构缺乏独立性和权威性

一是内部审计机构定位不当。有些内部审计机构的设立,不是出于企业自身发展的需要,带有明显的外部要求和计划经济的痕迹,定位上存在偏差。

二是内部审计机构的归口管理不够规范。即使设置了内部审计机构、配备了审计人员,本质上还是从属于管理当局,其从事的还是经营结果的审核,而不是公司治理意义上的内部监控机构,造成了内部审计的独立性受到不同程度的影响,也使得内部审计的效率和效果参差不齐。

(四)内部审计方法技术落后

目前我国许多企业的内部审计技术手段和装备落后,大多数公司长期以来都是以查账手段为主进行审计,分析方法也是以财务分析为主,没有很好地把现代信息技术、管理评审技术、价值工程、经营分析等技术方法运用到审计实践中去,造成审计分析问题层次浅,系统性不强,难以很好地为公司经营管理提供有价值的成果,使得内部审计的功能远远没有发挥出来。

四、加强内部审计、完善公司治理的对策

目前,不少企业的内部审计基础薄弱,无法适应现代企业制度要求与公司治理的需

要。为使内部审计在公司治理中的作用得到真正的发挥,应从以下方面完善与发展内部审计。

(一)全面提高内部审计人员的素质和职业胜任力

内部审计人员不仅要通晓审计、会计工程建设等相关知识,还要熟悉企业管理、金融、经济法、计算机、税收等专业,在实践中培养敏锐的执业判断能力。同时,必须具备较高的职业道德水平,做到公正、客观、保密。企业也应加强对内部审计人员的后续考核,不断进行知识更新,增强内部审计竞争力,以适应现代企业内部审计的要求。

(二)不断加强和完善内部审计法制建设

制定出较为健全有效的内部审计规范体系,确保公司内部审计工作的正常开展及其作用的充分发挥。加快各级内部审计协会的组织建设与制度建设,建立健全我国内部审计的行业管理体制,对内部审计法规适时地进行修订、补充和完善,使内部审计工作有法可依,有章可循。

(三)建立健全内部管理保证体系

提高领导者对内部审计工作的认识是加强企业内部审计工作的重要保证。领导干部的思想要实现由"要我审"到"我要审"的转变,实现由被动接受审计到主动请审计人员审计的转变。另外,内部审计机构的人员配备要实行专职化,对从事内部审计工作的人员在实行严格准入制度的同时也要保持其稳定性,使内部审计机构成为企业管理机构中必不可少的一个组成部分。

五、结　语

随着内部审计作用的彰显,一些行业和部门越来越重视内部审计的作用,这就要求内部审计在经济工作中发挥其应有的作用,"经济越发展,审计越重要",通过加强内部审计的管理,来帮助企业加强公司治理机制,提高企业经济效益,为经济健康有序运行保驾护航。

参考文献

[1] 齐晓宁. 浅析公司治理视角下的内部审计[J]. 辽宁工学院学报,2006(3).

[2] 耿建新,宋常. 审计学[M]. 北京:中国人民大学出版社,2007.

[3] 徐国忠. 我国企业内部审计问题与对策[J]. 合作经济与科技,2009(11).

[4] 杨慧君. 试论我国内部审计独立性的缺失原因及应对措施[J]. 会计之友,2008(10).

浅谈企业内部会计控制存在的问题及改进措施

张永梅

内部会计控制是指企业为了保证会计信息的质量,保护资金的安全,促进企业战略目标的实现和确保有关法律法规的贯彻执行而实施的一系列措施与手段,是企业内部控制的重要组成部分,也是企业管理科学的重要内容之一。良好的内部会计控制也是正确处理企业的利益相关方关系,完善公司治理的重要保证。从我国的现状来看,在企业管理中系统地贯彻内部会计控制制度的时间较短,在实践中存在着许多问题,其原因如下。

一、企业内部会计控制目前存在的主要问题

(一)企业对内部会计控制缺乏足够的认识

目前,一些企业领导认为建立企业内部会计控制制度需要耗费大量的人力、物力和财力,而如此巨大的耗费所能带来的具体经济效益却很难确定,基于这一原因,使得企业领导对建立内部会计控制缺乏应有的积极性和主动性,也不够重视,致使企业财会人员也对内部会计控制产生漠视态度,弱化了企业内部会计控制。

(二)法人治理结构不规范

我国企业没有完全建立有效的法人治理机制,法人治理结构不健全。许多企业虽然形式上建立了法人治理结构,但很多公司的董事长和总经理都是由一人担任,董事担任监事。董事会成员大多由企业的经理人员担任,致使董事很难发挥监督作用。监事会成员也都是由总经理或董事长决定,使监事会也形同虚设,难以有效发挥其监督职能。作为被领导者去监督领导者,显然不符合监督者与被监督者分离的原则,造成了部分企业管理层独断专行、贪污腐败、弄虚作假的现象时有发生,致使会计信息严重失真。相互制衡的法人治理结构无法建立,使得企业内部会计控制成为空谈。

(三)内部会计控制体系不完善

目前,很多企业的内部会计控制存在着内容不完整、制度不完善、设计不合理等方面的问题。在对内部会计控制的认识上,很多人认为内部会计控制就是内部监督,没有将内部会计控制上升到企业整体管理的角度来考虑,还没有形成一个完整的内部会计控制系统,使得内部会计控制不能真正发挥其重要作用。有些企业的内部会计控制侧重于事中和事后控制,对经营风险和财务风险的事前预测和控制很少涉及,还有的企业在设计内部会计控制时没有结合企业自身特点,造成企业的内部会计控制不切实际,导致其偏离控制目标,丧失控制职能。

作者单位:河南能源义煤公司常村煤矿

（四）会计人员素质有待提高

一方面，有些会计人员专业知识水平有待提高，缺乏应有的辨别能力和分析判断能力，影响内部会计控制制度的实施；另一方面，有些会计人员虽具有足够的专业技术水平，但出于个人利益驱动无视会计职业道德，对违规行为视而不见，对发现的内部会计控制的漏洞没有主动提出建议对制度加以完善。会计人员的专业素养和道德素质无法满足投资者及企业发展的要求，制约了企业内部会计控制的建设，使得内部会计控制流于形式。另外，我国企业的会计机构和会计人员缺乏起码的独立性，董事长怎样说，会计人员就怎样办，无原则地顺从领导意图办事，从而使得内部会计控制失控在所难免。

二、改进内部会计控制的有效措施

（一）提高管理者对内部会计控制的认识

为了提高企业管理者对内部会计控制的重视程度，让企业从上到下都充分认识到内部会计控制的重要性，企业要加强培训工作，让企业领导者及普通员工都要了解内部会计控制的基本原理和具体作用，使得加强内部会计控制成为企业自觉的行动和切身的需要，从而为贯彻实施内部会计控制制度营造一个良好的氛围和内部环境。

（二）改善内部控制基础，规范法人治理结构

就内部会计控制而言，企业高层管理者既是会计控制的主体，也是会计控制的对象，高层管理者自身素质及对内部会计控制的态度对内部会计控制的实施起着关键性的作用。首先，要加强董事会在企业法人治理结构中的主导地位，突出其核心作用；其次，实行独立董事制度，引入外部的独立董事，对内部人员形成一定的监督和制约，最大限度地维护所有股东的权益；最后，明确董事会的内部分工，设立专门委员会。通过规范法人治理结构，可以从企业组织结构方面为完善内部会计控制的运行基础提供保证。

（三）强化企业内部控制，充分发挥内部审计的作用

规范有效的内部审计控制制度，对内部会计控制具有重要的监督作用和积极的促进作用，从制衡的角度来讲，内部审计的有效运行，可有效地避免和防止内部会计控制中所产生的如贪污、挪用、乱用职权等现象。加强内部审计控制，是提高内部会计控制的重要措施，是各类企业加强内部控制的核心力量。

（四）建立多层次的企业会计控制体系

规范的财务管理，是企业健康、稳定发展的重要平台和基础，也是内部控制体系建立中不可或缺的一个重要环节。企业在建立和实施有效的会计控制体系时，企业所有者和管理者应该关注以下方面。

1. 所有者对经营者的控制

所有者通过激励和约束来控制经营者，保障自身获取最大化的经营利润，经营者通过正确决策和有效经营履行受托经济责任，同时获得制度化约定的期望利益。

2. 财务总监具体行使会计控制的权利

财务总监由所有者委派，是所有者利益的维护者，并具体监督和指导企业会计控制过程。首先通过对企业会计部门和会计人员的领导和控制，掌握会计系统的运行，对企业重大的交易、资产变动等拥有审批权；其次通过主持定期及非定期的企业内外审计，及时发现企业经营和会计方面已经发生或潜在的问题并采取相应措施。

（五）加强制度建设，完善内部会计控制体系

企业应依据财政部《内部会计控制规范》要求，结合自身实际，建立、健全和完善适合企业自身特点的内部会计控制制度，实现各级控制主体会计及经济行为的规范化和有效化，以达到会计控制的目的。企业应根据自身的业务活动，实施不同的会计控制。比如应当建立货币资金业务的岗位责任制，确保办理货币资金业务的不相容岗位相互分离，对货币资金的收支和保管建立严格的授权批准程序，加强货币资金票据及有关印章的保管，确保货币资金的安全。

（六）加强会计队伍建设，提高财会人员综合素质

企业内部会计控制是对企业经营管理各个环节实施有效监控的制度，它大大超过了财务会计的知识领域，加强内部会计控制就必须要提高财会人员的业务水平和能力，不断加强学习、更新知识，提高业务操作技能，这样才能真正担当起内部会计控制的重任。同时，企业也应通过建立一个科学合理的培养、评价、选拔会计人才的竞争机制来调动财会人员的积极性，多形式、多渠道、多层次开展会计人员在职教育培训，加强会计职业道德教育和开展会计诚信建设，全面提高企业财会人员的综合素质。

随着市场经济全球化的发展，我国企业若想得到长远发展，会面临更加严峻的挑战，对经营管理者提出了更高的要求，建立健全企业内部控制制度已经势在必行，企业在推行内部控制的过程中，要不断提高认识，完善内部控制制度，建立符合企业特点和要求的内部会计控制制度，提高企业管理水平，实现企业价值的最大化。

参考文献

[1] 李连华. 内部控制理论结构[M]. 厦门：厦门大学出版社，2008.

[2] 李心合. 企业内部控制基本规范导读[M]. 大连：大连出版社，2008.

[3] 廖良林. 企业内部控制与风险管理关联性思考[J]. 贵州工业大学学报，2008(1).

[4] 熊萍. 企业内部财务控制状况探析[J]. 现代商贸工业，2012(2).

浅谈开展管理审计存在的问题与对策

张娟娟

一、目前开展管理审计存在的问题

管理审计是一个企业或组织为加强和提高效率与效益，而对整个企业和组织的总体管理实行的审计监督工作。结合我国改革开放多年来的实践，我们经历了财务审计、效益审计、专项资金审计、工程项目审计、经营审计、绩效审计等，发展的轨迹是从最初的审查账簿、查错纠弊等初级阶段，到目前开展的绩效审计、环境审计等管理审计阶段。在开展管理审计方面还存在以下问题。

(一)发展不平衡、总体上处于探索阶段

随着改革开放的逐步深入和社会主义市场经济的发展，管理审计的概念也逐步融入我国内部审计工作当中。尤其是在部分国有企业，随着改革的深化，产权制度的明晰，内部审计工作的范围也在逐渐扩展。管理审计投入少、收效大的特点，被一些管理先进的企业和东部沿海部分企业率先认识并运用。而国内大多数企业的内审还停留在财务审计相关方面。目前，即使开展绩效审计、管理审计较好的单位，也没有形成一整套系统、规范的审计方法，整体上处于一种探索阶段。随着市场经济的发展，一大批不同所有制的企业之间竞争日趋激烈，管理审计的重要性、优越性、低成本性以及增值作用将日益显现。

(二)没有引起管理层的高度重视

管理审计也和其他新生事物一样，其巨大优势需要一个不断推进的过程。现有审计机构开展内部审计只是在常规审计中徘徊，审计结果往往是长官意志的体现。企业管理层的重视程度在某种意义上决定审计工作的成效。只有大力开展管理审计的宣传示范和培训，提高企业管理层的认识，才能将管理审计逐步引入企业。管理审计的巨大优势只有取得管理层的共识，才能在国内企业取得长足发展。

(三)受机构、人员编制和人员素质的限制

如果说审计机构是开展审计工作的载体，那么，审计人员就是开展审计工作的基础。在当前的改革中，屡见一些相当规模的企业对内部审计机构的设置和审计人员使用上是“一砍二并三撤”，审计人员是减了又减。据调查，一些企业连正式内部审计机构都未设立，而是在纪委或政工部内设一个审计岗位。可想而知，一个审计员连常规审计都难开展，又如何开展全面的管理审计呢？以某集团公司为例，应设置内部审计机构的单位30多家，而实际设有内部审计机构的只有17家，只占应设审计机构的一半左右。审计人员的专业素质也达不到标准。我国《审计法》和最近国家审计署重新颁发的《中华人民共和国内部审计基本准则》强调指出：凡从事内部审计人员应具备必要的学识及业务能力，熟

作者单位：郑州煤炭工业(集团)工程技术研究院

悉本组织的经营活动和内控制度，并热心投身内部审计事业，遵守职业道德和专业胜任能力的人才能从事内部审计工作。管理审计要求内部审计人员具有较全面的企业管理知识，熟悉企业的管理规程和工艺过程，具有一定的生产、经营、会计、营销和市场等方面的知识，才能开展此项工作。现在大部分内审人员知识面比较单一，专业知识和综合素质还不适应开展管理审计工作的需要，从而限制了这一先进、科学的审计技术的推广应用。审计机构应配备会计师、审计师、工程师、经济师和信息工程师等业务素质较高的人员，才有可能真正做好企业内部审计工作，真正发挥审计在企业管理中至关重要的作用。因此，机构、人员和人员素质的限制又在某种程度上制约了管理审计工作在企业的全面开展。

二、开展管理审计的对策

（一）加强对管理审计的研究与推广

通过以上分析，管理审计是一项提高企业产品竞争能力的低成本的管理技术方法。在我国由世界制造大国向世界制造强国的转轨过程中，应大力开展对管理审计的研究，积极推广这一先进适用的科学管理“软件”。一是应由中国审计学会牵头，组织国内的专家学者深入研究管理审计的概念、管理审计的技术方法、管理审计的应用效果等，形成一批有说服力的研究成果，在全社会进行推广应用，以期取得广泛的社会效应。二是开展试点工作。在国内选择一部分国有、民营和股份制企业推行管理审计技术，借助国外先进的管理思想，积累经验，为在国内大规模推广应用奠定良好基础。相信只要是管理审计技术的应用能产生投入少、收效大的效果，一定能得到各类企业的积极响应。

（二）在机构、人员编制上给予“松绑”

人是世间最宝贵的资源，特别是高素质的内部审计人员更是开展管理审计工作的基础。针对目前国内企业现状，应采取以下措施：一是在机构改革上给予“松绑”。所有改制企业不得借改制之名，任意削减、撤并内部审计机构，各级各类组织或机构、企业应按照《审计署关于内部审计工作的规定》，必须依法设立内部审计机构，开展内部审计监督。企业的主要领导应站在历史发展的高度上，充分认识设立内部审计机构的必要性和重要性，把内审机构建设作为加强监督，减少损失浪费，提高企业综合管理能力和素质的必由之路。这也是企业发展壮大，低成本扩张的重要措施之一。二是要在人员编制上给予“松绑”。

要把配够配足内部审计人员提高到企业发展战略高度来认识。要挑选和向社会公开招聘具有会计、审计、经济、工程和信息技术的专业人员来充实内部审计队伍。在开展常规审计的基础上，逐步向管理审计过渡，以审计部门和审计人员的工作实绩，以给企业取得的巨大的增值服务来赢得管理层的认可，使内审机构成为企业管理层的高级参谋和决策助手。

（三）制定规划，积极探索，稳定发展

管理审计有着十分诱人的发展前景，是企业减少投入、增加效益的工具。一是要制定开展管理审计工作规划。将管理审计列入企业内部审计部门的中长期计划，从人员培训、试点经验到面上推广，要有一个完整的计划，推动这项工作的落实。二是要积极探索。要以务实的态度，以积极姿态探索开展管理审计。通过不断努力，探索出一条开展管理审计

的程序和方法,为面上推广打下基础。三是稳步发展。要在探索和取得成功经验的基础上,将成熟的管理审计技术与方法在所有企业推广,借以不断提高企业的创新能力,使管理审计产生的巨大经济效益和社会效益得到体现。通过管理创新、科技创新推动我国企业上规模、创效益,提高我国产品在国际上的竞争能力。

(四)加强审计队伍培训,提高开展管理审计的综合能力

一是抓内部审计骨干的培训。审计工作骨干是审计队伍的中坚力量,开展管理审计就必须抓骨干审计人员培训,使这部分人员首先掌握管理审计的"诀窍",使这一部分人员的头脑先"富"起来。中国内部审计协会和地方各级内部审计协会要把此项工作作为一项重要任务抓起来,先培训、后规范。为全面推广这一先进管理技术打好基础。

二是要把开展管理审计作为全面提高内部审计人员素质的手段。如果说审计工作质量的优劣全靠内部审计的综合水平,那么开展管理审计的成功与否,主要取决于内部审计人员的综合素质。在当前,要抓住全面与国际接轨的大好时机,积极引进国际内部审计师协会的成熟经验和制度,借以改进国内的企业和组织。要通过引进、推广国际上成熟的管理盲计"软件",促进国内企业管理素质和管理水平的全面提高。管理审计在企业开花之际,便是企业成功之时。

谈国有煤炭企业经济责任审计风险及防范

王燕春

随着煤炭企业经济责任审计不断发展和完善,经济责任审计的风险及防范显得越来越重要。因此,研究经济责任审计风险的成因,提出风险防范措施,对于进一步提高经济责任审计工作质量和地位以及维护企业的合法权益,都具有十分重要的意义。

一、经济责任审计风险产生的原因

(一)客观原因

1. 责任人任期长

长期以来,国有企业干部管理体制存在许多弊端,这集中体现在:煤炭企业领导干部“终身制”在短时间内还没有彻底打破,部分国有大中小煤炭企业在一定程度上还存在着计划经济时期的领导干部长期“守职”现象,这给经济责任审计带来许多不利因素。一是任职期超过会计资料保存时间,使审计对象失去了可靠性;二是企业业务责任者、执行者和参与者经常调换,致使审计咨询、验证和界分责任难度加大,导致了潜在的审计风险。

2. 审计活动实施的时间过晚

国有煤炭企业搞经济责任审计,有时发生“先离任,后审计”的现象,这不仅使审计失去实质意义,而且极易挫伤审计人员的积极性,进而造成经济责任审计走过场、流于形式。诸如升职离任、异地化离任和行业变换性离任往往会影响到审计工作质量的降低,其审计结果的可信度也大大降低,导致了审计风险。

3. 审计对象的复杂性和隐蔽性

一是在市场经济条件下,企业经营环境复杂、变化多样,不确定的因素会明显增加。随着经济责任审计的范围不断扩大,其审计判断日趋扩展而复杂,而经济责任审计则重于“经济责任”,致使审计人员失察和出现差错的可能性增加;二是由于被审计单位不积极配合或对经济责任审计满不在乎,提供的资料不真实或不全面,使审计人员无法了解和发现被审计单位的实际问题,从而做出错误或者不充分的判断和结论,导致了审计风险。

4. 缺乏统一的评价准则

审计准则是审计工作遵循的规范和尺度,是审计人员开展审计工作保证质量、指导审计行为、评价审计工作业绩的基础,对保证审计结果的正确性、树立审计的权威性具有重要作用。目前,我国尚未制定出台规范的、可操作的评价准则,在电子计算机信息系统方面,也未出台相关的审计准则。因此,在审计评价整个过程中,人为因素相对比较多,有时

作者单位:鹤煤公司审监委

可能出现一些不公正、不客观的审计评价，客观上影响了审计成果，导致了审计风险。

5. 受体制和各项政策的影响

一是少部分国有煤炭企业虽然形式上进行了公司制改革，建立了现代企业制度，成立了股东大会、董事会、监事会、经理班子等，甚至设立了纪委、审计监督部门，但实际上长官意志和家长式的领导作风依然存在，行政性干预比较严重，影响了审计监督职能的正常运行；二是法定代表人与集体领导责任不易区分。比如：企业内部一些决策可能是经过领导班子集体研究所决定的，法定代表人只不过是履行签字手续，这种情况显然加大了审计人员对个人和集体责任确认的难度。因此，导致了潜在的审计风险。

（二）主观原因

1. 审计人员专业知识、人员配置的有限性

当前，有些审计人员由于工作经验与能力不足，造成对业务不精通或基本不精通，加之审计配置不合理，对重大违法乱纪问题未能发现，或者发现了问题，使用审计方法、程序不正确，导致了审计风险。

2. 审计人员的职业道德素质和风险的意识不强

审计工作进行得是否通畅正确，关键在于审计人员能否具有良好的业务素质和职业道德，能否遵守职业道德准则和自觉接受纪律约束。目前，我国不少审计人员对其职业性尚缺乏全面的认识，尚未普遍树立起强烈的风险意识、责任意识和道德意识，从而导致审计风险。

3. 审计方法存在缺陷和审计手段落后

现代科学技术的快速发展给审计技术的提高创造了有利的条件，审计技术的发展和创新已取得了可喜的成绩。但目前的审计技术远远不能满足审计业务发展的需要，特别是由于现代审计技术从过去各种人工审查技术和方法对会计凭证、账簿、报表进行审查，进一步发展到电子计算机数据处理系统审计，会计资料的纸介质必然被磁介质所取代，导致潜在的审计风险。

二、避免经济责任审计风险的对策

（一）充分认识经济责任审计的重要意义

在新的形势下，企业领导人应充分认识经济责任审计的最终目的和归宿就是提高企业的经济效益。企业要高效运转、健康发展，就必须从加强对领导干部的监督这一重要环节入手，扎扎实实进行预防，加大治理腐败的力度，从而促进领导干部的廉洁自律。

（二）深化企业组织管理体制改革

一是切实加强和完善现代企业制度改革，规范公司制改造，建立健全企业组织管理制度，切实贯彻任人唯贤和党管理干部的原则；二是建立审计监督部门的垂直领导，体现审计的独立性和权威性，从而避免行政性干预和不必要阻力，保证审计监督职能的作用和审计质量。

（三）坚持“先审计后离任”或“先审计后离任再任职”的审计操作程序

2005 年，河南省委办公厅发布《关于进一步加强经济责任审计工作的通知》（豫办〔2005〕40 号），特别强调“国有及国有控股企业领导人员，应做到离职必审和先审后离”

的要求。2014 年,河南能源化工集团根据企业实际情况在《河南能源化工集团有限公司经济责任审计规范》中对其被审计对象进行详细规定。这样可以引起责任人对经济责任审计的重视,提高了审计人员的积极性。

(四)提高内部审计人员的自身素质

面对复杂多变的经济业务,企业内部审计人员应努力学习,更新知识,不断提高业务水平和道德水准,在工作中要自觉具备与审计工作相适应的专业知识和业务能力。遵守国家法律、法规,严格依法审计,执行审计程序。对办理审计事项与被审计单位或者审计事项有利害关系时,应当回避,保持应有的职业谨慎。

(五)实行双方书面承诺制度

对被审计单位资料(如资产的盘亏盘盈、报废损失、财务收支等)的真实性、完整性,被审计单位在接受审计之前应做出书面保证。审计单位在实施审计过程中以及审计结论的做出等方面,是否客观、公正、合法、合规,也应在审计结论报出之前做出书面保证。如出现一方违约,导致严重后果的,要负法律责任。

(六)规范审计程序,科学地使用相应的审计方法

一是在经济责任审计全部过程中,从受托承接审计通知书到审计报告报出整个过程,必须按章行事。二是在使用审计方法上,应掌握相应的审计技术,灵活运用,各个突破。除使用传统的审阅法、核对法、顺查法、逆查法外,还可采用调查与检测、抽查与详查、观察与盘查、经济指标计算与比率分析等方法。必要时,采取手工技术与电子计算机技术相结合的方法,进行综合分析、比较。

(七)深入分析审计对象的具体内容

实施经济责任审计,一是要对企业各项财务收支活动是否合规、合法、真实、可靠,财务计划或单位预算的执行和决算情况进行审计。二是要对企业是否按照我国《会计法》和会计准则的规定建立会计账册,进行会计核算,有无弄虚作假、化公为私、公款私存、私设小金库等进行审计。三是要正确界定责任范围。区别是前任遗留问题还是本期发生问题,是个人独断专行还是集体研究决策,是主观因素还是不可抗拒的因素等,以做出正确的界定。

(八)建立客观、公正、公平、合理的评价准则,坚持量与度、业绩与责任的统一

围绕"量与度"从双重角度评价政绩,实事求是地做出客观、公正、公平、合理的评价。特别要注意以下几项原则:一是对责任人的评价,应包括财务责任、会计责任、管理责任、社会经济责任履行情况和财经法纪遵循情况的综合评价。二是审计报告撰写应简明、易懂,能够简单明了地表述审计查出的问题以及审计意见和建议。切忌使用模棱两可的语言或含意不清、言过其实的语言表述。

第六篇　其　他

经济评价模型在煤炭企业的实践与应用

成雪梅

受当前煤炭经济大形势的影响，煤炭企业经济效益明显下滑，经营压力、资金压力极度紧张。鉴于此，为应对危机，对矿井生产成本的控制迫在眉睫。本文通过实施经济评价管理，强化设计源头控制，注重工程设计优化、生产布局优化、施工工艺优化、设备选型优化等环节的成本管控，完善生产过程和流程环节控制，强调生产技术与成本管控相结合，建立成本管控模型，提升煤炭企业成本管理水平、增强竞争力，降低物料消耗，实现"事前预测、事中控制、事后总结"过程控制为主导的大成本管理理念。

一、煤业集团成本管控现状分析

目前，煤炭企业成本管理中存在的问题主要表现在以下几个方面：

（1）成本治理观念还比较薄弱、成本控制责任体系还未细化分解到真正成本发生过程的源头，成本过程控制的广度与深度不够，往往只重视生产过程的节约，而没有向成本与技术、成本与安全、成本与质量的最佳配合上寻求控制。具体表现为：在生产过程中强化成本管理，忽略了设计源头控制，安全管理和生产管理部门在追求高产量和良好的安全生产形势的情况下，未将成本治理的理念贯穿其中，造成生产管理与成本管理脱节，造成不必要的性能浪费。同时，在指标分解过程中，各职能部门根据各生产矿井的实际状况提供相关资料进行指标分解，但往往只重视各生产单位的纵向分解，缺乏对横向职能部门的责任分解，形成成本管控的"单打独斗"局面，未形成全员参与的成本管控体系，成本管控效果较差。

（2）成本管理事后核算多，事中控制协调和事前预测决策少，治理措施多，技术措施少，致使成本控制措施不力，成本与技术脱节，没有很好地发挥技术工作在成本控制中的作用，成本管理工作相对粗放。

二、经济评价管控模型的概念

经济评价管控模型是指通过实施"工程设计与施工现场评价、施工工艺与地质变化

作者单位：河南能源化工集团焦煤公司

评价、优化项目与安全生产评价、成本投入与产出效益评价”等方面的评价论证模式，实现对“原定工程施工方案”“原定施工工艺”和“原定设备选型”等方案实施“工程设计优化、生产布局优化、施工工艺优化、设备选型优化”等方面的优化，形成生产、安全、技术、经营等专业管理方面的“责任共同体”，激发各专业技术人员的创新思维，最终达到提升矿井核心竞争力、降低生产成本投入的目的。

（一）经济评价管控模型是科技市场的延伸和拓展

通过将“论证后优化方案”转化为“技术创新成果”进行科技市场收购，充分调动工程技术人员创新工程设计、优化施工工艺、科学配置设备等方面的创新积极性。区别于“小改小革、五小成果”等基础性技术创新成果，是一种设计思路和理念的创新，创新成果技术含量更高、实施效果更明显、成本管控更见效、产生效益更直接。

（二）经济评价管控模型是综合评价管理体系的健全和完善

通过建立经济评价管控模型对工程投入实施方案的科学综合评价，在大胆实施“工程设计优化、生产布局优化、施工工艺优化、设备选型优化”的前提下，通过“工程设计与施工现场评价、施工工艺与地质变化评价、优化项目与安全生产评价、成本投入与产出效益评价”评价委员会的充分讨论和认证，梳理和捋顺既定优化项目与生产、安全、地质、经营等因素之间的关系，确定既定优化项目的可行性和可操作性。

（三）经济评价管控模型是破解工程技术人员思想禁锢的保障机制

通过“工程设计与施工现场评价、施工工艺与地质变化评价、优化项目与安全生产评价、成本投入与产出效益评价”评价委员会认证作用的充分发挥，实现“工程设计优化、生产布局优化、施工工艺优化、设备选型优化”项目与生产、安全、地质、经营等专业形成“技术支撑、超前管理、风险预控、责任共担”的“利益共同体”，打消工程技术人员在安全、技术等方面“责任承担”的后顾之忧，在科技市场物质奖励的基础上，进一步破解工程技术人员思想禁锢，激发创新思维，提高其优化工程投入的工作积极性，持续提高矿井核心竞争力，有效降低矿井生产成本。

（四）经济评价管控模型是成本管控安全性、实用性、经济性、可行性的充分体现

通过建立经济评价管控模型，进一步规范了内部市场化科技市场和科技创新管理流程，采取“长远规划”和“动态优化”方式，对工程技术人员在工程设计、生产布局、施工工艺和设备选型等方面提出的科技创新项目的实用性、安全性、经济性、可行性进行进一步论证，提高科技市场和科技创新运行质量。

三、经济评价管控模型的构建与实施

（一）经济评价管控模型的构建

1. 建立评价机构

矿井成立“工程设计与施工现场评价、施工工艺与地质变化评价、优化项目与安全生产评价、成本投入与产出效益评价”评价委员会，构建效果评价保障机制。

2. 明确工作职责

（1）工程设计与施工现场评价委员会由总工程师任主任，成员由生产技术、防突、地测、财务等部门负责人及相关人员组成，负责根据矿井年度生产指标和实际生产情况，本着“科学、节约、安全、高效”的原则．每季度对年度既定的巷道工程及其支护形式进行优化，紧密结合矿井生产接替，不断优化设计方案，减少和降低生产投入；负责对所有工程技术人员提出的工程设计优化项目、生产布局优化项目进行论证。

(2)施工工艺与地质变化评价委员会由总工程师任主任，成员由地测、生产技术、机电、财务等部门负责人及相关人员组成，负责根据巷道在掘进过程中发生的地质条件变化，对工程技术人员申请提出的工程设计优化方案和巷道支护设计优化方案进行论证；负责建立施工工艺“动态化”管理机制；负责向工程技术人员提供相应的地质条件变化参数，建立施工工艺“招标”管理制度；负责机电设备选型优化方案的论证。

(3)优化项目与安全生产评价委员会由安全矿长任主任，成员由安检、地测、生产技术、财务等相关人员组成，负责对经工程设计与施工现场评价委员会、施工工艺与地质变化评价委员会论证通过的项目进行安全论证，以维护矿井安全生产为宗旨，对既定的所有优化项目的安全性进行反复论证；负责根据巷道岩性变化及时要求更改支护形式和施工工艺，有权随时责令危及安全生产的优化项目停工整改。

(4)成本投入与产出效益评价委员会由总会计师任主任，成员由供应、财务、人事、生产技术等部门负责人组成，负责对以上三个评价委员会论证通过的项目进行投入与产出效益评价；负责在科技市场机制运行的基础上，建立专项收购管理机制；负责按照投入与产出效益评价结果的一定比例，对已经完成的评价项目实施奖励；负责对项目实施前后的相关技术经济资料进行收集整理，规范建立评价项目技术经济档案。

(二)实施经济评价管控模型的管理流程

1. 工程设计、生产布局优化项目操作流程

工程技术人员根据优化项目类别分别填写“工程设计优化项目申报表”“生产布局优化项目申报表”，经本单位、科室负责人签字同意后报生产技术部门初审，组织工程设计与施工现场评价委员会或施工工艺与地质变化评价委员会召开专题会议认证通过后报安检部门→安检部门组织优化项目与安全生产评价委员会召开专题会议认证通过后报经营部门→经营部门组织成本投入与产出效益评价委员会召开专题会议，对项目产生效益进行评价并拟定收购奖励标准后报主要领导审批→主要领导审批后→项目开始实施→依据项目最终实际完成工程量所创造效益进行奖励→生产技术、财务科等分别将优化项目技术、经济档案进行收集、整理、存档。

2. 施工工艺优化项目操作流程

施工工艺优化项目收购实行“招标”管理，生产技术、地测部门将巷道施工过程中发生的阶段性岩性变化相关参数通过 OA 办公平台进行发布→相关专业技术管理人员根据岩性变化参数和现场施工实际拟订优化方案，并填写“施工工艺优化项目申报表”，在限定时间内报生产技术部门→生产技术部门组织施工工艺与地质变化评价委员会、优化项目与安全生产评价委员会、成本投入与产出效益评价委员会召开优化项目招标会→各投标单位或个人分别汇报各自优化设计方案并申请投标奖励标准，设计方案相同或相近的，优先选择申请投标奖励标准低的单位或个人→三个评价委员会论证确定最佳设计优化项目并初算奖励标准→三个评价委员会与中标单位或个人协商奖励标准→报主要领导审批→主要领导审批后，项目开始实施，生产技术、地测、安检部门要加强现场施工管理，发

现岩性再次变化时,立即停止优化设计施工,并最终确定该优化方案施工工程量→经营部门按照实际施工工程量计算奖励标准进行兑现。

3. 设备选型优化项目操作流程

属供电系统优化、减少设备投入或降低设备功率消耗的优化项目由申请单位或个人填写"设备选型优化项目申报表",经单位领导签字审批后报机电部门→机电部门组织施工工艺与地质变化评价委员会召开专题会议论证通过后报安检部门→安检部门组织优化项目与安全生产评价委员会召开专题会议论证通过后报经营部门→经营部门组织成本投入与产出效益评价委员会召开专题会议,根据优化项目预计节约投入费用初定奖励标准后报主要领导审批→主要领导审批后,项目开始实施→机电、经营部门分别收集、整理优化项目技术经济档案。

(三)经济评价管控模型激励机制的建立及效果

(1)经济评价管控模型激励的范围。

①工程设计优化:主要指工程技术人员根据矿井年度计划内巷道工程支护形式和实际生产过程中岩性变化,申请提出的工程优化项目。收购项目为在确保安全的前提下,通过改变支护形式而减少工程投入的优化项目(瓦斯治理、防治水专业以瓦斯抽采量和矿井用水量为参考依据)。

②生产布局优化:主要指工程技术人员针对矿井生产地区接替和全年生产计划指标,申请提出的生产布局优化项目,收购项目为在保证煤炭产量不减少的情况下通过布局优化减少巷道工程量或通过增加巷道工程量促进煤炭产量增加的且产出效益大于成本投入的优化项目(瓦斯治理、防治水专业以达标煤量和注浆效果为参考依据)。

③施工工艺优化:主要指工程技术人员根据既定支护形式和巷道施工中发生的临时岩性变化而申请提出的阶段性工程优化项目。收购项目为通过实施阶段性巷道支护形式改变而降低成本投入的工程优化项目(瓦斯治理、防治水专业以封孔、注浆技术改造为参考依据)。

④设备选型优化:主要指根据生产地区布置,在既定供电、设备标准配置的基础上,通过优化供电系统、减少设备投入或降低设备功率消耗等,促进电费、设备租赁费降低的优化项目或通过技术优化、内部调剂等手段对年度专项资金设备、材料调减的优化项目。

(2)通过实施经济评价管控模型,强化了成本管理与生产、技术管理的融合,形成"技术支撑、超前管理、风险预控、责任共担"的"利益共同体",打消了工程技术人员在安全、技术等方面"责任承担"的后顾之忧,进一步破解了工程技术人员的思想禁锢,激发了创新思维,可以有效降低矿井生产成本。

“营改增”背景下企业纳税筹划研究

余　鑫

一、引　言

在我国，营业税和增值税分立并行，是现行流转税中两个最为重要的税种。营业税是对我国境内提供应税劳务，转让无形资产或销售不动产的单位和个人，就其所得的营业额征收的一种税，其最大的缺陷就是重复计征，即每经过一次流转过程便会征一次税。增值税是对我国境内销售货物或者提供加工、修理修配劳务，以及进口货物的单位和个人就其增值额征收的一种税，其最大的优势是只对增值部分征税，采用逐环节征税，逐环节扣税，能够有效避免重复征税。随着我国工业化的深入推进，现行税收体制的整体框架中，营业税和增值税并存的弊端日益显现。营业税和增值税对货物和劳务适用不同税制的做法，割裂了商品和劳务在纳税上的统一属性，破坏了增值税的抵扣链条，对中国现代服务业的发展产生了一定的阻碍作用，不利于经济结构的进一步转型升级。因此，营业税改征增值税（简称“营改增”）势在必行。

二、营业税改征增值税试点方案政策解读

2012 年 1 月 1 日，我国拉开了营业税改革的大幕，率先在上海开展交通运输业和部分现代服务业营业税改征增值税试点，逐步从制度上来解决货物与劳务税制不统一的问题，为进一步完善税制、彻底解决增值税遗留问题迈出了关键一步。2012 年 8 月 1 日，“营改增”试点范围扩大到北京、天津、江苏、浙江（含宁波市）、安徽、福建（含厦门市）、湖北、广东（含深圳市）等 8 省市。2013 年继续扩大试点地区，并选择部分行业在全国范围试点。“营改增”已经从地域和行业两个方面由点到面地逐步渗透开来，力争“十二五”期间全面完成“营改增”改革。

（一）“营改增”试点的征税对象

“营改增”试点的征税对象是指交通运输业和部分现代服务业的应税服务。交通运输服务包括陆路运输服务、水路运输服务、航空运输服务、管道运输服务，不包括铁路运输服务。部分现代服务业包括研发和技术服务、信息技术服务、文化创意服务、物流辅助服务、有形动产租赁服务、鉴证咨询服务，简称为“1 +6”行业。

（二）“营改增”的主要政策调整

1. 税率和征收率

在现行增值税 17% 标准税率和 13% 低税率基础上，新增设 11% 和 6% 两档低税率。其中：交通运输业适用 11%；试点现代服务业中，有形动产租赁服务适用 17% 税率，其他

作者单位：郑州煤炭工业（集团）有限责任公司财务资产部

适用6%税率。对于小规模纳税人，则使用3%的征收率；财政部和国家税务总局规定的应税服务税率为零，试点范围增值税征收率为3%。试点地区的单位和个人提供的国际运输服务、向境外单位提供的研发服务和设计服务使用增值税零税率。

2. 纳税义务人的认定

提供交通运输业及部分现代服务业服务的单位和个人，为增值税纳税义务人。纳税义务人分为一般纳税人和小规模纳税人。应税服务年销售额超过500万元的试点纳税人，应向主管税务机关申请办理一般纳税人认定手续，未超过500万元的纳税人为小规模纳税人。

3. 增值税进项税抵扣规定

增值税抵扣政策的衔接，非试点地区增值税纳税人向试点纳税人购买服务取得的增值税专用发票，可按现行规定抵扣进项税额。

4. 税收优惠过渡政策

对现行营业税免税政策，在改征增值税后继续予以免征；对部分营业税减免税优惠，调整为即征即退，但对于通过改革能够解决重复征税问题的，予以取消；对税负增加较多的部分行业，给予适当的税收优惠。

(三)“营改增”对企业税负的影响

“营改增”试点以来，一方面，消除了重复征税，并将二、三产业的抵扣链条打通，实现了由“道道征收、全额征收”向“环环抵扣、增值征税”的转变，降低了企业成本，增强了企业的发展能力。另一方面，增值税以增值额为计税基础，增值额越大，产生的税款缴纳越多。而对于增值税抵扣较少的企业，“营改增”反而增加了企业税负。因此，企业规模不同、性质不同，“营改增”对企业造成的影响不同。来自财政部的数据显示，2012 年我国纳入“营改增”试点范围的纳税人超过 100 万户，试点地区共为企业直接减税 426.3 亿元。从税负变化看，95%的试点企业实现减负或税负无变化，只有5%左右的企业税负有所增加。在试点企业中，一般纳税人与小规模纳税人的数量大体比例为1∶4，所有小规模纳税人都因“营改增”而实现了减税，减税幅度达40%。

三、营业税改征增值税背景下企业纳税筹划

纳税筹划，是指在国家政策的许可下，按照税收法律、法规的立法导向，通过合理的事前筹划安排，取得节税效益，并最终实现企业利润最大化和企业价值最大化的一种合法的经济活动。目前“营改增”仍处于试点实施阶段，对纳税人来说是一次重大的机遇，相关企业必须准确把握时机，对其进行合理的纳税筹划，从而减轻企业的纳税负担，节约资金支出，降低企业财务风险。

(一)及时追寻政策动向，事先进行统筹规划

1. 结合企业特点，改变思维方式

“营改增”是我国税收政策的里程碑式的改革，写在“十二五”规划中，随着营业税的逐步消失，将改变企业目前的许多经营模式与思维，销售与服务将不再割裂，企业的经营要有一个附加良好服务的理念。企业还应树立在这一改革推进中的大局观，积极主动参与和适应这一改革。企业要更多顺应这一改革的内在逻辑，调动自己专业化细分方面的

潜力,力求在机制创新、升级换代中做大做强。在“营改增”试点实施后,试点地区企业普遍税负降低,但建筑业出现了税负加重的情况。因此,企业需及早熟悉《营业税改征增值税试点实施办法》等“营改增”相关政策法规。在将“营改增”政策研究透彻的基础上,企业应深入研讨,科学测算和分析改革对企业税负的影响,充分运用税收政策,整合资源、优化流程、细化分工、转型升级,消除“大而全”、“小而全”因素的拖累,以求变被动为主动,在竞争中走出自己的新天地。

2. 合理运用“营改增”的税收优惠政策

《营业税改征增值税试点方案》明确了过渡期税收优惠政策,纳税人应熟悉并掌握这些税收优惠的具体内容并适时加以利用。开展税收策划的一个重要条件就是投资于不同地区和不同行业以享受不同的税收优惠政策。《营业税改征增值税试点方案》第二条第三款第3项是关于跨地区税种协调的规定,纳税人以机构所在地作为增值税纳税地点,其在异地缴纳的营业税允许在计算缴纳增值税时抵减。非试点纳税人在试点地区从事经营活动的,继续按照现行营业税有关规定申报缴纳营业税。针对此项跨地区税种协调的规定,试点地区纳税人可考虑在非试点地区设立分支机构,其在异地缴纳的增值税则可抵扣;而非试点纳税人在试点地区从事经营活动,属于外出经营可在试点地区办理临时税务登记证,则其外出经营活动属于“营改增”范围,其缴纳的增值税可以抵扣,从而享受税收优惠。

(二)利用纳税人的身份,选择计税方法进行纳税筹划

“营改增”后对交通运输业和部分现代服务业施行二档税率,即11%与6%。具体来说,若“营改增”后企业转成增值税一般纳税人,可对外开具税率11%与6%的增值税专用发票,也可以开具税率6%的增值税普通发票。若“营改增”后企业转成增值税小规模纳税人,则应开具税率3%的增值税普通发票。

一般纳税人销售货物时向对方开具增值税专用发票,可以抵扣增值税进项税,其采用一般计税方法计税。小规模纳税人不能开具增值税专用发票,其采用简易办法计税。但是小规模纳税人也有其自身的优势,首先,小规模纳税人不能抵扣的增值税进项税额将直接计入产品成本,最终可以起到抵减企业所得税的作用;其次,小规模纳税人销售货物因不开具增值税专用发票,即不必由对方负担销售价格的增值税销项税额,因此销售价格相对较低。在实际经营决策中,一方面,企业为了减轻税负,实现由小规模纳税人向一般纳税人转换,必然会增加会计成本;另一方面,也要考虑企业销售货物中使用增值税专用发票的问题。如果企业片面追求降低税负而不愿申请一般纳税人,有可能产生因不能开具增值税专用发票而影响企业销售额。因此,在纳税人身份选择的税务筹划中,企业应尽可能把降低税负与不影响销售结合在一起综合考虑,以获得最大的节税效益。除此之外,对于一些利润率较高的企业或者可抵扣项较少的企业而言,税负还有可能会加重。因此,纳税主体应结合自身的经营状况事先进行纳税筹划,以选择最佳经营模式,实现税后收益最大化。

(三)健全内部核算体系,强化增值税发票管理

1. 对企业的收入进行合理划分,要分别核算不同类型的收入

《关于在全国开展交通运输业和部分现代服务业营业税改征增值税试点税收政策的

通知》(财税〔2013〕37 号),取消了混合销售的概念,取而代之的是混业经营的概念。对混业经营没有分别核算,适用不同税率或征收率销售额的,从高适用税率或征收率。例如,企业销售税率 17% 和税率 13% 的货物,同时提供有运输服务(税率为 11%)的,如果不能分开核算,一律按 17% 征收增值税。因此,试点纳税人兼营不同税率的货物或应税劳务,相关纳税人对不同类型的收入要分别进行核算,健全和完善自身的会计核算制度,以规避从高适用税率,进而减轻企业的纳税负担。

2. 对企业的支出进行合理划分,尽量获取可以抵扣的增值税发票

"营改增"后,进项税额的抵扣范围由成本领域扩大到固定资产及费用领域,再加上低征高扣的优惠政策,企业因此可通过有效筹划以获取更多的进项税额抵扣。以货运代理和仓储服务等物流辅助服务业为例,企业对于非应税项目的仓库租赁费,可以采用外包仓库服务的方式来获取 6% 的进项税额抵扣;车辆租赁费用按 17% 抵扣进项税,将运输业务外包则按 11% 抵扣进项税,企业还应综合考虑人工、油费等成本支出情况来进行选择;对于实际操作中较难获取增值税专用发票的油费,要改变以往零星的加油模式,与供应商协商统一开具增值税专用发票,或者采用集中购买充值卡或记账月结的方式来取得。企业对外签订合同时,要全面考虑与之合作的企业是否能够提供增值税专用发票,以便进行进项抵扣。

3. 强化增值税发票的管理与风险防控,规避税务稽查风险

我国对增值税的监管主要实行的是以票控税。增值税专用发票不仅具有反映经济业务发生的作用,同时具有完税凭证的作用。因此,增值税专用发票相比营业税服务业地税普通发票,税务部门的管理更加严格。"营改增"试点后,针对虚开增值税专用发票和骗取出口退税等涉税违法行为,国家税务总局发出通知,要求各地税务机关进行专项整治,对于以虚开增值税专用发票为目的设立或严重扰乱税收秩序的"空壳企业",坚决予以严厉打击,依法处罚并移送公安机关;对于业务交易真实,但开具或接受增值税专用发票不规范导致少缴税款的企业,应依法补征税款和处以罚款。因此,"营改增"后,对企业的内部管理提出了更高的要求,企业务必对增值税专用发票的行政及刑事责任有清醒的认识,以法律为准绳衡量自身的行为,确保自身行为没有触犯法律,从而有效规避风险。

参考文献

[1] 陆勇,李文美. 浅析"营改增"中的企业纳税筹划切入点[J]. 财务与会计,2012(12).
[2] 陆亚如."营改增"试点企业如何进行增值税纳税筹划[J]. 财会研究,2013(5).

煤炭企业脱困对策分析

王团委

在国际国内错综复杂经济环境的影响下，煤炭企业10年高速发展期结束，各种问题都集中暴露出来，市场萎缩、价格下滑、产能过剩、资金链断裂，煤炭企业面临着新一轮洗牌。面对这样的困境，一方面，煤炭企业应加快产业结构调整、严格成本控制、加强风险管控来应对当前危机；另一方面，政府也应加强政策性引导，对煤炭资源开采利用建立长远的、系统的规划设计。

一、煤炭企业现状

2012年下半年以来，国内煤炭市场持续低迷，价格一路下行，煤炭企业遭遇前所未有的困难。中国煤炭经济研究院煤炭上市公司研究中心的数据显示，煤炭行业经营状况继续恶化，企业营利能力整体下降，整个行业的经营发展面临较大困难。

二、煤炭企业现状分析

导致煤炭企业目前困境的因素可从两方面分析：一是需方市场需求降低，二是供方抢占市场不力。

（一）需方市场

1. 国内外经济增速放缓，能源市场持续低迷

改革开放以来，我国经济实现了较快平稳增长，从而带动了煤炭需求量的增加，造就了煤炭黄金十年的鼎盛时期。进入2012年以来，世界经济复苏乏力，我国经济增速放缓，煤炭消费量增长大幅下滑，需求量降低，价格下行，市场低迷。

2. 环保力度加大压缩市场

国家能源局相关负责人曾公开表示，燃煤消耗是长三角地区雾霾的主要成因。随着国家环保力度的加大，煤炭市场的萎缩直接降低了煤炭的经济效益。

3. 进口煤冲击抢占市场

2013年，全国煤炭产量完成37亿t左右，全年消费量达36.1亿t，进口煤炭3.27亿t，出口751万t，净进口量达3.2亿t，主要是2013年国外煤价大幅下降，内外贸煤价价差明显，我国南方沿海地区企业较多，对煤炭需求一直有增无减，但北方煤炭运到沿海地区，价格高于进口煤，占领不了市场。

（二）煤炭企业存在的问题

1. 煤炭成本高，无价格优势

煤炭企业负担过重，成本过高。煤炭行业是开采条件复杂、安全灾害严重、历史负担

作者单位：鹤煤公司财务资产部

沉重、工作艰苦而特殊的行业,煤炭行业特别是国有企业,人员多,历史包袱沉重,承担社会责任度高,这些均增大了企业负担,提高了煤炭成本。开采成本、人工成本逐年上升,运输成本居高不下。随着煤炭资源枯竭,退出成本更是需要大量资金用于转产和安置人员。煤炭企业成本过多承载了社会、历史的负担,与进口煤相比,毫无价格优势可言。

2. 税收负担重

目前涉及我国煤炭产业的国家税收16项,行政性收费31项,煤炭企业平均税费负担水平在35%左右,是全国工业行业平均税负水平的2~3倍。

首先是增值税税率偏高。在没有对其深加工前,煤炭产品根本没有价值的增加值;开采过程中,仅有开采过程中发生材料费、电费等辅助费用的进项税额抵扣;煤炭企业为开采支付的高额采矿权费、蹋陷补偿费、巷道掘进费等不允许抵扣。所以,按17%征收率征收煤炭销项税额,造成煤炭企业的增值税负担过重,成为工业企业中增值税负最高的行业。

其次是资源税与资源补偿费的双重征收,加重了企业负担。资源税本身就是对开采者收入的调整,国家作为所有者再以资源补偿费的方式征收收益费,存在明显的交叉征收行为,加重了煤炭企业的负担。

三、对策分析

(一)加快产业结构调整,实现技术创新

1. 纵向发展,延伸产业链条,创造新的利润增长点

受环保等因素影响,我国能源结构调整势在必行,煤炭因其环保性较差,在加上风电和光伏发电等新能源技术的成熟,煤炭市场消费缩减是大势所趋。发展清洁煤技术、拓展煤炭下游产品,开发煤矸石发电、煤化工业、煤炭冶金、煤炭物流等产业,着力发展循环经济,延伸煤炭产业链,创造新的利润增长点。中国最大的煤炭企业神华集团就建立了以煤炭的生产、销售为主,逐步转向煤炭的深加工和清洁转化的发展路径。

2. 横向跨越,促进非煤产业发展,增强核心竞争力

煤炭市场持续低迷,环保力度加大和进口煤的冲击,都在提醒煤炭企业不能依靠单一品种发展,应大力发展非煤产业,物流贸易、装备制造、来料加工,甚至饮食、旅游等第三产业项目,合理利用煤炭企业现有人力、土地、品牌等资源,遵循市场经济的发展规律,科学发展,增强企业的核心竞争力。

但是,煤炭企业的转型必须谨慎,在积极获取煤炭新资源的同时,企业应在发展的同时必须要考虑资源和环境压力,统筹规划,引领市场。

(二)完善管理制度,向管理要效益

1. 实行全面预算管理,降本增效

全面预算是一系列预算构成的体系,是企业根据战略规划、经营目标和资源状况运用系统方法编制的企业整体经营、资本、财务等一系列业务管理标准和行动计划。全面预算是集业务预算、投资预算、资金预算、利润预算、工资性支出预算以及管理费用预算等于一体的综合性预算体系。预算内容涉及业务、资金、财务、信息、人力资源、管理等方面。

1)实行全面预算管理,提高运作效率

全面预算管理具有沟通和协调、提高运作效率的作用,通过实施全面预算管理,明确各单位的分工,减少各单位的操作隔阂,加速了信息传递,使企业资源配置达到最优,提高运作效率,有助于实现企业整体战略目标。

2)实行全面预算管理,加强成本管控

全面预算管理是全员参与的过程,在既定成本目标下,通过预算执行过程控制,及时调整和纠正偏差,控制各子公司和分公司、各部门的经济活动,确保年度成本目标的实现。

3)实行全面预算管理,提高资金使用效率

企业转型过程中,最大的困难是资金短缺,资金链条断裂,直接扼住了企业发展的咽喉。企业实行全面预算管理,根据企业发展的长远规划,统筹帷幄,优化资金结构,加快资金周转,提高资金使用效率,以融资数量确定预算规模。同时,以预算效益确定融资成本,两者相辅相承,最终取得经济效益最大化。

2. 建立风险预警系统,加强全面风险管理

煤炭企业属于高危行业,建立风险预警既是其生产经营过程的安全要求,也是对其产品的市场前瞻性预测的需求。风险预警系统应能够评估企业中的潜在风险,并防止潜在风险变成真实风险,对确认的真实风险采取行动,尽可能降低损失。

当前煤炭企业的困境就充分说明了现有的风险预警系统没有及时发现潜在风险,不能走在市场的前端发现企业可能面临的风险,不利于企业管理层作出正确的经济决策。所以,加强市场预警机制建设,强化全面风险管理,是煤炭行业健康稳定发展的有力保障。

(三)争取政策支持,促进煤炭企业转型升级

造成煤炭市场低迷的主要原因是供需失衡,严重的供过于求,只有大力压缩产能,引导煤炭行业进行产业结构调整,帮助煤炭企业度过"阵痛"期,才是政府对煤炭行业的长远的救市策略。首先,要给予煤炭企业产业结构调整税收优惠政策;其次,加大政府对煤炭的深加工技术和向清洁能源转化科技研发项目的投入。再次,制定煤炭开采利用的长远规划,引导市场,确保煤炭行业健康、良性发展。

综上所述,新能源技术的发展,以及人们的环保要求,迫使煤炭行业面临着新一轮的转型升级,这个过程是漫长的,也是痛苦的。但也应看到,能源结构调整工作不是一蹴而就,风电、光伏、水电、石油、天然气、页岩气等多种能源利用方式,国家有关部门、国企央企、民营企业等利益相关者也存在诸多矛盾,理论分析并不能解决实际问题,煤炭仍将长期保持较高占比。这就给煤炭企业提供了契机,要抓住机遇,及时调整,促进煤炭行业全面良好发展。

高校财务管理中出现的几大热点问题分析

徐国强

高校财务管理过程中存在着财务会计规章制度和管理上的诸多问题,而这些问题的产生又是由多个方面造成的。近几年来,高校的发展很快,但是财务管理仍是一个相对薄弱的环节,如果管理跟不上就会影响到高校教育的发展。

一、高校财务管理概述

高校财务管理工作是高校的基础工作,尤其是从计划经济体制转向社会主义市场经济体制中,高校的管理机制和管理模式也发生了明显的变化,已经从过去单纯的教学、科研中心,逐步转变为教学、科研、技术开发、咨询服务和生产经营等各项活动并举。但是,目前高校财务管理无论在观念上、管理上,还是在人员素质上仍存在很多不适应的地方,因此财务管理的状况并不乐观。在新形势下,如何加强高校财务管理以适应新环境和新要求,就成了高校的一个热点问题。

二、高校财务管理中存在的几大问题

(一)高校财务管理缺乏系统的控制监督机制

我国高校制度有一个突出的缺陷,就是所有者缺位。该缺陷表现为:作为高等教育主要出资人的国家,只承担了出资的义务,对学校的财务没有进行有效的管理,这就直接造成了投资的所有者缺位。高校净资产的终极所有者是国家,但是国家不要求高校偿还其提供的资产,也不要求分享经济上的利益,都是将这些交给高校自行经营和管理。高校管理者独立行使权力,导致了高校财务管理缺乏有效的管理、监督及不规范性。

一般来说,高校财务管理的规范性主要可以通过财务预算的制订和执行来体现。然而,有相当一部分高校到目前为止还没有树立起科学的预算管理理念,具体可以表现为:重预算编制、轻预算执行;重视预算内资金、轻预算外资金管理等。在实际工作中,各部门的预算和高校内部预算“两张皮”,各部门编制的预算不能在客观上体现出学校的工作重点和发展方向,学校内部预算也不能反映学校财务收支的全貌。有的预算支出缺少科学的定额和标准,校领导随意批条子,使财务预算十分混乱。目前,我国各高校未严格按照高校财务制度执行,导致科研经费管理混乱,也困扰了高校的进一步发展。

(二)重视举债发展,忽视风险防范,不利于高校的健康、有序和稳定发展

教育改革推动了高等教育事业的快速发展,十几年来高校不断扩招,我国也加大了对高等教育的资金投入,但是资金短缺仍是高校目前最重要的一个问题。为了缓解并有效解决资金紧张的矛盾,高校高度重视与银行合作,向银行贷款运作。高校向银行贷款筹集

作者单位:平顶山煤矿技工学校

大量资金,将这些资金用于建立新校区,校园出现了一派繁荣的景象,扩大了办学规模,缓解了校舍紧张的情况。但是,用举债的方式来发展学校建设,将学校今后的收益提前预支必将会给高校带来长期负担,使高校承受着巨大债务的包袱。还有的高校领导只看到校园内的繁荣,不重视巨额贷款给学校带来的沉重负担,长期下去不利于高等教育的发展。

(三)缺乏全面管理意识

高校作为人员密集的场所,财务管理方面也受到多个因素的影响,因此管理难度较大。当前很多高校的财务系统都不健全,缺乏统一的领导,全局性差,在极大程度上降低了高校的整体管理水平。

(1)高校水电物资的管理普遍采用"借助在校学生的自觉性进行自主管理为主,学校物业管理人员检查为辅"的管理方式。从各大高校的状况来看,在校生的节能意识不强,高校采取这种管理模式并未取得很好成效,给水电方面造成了很大的浪费。

(2)高校教室内的固定资产利用率出现了严重不均衡情况。以整个学期为例,随着课程的不断变化,各类教室的利用率也相继发生了很大的变化。针对这一情况,有的高校采取的做法是:在整个学期中,基本上保持各类教室的开放状态不变,各类教室的利用率和折旧速度大不相同,而大多数高校财务处对所有的教室基本采用相同的折旧方法对该固定资产进行折旧确认和计量。

(3)高校室外体育器材等资源的利用率低,使高校财务不能对器材的折旧进行恰当确定和计量。相关的数据显示:一个学期去一次或一次不去室外健身的同学占50%以上,很大一部分同学都到本校室内健身室进行运动。所以,校园室外固定资产不能产生其应有的效益。

(四)财务信息前瞻性不强

高校财务部门所提供的财务信息主要是为学校领导进行各项决策提供科学依据。但是受到历史原因的影响,导致了高校财务工作的管理范畴还停留在记账、算账、报账等层面上。财务工作的流程重点在事后监督上,忽视了事前预测、事中控制、事后分析这三个环节,这种财务管理模式滞后于高校改革,同时也不适应经济发展的要求。总之,高校财务部门的财务信息前瞻性不强,阻碍了财务工作的运转。

三、加强高校财务管理的有效措施

(一)建立完善的内部工作信息反馈体制

要达到高效的工作效率以及优良的工作质量,工作人员就要在工作的过程中不断地发现问题,反映问题,并解决好问题,只有从实际的角度出发,总结好本校存在的问题,才能更好地提出切合实际的解决方案。各大高校应根据自身的实际情况来制订工作方案,可以学习其他单位的做法,但不能照搬。例如可建立"内部事务管理委员会",其职能主要包含研究解决业务难题;听取科室负责人关于本期科室工作情况的汇报;制订部门工作计划等。采取这种方式,可增强财务部门的凝聚力,同时也能加强同事之间的默契。

(二)适度举债,防范举债办学风险,协调好效益与规模的关系

当高校利用举债或加快学校基础设施建设来解决高校教育经费投入不足的问题时,

一定要树立科学发展观，对学校的发展规模及还贷能力做到准确定位。近几年来，各大高校纷纷忙于规模的扩建，举债数额从上亿元甚至上升到了数十亿元，所负担的利息费用相当沉重。学校盲目扩招、盲目扩建，直接导致了专业结构出现失衡，与社会需求相脱节，出现了毕业生就业难问题。所以，在保证高校规模上去的同时，还要注重学校效益的提高、办学质量的提升。

（三）重视和加强财务管理，提高财务管理的地位

我国市场经济确立以后，高校财务管理从形式到内容都发生了根本的变化。因此，高校财务人员要重视财务管理的每一项制度，彻底转变重核算、轻管理的观念，准确把握高校事业发展与财务管理之间的内在联系，配置好教育经费，适应市场经济的需要。

（四）树立起正确的财务风险意识，确保高校财务的安全

随着高等教育的不断改革，高校在财务管理上也获得了一定程度的自主权，也承担了相应的财务风险。高校作为非营利机构，但在多个方面均存在风险，这些风险导致了高校财务管理失控，经济损失严重。所以，要树立起正确的财务风险意识，并将风险防范放在首位。高校在激烈的竞争中要求得发展，就要从高校的最高管理层、财务管理人员到每一个职工，都要意识到财务活动中存在着风险，树立正确的风险意识就成了必然。

参考文献

[1] 邱卫林，雷芳. 高校财务管理存在的问题及对策[J]. 科技广场，2006(3).

[2] 陈峰，薛武昭. 关于高校财务管理有效性问题的几点思考[J]. 会计之友，2012(3).

“营改增”后挂靠经营运输企业降低税负的对策分析

张 璐

一、“营改增”的背景和意义

“营改增”就是营业税改征增值税的简称，就是将目前我国征收营业税的部分行业改为征收增值税。在我国现行的税制结构中，增值税和营业税是两个最为重要的流转税税种，二者分立并行。随着经济的快速发展，这种税制日渐显现出内在的不合理和缺陷，已经不利于、不适应经济结构优化的需要。在推进增值税立法的同时，财税部门也同时探索扩大增值税的征税范围，从而出台一部完善的增值税法律。从2009年开始的“营改增”就是在这个大背景下开始的。2010年10月18日，党的十七届五中全会通过的“十二五”规划建议中明确提出要“加快财税体制改革，积极构建有利于转变经济发展方式的财税体制”“扩大增值税征收范围，相应调减营业税等税收”。2011年，经国务院批准，财政部、国家税务总局联合下发了《营业税改征增值税试点方案》(财税〔2011〕110号)，同时印发了《交通运输业和部分现代服务业营业税改征增值税试点实施办法》等一系列的文件规定。2012年7月25日，温总理主持召开国务院常务会议，决定扩大营业税改征增值税试点范围，会议决定，自2012年8月1日起至年底，将交通运输业和部分现代服务业营业税改征增值税试点范围，由上海市分批扩大至北京、天津、江苏、浙江、安徽、福建、湖北、广东和厦门、深圳10个省(直辖市、计划单列市)，自2013年8月1日起“营改增”试点在全国范围内推开。

自1994年我国实行分税制改革后，全部税种在中央和地方之间进行了划分，本质上是根据中央政府和地方政府的事权确定相应的财力。分税制在接下来十几年的运行过程中，发挥了一系列积极的作用，但也逐渐积累和显露了一些问题。“营改增”作为财税体制改革的“导火索”，通过增值税具有的抵扣机制避免重复征税，减轻企业的税收负担的同时，也完善了我国的流转税制度。国家实施这项税制改革，不仅有利于增强服务类企业发展能力，促进第二、三产业密切融合，还有利于深化产业分工，优化增值税制度，完善增值税抵扣链条。因此，“营改增”对于加快转变经济发展方式、推动产业结构调整、促进经济健康协调发展具有重大意义。

截至2013年7月31日，贵州省确认纳入“营改增”试点纳税人20 091户，其中交通运输业13 917户，占比69.27%，可见交通运输业作为典型的生产型服务行业，并作为先

作者单位：河南能化集团永贵五凤煤业有限责任公司

行于国民经济发展的基础行业，又与现行增值税所涉及的行业有着密切的关系。将交通运输业纳入增值税的征收范围之内，不但能够增加国家的财政收入，而且有利于企业间公平税负与公平竞争，能更有效地促进有限资源的配置。但是，部分道路运输企业在实施这项改革的过程中，由于增值税较改制前营业税税率提高，且因某些原因抵扣不充分，造成这部分企业的税负不降反升，对这些企业的运营造成一定程度的影响，且部分企业经营方式如果处理不好，将产生不小的涉税风险。

二、“营改增”带给道路运输企业的积极影响

长远来看，虽然“营改增”可能使得部分行业税负有所增加，但可将金融业等现代服务业和制造业紧密地链接起来。改革之后，随着纳入试点的服务业、交通运输业进入增值税抵扣链条，今后他们的下游客户将会因为可抵扣进项税额的增多而减轻税负。这将有利于企业开拓市场，扩大销售。同时，他们的竞争实力和议价能力也会随之增强。此外，“营改增”还能对行业规范起到促进作用，有利于交通运输业等进入增值税管理的大体系，对企业财务核算的要求更加规范和严密。同时，由于客户对合法、合规的增值税抵扣凭证的要求增加，将迫使一些小型企业要么退出市场，要么扩大规模，需加强管理。

三、“营改增”对道路运输企业采用挂靠经营方式的不利影响

（一）造成企业的税负明显增加

目前，依赖挂靠经营方式的道路运输企业非常广泛，挂靠现象之所以广泛存在于交通运输行业，主要原因有以下几点：

一是从被挂靠方来看，自己购进车辆投资大，经营风险高，逐年上升的人工成本、油费、过路费、过桥费也是沉重的负担。而使用挂靠车辆运输货物则只要有运输业务就可以稳赚运价差（向客户收的运费总价减去支付给挂靠人的价款），因此从节约成本和降低经营风险上考虑，除非资金实力雄厚、盈利能力强的集团性运输公司外，其他一般的运输公司都会采用挂靠的形式进行经营。

二是从挂靠方来看，购进车辆挂靠到运输企业既可以免除自己办理车船年审、各种证件换证等烦琐手续，又可以在保证自主经营的同时，从挂靠单位获得一定量的固定业务。所以，对于个体或较小规模的运输者来说，挂靠一个或多个运输公司从事经营无疑是最佳选择。

三是从整个运输行业现状来看，我国运输行业目前总体虽处于高速发展时期，但是，由于多种原因运输企业和从业者还处于小、散、乱的状态之中，规模化、集团化的公司还非常少，盈利能力较弱，选择挂靠经营也是必然之举。

采用挂靠经营方式的一般纳税人在实行“营改增”过程中发现税负明显增高，原因有两个方面：一方面，道路货物运输企业原营业税率为3%，税制改革后增值税率为11%，税基就较以前有很大提高，企业只有在进项税额保持在营业收入的7%以上才可能减负，由于车辆、油料、修理等归挂靠户负责，其属于个体运输经营，无法也无需取得专用发票，相

应的进项税无法抵扣;另一方面,即使挂靠户以被挂靠企业名义取得进项发票用于抵扣,也蕴含较大的税收风险,且由于只有油费、购进运输工具的费用、修理费和办公支出对应的进项税额可以抵扣,其中燃油费占到全部成本的40%左右,过路过桥费占到20%左右,维修费占到15%左右,而占企业成本较大份额的管理费、过路费、过桥费、保险费和人工工资则都不在可抵扣的范围之内,在可以抵扣的支出中运输工具的购进支出普遍发生很少,所以目前纳税人的税负普遍较高。

(二)增加企业的涉税风险

如果被挂靠企业为一般纳税人,只挂靠不管理,也不对挂靠户进行财务核算,仅为挂靠户代开专用发票,成为"开票"公司,与国家税务总局《关于修订增值税专用发票使用规定的通知》(国税发〔2006〕156号)规定不一致,也与"票、货、款"一致的要求相悖,存在涉嫌虚开专用发票的税务风险。

四、挂靠经营企业应对"营改增"的措施建议

(一)合理转换经营模式

道路货运运输企业常用的经营方式包括自有经营、承包经营、承租经营、挂靠经营等。笔者结合自身的经营模式建议采用承租经营的方式。承租经营即承租人与出租人订立协议,取得出租人车辆的使用权,并定期向出租人上缴租金的经营方式。实施原料集中采购和车辆售中维修方法,通过与较大型的原煤销售企业合作的方式,进行集中采购,执行"一车一卡"加油制度,统一取得增值税发票;在车辆维修方面,企业也可与维修企业采取长期合作,定点维修,协商维修价格的方式,统一取得增值税发票;有形动产租赁也已纳入"营改增"范围,承租人可向出租人索取增值税发票,从而增加企业的进项抵扣项目,降低企业税负。另外,租用车辆发生的过路过桥费、保险费等费用也可列支,增加运输成本,合理规避企业所得税。

(二)进一步规范经营主体

对于挂靠经营,应逐步引导被挂靠企业回购挂靠个体运输户实际拥有的车辆,使个体运输户成为企业员工,所实现的运营收入纳入企业收入核算,以企业取得的全部收入缴纳税款,发生的购车、油耗等费用由企业抵扣。与原个体车主的利益分配也以企业的利润为基础,企业承担相应的法律责任。这样,名义车主和实际车主相一致,纳税主体、管理体制和法律责任等均主体明确,承担的社会责任也比较明晰。

(三)加强内部管理,规范账务处理

要熟悉政策,很好地运用现有的政策和资源,对相关经营状况能够充分预测和应对。企业的各管理部门包含财务、采购、销售等部门以及一线的相关人员都要学习、了解、掌握增值税的相关政策,做好各自岗位上的工作,财务人员做好增值税相关科目的核算工作,规范账务处理,运用好相关政策,使企业得到更多的实惠。

五、政策建议

(1)进一步明确有关交通运输业政策规定。例如,按纳税主体确定对发生的油费支

出的抵扣，即以挂靠企业为纳税人的，其发生的油费支出取得的增值税专用发票应可以进行抵扣；以被挂靠运输公司为纳税人的，挂靠人以被挂靠人名义经营发生的油费支出取得的增值税专用发票应在被挂靠运输公司进行抵扣等。

（2）通过试点政策执行后反馈的情况来看，提供交通运输服务适用11%的税率有偏高的嫌疑，应适当予以降低。

（3）进一步完善税制，扩大增值税征抵范围。企业反映最多的就是抵扣项目少，且不易取得专用发票。建议酌情增加可抵扣的项目范围，将金融保险、公路交通管理部门纳入"营改增"范围，以解决保险费、过路费不能抵扣的问题。

参考文献

武娜."营改增"对道路运输企业的影响及对策探讨[J].交通财会，2013(7).

改进的杜邦分析体系在煤炭行业的应用

于冠军 艾文月

近两年来,受国内宏观经济增速下降,传统产业产能过剩的影响,煤炭行业的供需矛盾越来越突出,煤炭市场出现了疲软现象。改进的杜邦分析体系克服了传统的杜邦分析体系存在的一些缺陷,可以更清晰地发现企业存在的关键问题,有助于分析企业的财务问题。

一、传统的杜邦分析体系的缺陷

杜邦分析体系又叫杜邦财务分析体系,是利用各主要财务比率之间的内在联系,对企业财务状况和经营成果进行综合系统评价的方法。该体系是以权益净利率为起点,以资产净利率和权益乘数为核心,重点揭示企业获利能力及杠杆水平对权益净利率的影响,以及各相关指标之间的相互作用关系。它不仅有很好的可比性,而且有很强的综合性。传统的杜邦分析体系的权益净利率计算公式为:

$$权益净利率 = 销售净利率 \times 总资产周转次数 \times 权益乘数$$

杜邦分析体系是一个多层次的财务比率分解体系,逐级向下分解,逐步覆盖企业经营活动的各个环节,以实现系统、全面评价企业经营成果和财务状况的目的。并且,这个体系能够较好地帮助企业的利益相关者分析企业的财务和经营管理中存在的主要问题,能够为科学预测、决策并且改善企业经营管理提供十分有价值的信息。但是,在当前的市场经济环境下,传统的杜邦分析虽然被广泛使用,但也存在某些局限性。

(一)总资产净利率的“总资产”与“净利率”不匹配

总资产是由全部资产提供者享有,而净利润则专属于股东,两者是不匹配的。因为总资产利润率的“投入与产出”不匹配,该指标不能够真实地反映实际报酬率。为了改善该比率,需要重新调整分子和分母。为公司提供资产的人包括无息负债的债权人、有息负债的债权人和股东,无息负债的债权人不要求分享收益,要求分享收益的是股东和有息负债的债权人。因此,需要计量股东和有息负债的债权人投入的资本,并且计量这些资本产生的收益,两者相除才是合乎逻辑的总资产净利率,才能准确地反映企业的基本盈利能力。

(二)没有区分经营活动损益和金融活动损益

传统杜邦分析体系没有区分经营活动和金融活动。对于大多数企业来说,金融活动是净筹资,它们在金融市场上主要是筹资,而不是投资。筹资活动不产生净利润,而是支出净费用。从财务管理角度看,企业的金融资产是尚未投入实际经营活动的资产,应将其与经营资产相区别。与此同时,金融活动损益也应与经营活动损益相区别,才能使经营资产和经营损益匹配。因些,正确计量基本盈利能力的前提是区分经营资产和金融资产、经营损益和金融损益。

作者单位:平煤股份六矿

(三)没有区分金融负债与经营负债

既然要把金融活动分离出来单独考察,就需要单独计量筹资活动成本。负债的成本仅仅是金融负债的成本,经营负债是无息负债。因此,必须在区分金融负债与经营负债后,金融负债与股东权益相除,以得到更符合实际的财务杠杆。经营负债没有固定成本,本来就没有杠杆作用,将其计入财务杠杆,会歪曲杠杆的实际效应。

二、改进的杜邦分析体系

针对传统的杜邦分析体系存在的以上问题,学者们对其进行了一系列的改进,例如对经营资产与金融资产、负债以及经营损益和金融损益进行了详细的区分,并且对所得税也进行了扣除,从而形成了新的财务分析体系,即改进的杜邦分析体系。改进的杜邦分析体系的权益净利率计算公式为:

权益净利率＝净利润/股东权益

＝(税后经营净利润－税后利息费用)/股东权益

＝净经营资产净利率＋(净经营资产净利率－税后利息率)×净财务杠杆

改进的杜邦分析体系的权益净利率组成图如图1所示。

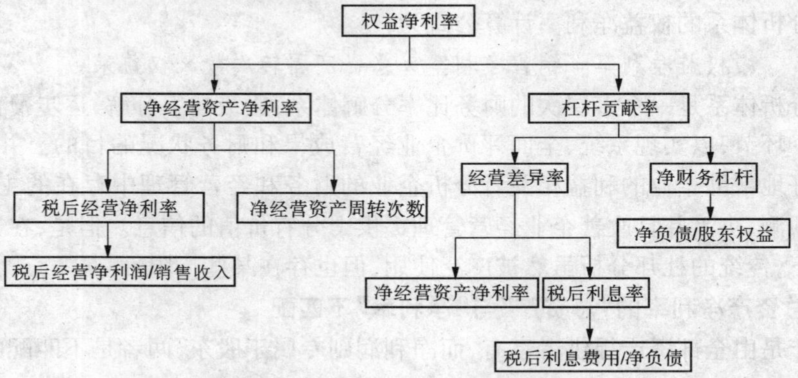

图1　改进的杜邦分析体系的权益净利率组成图

根据该公式可知,权益净利率的高低取决于三个驱动因素:净经营资产净利率、税后利息率和净财务杠杆。净经营资产净利率反映了企业的经营资产回报率;税后利息率反映了企业金融活动的净成本价格;经营差异率是净经营资产净利率与税后利息率的差,是衡量企业借款是否合理的一个重要标准;杠杆贡献率是经营差异率与净财务杠杆的乘积,是衡量企业负债经营为股东带来的净超额报酬率。

由此可见,改进的杜邦分析体系涵盖了企业的盈利能力、经营活动的收益能力、筹集负债的能力等,不仅改善了传统的杜邦分析体系中存在的缺陷,而且可以从整体上对企业的财务状况和经营成果进行更加全面、系统的评价。

三、基于改进的杜邦分析体系对某国有煤炭企业财务状况和经营成果的综合分析

某国有煤炭企业是以煤炭开采、煤炭洗选加工、煤炭销售为主营业务的企业,从“一

五"到"十二五"一直都被列为国家建设重点项目,又是国家重点建设的十三个煤炭基地。下面以此国有煤炭企业 2011 ~2013 年财务报表数据为例试运用改进的杜邦分析体系进行综合分析。

根据某国有煤炭企业在上海证券交易所公布的资产负债表和利润表数据,区分经营资产和金融资产、经营负债和金融负债、经营损益和金融损益后,经过计算得到某国有煤炭企业调整后的资产负债表和利润表的部分数据,如表 1 和表 2 所示。

表 1 某国有煤炭企业 2011 ~2013 年调整后的资产负债表部分数据 (单位:万元)

项目	2011 年	2012 年	2013 年
经营资产	1 690 267. 50	1 869 305. 11	2 205 427. 31
经营负债	687 395. 54	659 137. 53	720 122. 15
净经营资产	1 002 871. 96	1 210 167. 58	1 485 305. 16
金融负债	185 100. 00	258 573. 39	723 403. 01
金融资产	276 203. 27	216 870. 20	444 946. 11
净金融负债	-91 103. 27	41 703. 19	278 456. 90
股东权益	1 093 975. 23	1 168 464. 38	1 206 848. 27

根据表 1 的数据,发现 2011 年的净金融负债为负数,即为净金融资产,表明有一部分权益资金被企业用于购买债务工具,企业利用债务资金购置了经营资产。

表 2 某国有煤炭企业 2011 ~2013 年调整后的利润表部分数据 (单位:万元)

项目	2011 年	2012 年	2013 年
销售收入	2 506 863. 89	2 216 935. 37	1 915 197. 25
税前经营利润	224 718. 98	138 201. 38	101 479. 49
经营利润所得税	50 022. 45	26 009. 50	37 242. 97
税后经营净利润	174 696. 53	112 191. 88	64 236. 52
利息费用	3 548. 85	5 963. 53	15 171. 33
利息费用抵税	789. 97	1 122. 34	5 567. 88
税后利息费用	2 758. 88	4 841. 19	9 603. 45
平均所得税税率(%)	22. 26	18. 82	36. 70

根据表 1 和表 2 的数据,可以计算出改进的杜邦分析体系的主要指标数据,如表 3 所示。

表 3　改进的某国有煤炭企业 2011 ~2013 年杜邦分析体系的主要指标数据

主要财务比率	2011 年	2012 年	变动	2013 年	变动
税后经营净利率(%) (税后经营净利润/销售收入)	6.97	5.06	-1.91	3.35	-1.71
净经营资产周转次数 (销售收入/净经营资产)	2.50	1.83	-0.67	1.29	-0.54
净经营资产净利率(%) (税后经营净利润/净经营资产)	17.42	9.27	-8.15	4.32	-4.95
税后利息率(%) (税后利息费用/净负债)	-3.03	11.61	14.64	3.45	-8.16
经营差异率(%) (净经营资产净利率 - 税后利息率)	20.45	-2.34	-22.79	0.88	3.21
净财务杠杆 (净负债/股东权益)	-0.08	0.04	0.12	0.23	0.20
杠杆贡献率(%) (经营差异率 × 净财务杠杆)	-1.70	-0.08	1.62	0.20	0.29
权益净利率(%) (净经营资产净利率 + 杠杆贡献率)	15.72	9.19	-6.53	4.53	-4.66

由表 3 的数据可以发现,某国有煤炭企业的权益净利率从 2011 年的 15.72% 下降到 2013 年的 4.53%,其呈现出不断下降的趋势,说明企业为股东创造的回报率在降低,即企业的盈利能力是不断下降的。影响这一变化的主要驱动因素是净经营资产净利率、税后利息率和净财务杠杆,各影响因素对权益净利率的影响程度可以用连环替代法测定。下面分别用连环替代法计算 2011 年与 2012 年(见表 4)以及 2012 年与 2013 年(见表 5)各因素指标的影响程度。

表 4　2011 年与 2012 年连环替代法的计算

影响因素	净经营资产净利率(%)	税后利息率(%)	经营差异率(%)	净财务杠杆	杠杆贡献率(%)	权益净利率(%)	变动影响(%)
2011 年权益净利率	17.42	-3.03	20.45	-0.08	-1.70	15.72	
净经营资产净利率变动	9.27	-3.03	12.30	-0.08	-1.02	8.25	-7.47
税后利息率变动	9.27	11.61	-2.34	-0.08	0.19	9.47	1.22
净财务杠杆变动	9.27	11.61	-2.34	0.04	-0.08	9.19	-0.28

表5　2012 年与 2013 年连环替代法的计算

影响因素	净经营资产净利率(%)	税后利息率(%)	经营差异率(%)	净财务杠杆	杠杆贡献率(%)	权益净利率(%)	变动影响(%)
2012 年权益净利率	9.27	11.61	-2.34	0.04	-0.08	9.19	
净经营资产净利率变动	4.32	11.61	-7.29	0.04	-0.26	4.06	-5.12
税后利息率变动	4.32	3.45	0.87	0.04	0.03	4.36	0.29
净财务杠杆变动	4.32	3.45	0.87	0.23	0.20	4.53	0.17

由表4、表5 用连环替代法分析的各指标的影响程度,可以得到以下结论:

2011 年与 2012 年:净经营资产净利率的下降使得权益净利率下降了 7.47%,税后利息率的上升使得权益净利率上升了 1.22%,净财务杠杆的上升使得权益净利率下降了 0.28%。因此,在以上三个驱动因素的共同作用下,2012 年的权益净利率相对于 2011 年下降了 6.53%。

2012 年与 2013 年:净经营资产净利率的下降使得权益净利率下降了 5.12%,税后利息率的下降使得权益净利率上升了 0.29%,净财务杠杆的上升使得权益净利率上升了 0.17%。因此,在以上三个驱动因素的共同作用下,2013 年的权益净利率相对于 2012 年下降了 4.66%。

由此可以看出,造成 2011～2013 年度权益净利率下降的主要原因是净经营资产净利率的下降。下面就净经营资产净利率的下降来具体分析。净经营资产净利率又可以进一步分解为税后经营净利率和净经营资产周转率的乘积。

税后经营净利率反映了企业每一元钱的销售收入真正给企业带来的利润。从表3 中可以看出,某国有煤炭企业近3 年的税后经营净利率是不断下降的,现在将利润表中的项目进一步分析得到表6,以反映某国有煤炭企业改进后的利润表主要成本费用的结构变动数据。

表6　各项或本费用占销售收入的百分比　(单位:万元)

项目	2011 年		2012 年		2013 年	
销售收入	2 506 863.89	100%	2 216 935.37	100%	1 915 197.25	100%
营业成本	1 986 508.27	79.24%	1 789 161.22	80.70%	1 519 978.32	79.36%
销售费用	23 006.29	0.92%	22 551.16	1.02%	22 921.65	1.20%
管理费用	207 098.75	8.26%	217 191.41	9.80%	206 529.53	10.78%

从表6中可以看到,近3年某国有煤炭企业销售收入每年都大幅下降,这主要是由于受到国内宏观经济增速下降,传统产能严重过剩,煤炭需求量持续减少,供需矛盾越发突出以及国际煤炭价格的影响。营业成本基本上变化不大,但销售费用及管理费用都有小幅上升趋势,说明企业对于销售费用及管理费用的控制能力有待增强。

净经营资产周转率反映了企业的净经营资产的使用效率,也是企业投资决策水平的重要依据。从表3中可以看出,某国有煤炭企业近3年的净经营资产周转率是下降的,表明企业的经营资产的使用效率是减弱的。具体影响因素如表7所示。

表7 资产的使用效率评价指标 (单位:万元)

项目	2011年	周转次数	2012年	周转次数	2013年	周转次数
存货	60 278.74	41.59	81 953.82	27.05	109 817.55	17.44
应收账款	19 599.07	127.91	20 319.81	109.10	51 639.20	37.09
固定资产	902 788.26	2.78	974 398.70	2.28	1 058 789.23	1.81

由表7可以看出,某国有煤炭企业近3年的存货、应收账款、固定资产的周转率都在下降,尤其是应收账款的大幅变化,造成此现象的原因是煤炭市场疲软,发出商品未结算所致,产品销售回款现款也大幅减少,银行承兑汇票增多,库存煤数量增多所致。

四、结 论

基于改进的杜邦分析体系对某煤炭企业进行分析,不仅能够更加准确地反映某煤炭企业投入经营活动的资产,为经营业绩提供依据,而且能够更加准确地反映企业的经营活动的获利能力。通过分析,发现该煤炭企业的盈利能力虽然有所下降,但主要原因是煤炭市场,本身的控制能力并没有太大问题,但也有一些问题需要改进。

(一)加强销售、管理等费用的控制

在面对危机时,更要加强对生产过程进行合理的管理,完善内部管理控制,严格控制各方面的成本以扩大企业的利润空间,帮助企业渡过难关。

(二)加快存货的周转率,加强应收账款的回款能力

虽然有煤炭市场疲软的大形势所在,但也要有改进的措施,加大销售力度及催款力度,与有良好支付能力和较高市场信誉的大中型企业建立稳定的长期合作关系。

参考文献

[1] 中国注册会计师协会. 财务成本管理[M]. 北京:中国财政经济出版社,2014.
[2] 张原. 改进的杜邦分析体系及应用[J]. 财务月刊,2014(1).

浅议煤炭企业现状及对策

于冠军　崔俊陆

2012 年以来，煤炭企业进入了 10 年来最为艰难的时期，煤炭行业出现结构性产能过剩、进口总量高、煤炭供应增速超过需求增速导致市场供大于求，导致煤炭价格大幅下降。煤炭价格持续走低，货款拖欠严重，国有煤炭企业经营困难，煤炭企业遇到了前所未有的困难。由于经济增势放缓，煤炭下游行业电力、钢材、化工等行业不景气，导致煤炭直接需求不足。我国进口煤的持续增加，加剧了国内煤市的压力。同时，受国家节能减排政策，以及国内外宏观经济环境的影响，新能源的开发利用及煤企过重的税收负担，使煤炭企业利润严重下滑，出现亏损。本文从以上几个方面分析煤炭行业现状及相应对策。

一、煤炭企业现状

（一）开采过度，产能过剩导致煤炭销售困难

2012 年以来，由于总量过剩，煤炭市场疲软，建设规模不断扩大，产能迅速增加、煤炭供应的增加量超过煤炭需求的增加量，电力、钢铁、化工等行业的不景气，造成煤炭库存大幅度增加，价格大幅度下降。统计显示，目前全国在建煤矿项目 1 563 个，总规模 6.53 亿 t，加上改扩建、技术改造和资源整合等，新增产能约 8.3 亿 t，已超过煤炭工业“十一五”发展规划确定的建设规模。这些产能的相继建成释放，将加剧产能过剩的压力。有数据显示，2013 年 6 月末，全社会库存煤炭 2.98 亿 t，其中全国煤炭煤矿库存达到 4 792 万 t，同比增长 12.49%；秦皇岛港煤炭库存达到 709 万 t；重点电厂库存（直供）达到 7 478 万 t，可用天数为 22 天。在煤炭销售上，2013 年上半年，我国累计销售原煤 17.5 亿 t，同比下降 3.8%。以平煤神马集团为例，2013 上半年煤炭产量 2 195 万 t，同比下降 8%；销量 1 976 万 t，同比下降 9%。同时，迫于销售压力，不得不连续下调精煤售价，上半年累计下调 180 元，精煤价格接近 2008 年金融危机时的谷底。

（二）进口煤总量的快速增长

低价的海外煤炭大量涌入中国。2012 年，中国累计进口煤炭 2.9 亿 t，同比增长 29.8%。2013 年上半年，我国进口煤炭 1.58 亿 t，同比增长 13.3%。煤炭进口量的持续增加对国内煤炭将产生更大的冲击。据海关总署发布的最新数据显示，1 月，我国进口煤 3 590.9 万 t，同比增长 17.5%。进口煤的增加对国内煤炭市场份额产生挤压效应，“内需不足和进口煤炭的冲击导致煤炭销量大幅下滑”。我国进口煤的继续增加，加剧了国内煤市的压力。一方面，减少了对国产煤炭的需求；另一方面，国际煤价的时涨时跌，导致国内煤价的不稳定。

（三）新能源的开发利用

自 2012 年以来，受国家节能减排政策，以及国内外宏观经济环境的影响，煤炭下游行

作者单位：平煤股份六矿

业进入结构调整、设备更新、产品升级换代阶段，发展速度放慢，对煤炭的需求明显不足。国家大力发展清洁能源，促进能源绿色发展，推进水电、风电、太阳能、生物质能、地热能等可再生能源发展。

2012 年中国能源消费结构图如图 1 所示。

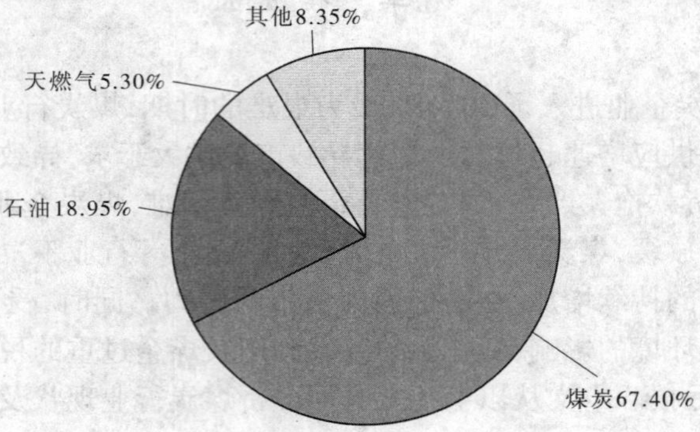

图 1　2012 年中国能源消费结构图

2012 年，我国煤炭消耗还能占到 67. 40%；2013 年年初，国务院发布的《能源发展“十二五”规划》中提到，2015 年我国非化石能源消费比重将提高至 11. 4%。天然气占一次能源消费比重提高到 7. 5%，煤炭消费比重降低为 65% 左右。天然气和可再生能源成“新能源革命”的主角，将逐步改进生态环境，改善国家、产业和公众的利益关系；未来的能源发展方式必须适应“新能源革命”趋势，煤炭这种高污染的能源将慢慢被新能源取代。

（四）煤炭企业承担的税负过重

中国煤炭价格之所以比国外要高，除开采技术方面的原因外，税费过高是主要原因。目前涉及煤炭产业的税收共 16 项，行政性收费共 31 项。煤炭企业平均税费负担水平在 35% 左右，其中税收负担为 21%，高于国内绝大多数行业。仅增值税一项，全国规模以上煤炭企业综合税率是国内工业行业平均水平的 2 ~ 3 倍。在全国增值税转型之际，其他行业均降低了税负，而煤炭产品增值税税率由 13% 恢复到 17%。这将进一步增加煤炭企业生产成本，严重影响煤炭企业健康发展。

二、煤炭现状对策分析

（一）控制煤炭生产总量、整理进口煤市场

加强对煤炭总量的宏观调控，努力保持供需基本平衡，以促进煤炭企业的持续健康发展。在坚决遏制煤炭产量无序增长方面，将严格新建煤矿准入标准，停止核准新建低于 30 万 t/年的煤矿、低于 90 万 t/年的煤与瓦斯突出矿井，逐步淘汰 9 万 t/年及以下煤矿。要根据经济发展形势，科学测算煤炭开采规模，既要兼顾当前市场情况，也要考虑未来经济发展需求，合理进行资源开发和布局，努力保持煤炭供需基本平衡。规范煤炭市场，整理进口煤市场经营秩序。规范进口煤经营秩序，加强煤炭进口企业资质管理；制定进口煤标准，鼓励进口优质动力煤（高发热量、低硫煤）以及国家稀缺的炼焦煤类资源，限制低煤质如褐煤和高硫煤的进口,提高能源利用效率,减少环境污染。推进煤炭市场化体系建设,推进煤炭企业兼并重组,杜绝非法违规煤炭企业参与生产、严惩扰乱市场经营的行为,完善行业自律机制。

(二)企业转型发展、促进企业推进经济结构优化调整

煤炭企业只有推进经济结构优化调整,才能实现协调高效发展。推动企业转型发展,提高煤炭就地消化能力。支持煤化工产业发展,使煤炭由燃料向原料转变,提高资源转化综合利用水平,实现煤炭产业多元化发展;加大招商引资力度,扩大区内电力需求,鼓励发电企业用存量机组与大企业重组,承接产业转移,改为自备电站;创新煤炭企业发展模式,鼓励获得煤炭资源的企业、电力企业实施电煤一体化发展。按照扬长避短、突出主业的要求,优化选定本企业赖以生存发展的主体产业,分离辅业,做大做强主业,使主业更有市场竞争力。按照市场需求取向,持续对企业主体产业中的产品结构进行优化调整,确立主导产品,决定向客户提供什么价值产品。以市场需求和自身条件为支撑依据,优化调整产品结构,确定不同主导产品的市场定位。

(三)加强安全管理和量化考核

1. 培育职工安全理念、隐患整治,及时排查

安全理念来源于职工群众的实践创造,如在经营和安全管理上,提出的"安全为天,质量为本""企业越困难越要抓安全,抓不好安全就更困难"等一系列企业管理理念。严格处理各种安全事故和违章人员,既进行经济处罚,还要进行行政处理,促进安全工作的开展。加强岗位描述、手指口述是降低工作失误、有效控制"三违"、防范事故的有效途径。

根据生产现场具体情况建立一套完善的事故隐患排查整改制度:一是采取"挂牌督办,整改销号"的方法,督促隐患整改。对各种形式的安全检查、督查等查出的隐患,登记建档,制定整改措施,明确整改责任和时间,挂牌督促,定期调度,直至整改验收合格,才予以销号。二是采取专项治理整顿的方法,督促隐患整改。定项目、定措施、定资金、定责任人、定时间限期进行专项治理整顿,并专门以文件形式印发,促进隐患整改。三是采取责任追究的方法,督促隐患整改。采取高压态势,从追查责任不落实的事、处理责任不落实的人入手,对存在重大隐患、对隐患整改工作不重视、不按规定整改隐患、出现重复隐患、隐患整改计划不落实继续组织生产的,进行严格的责任追究,并对相关责任人进行严肃处理,提高各级人员对隐患整改的重视程度,保证查出隐患整改及时、到位。引导广大干部职工提高安全意识、安全技能和自我保护能力。

2. 严格进行量化考核

煤炭企业材料消耗极大,材料的采购、使用必须进行特别的控制,建立权责利治衡机制。科学、合理的生产设计,能够降低各种不必要的投入,从而降低成本。实行物资投入标准化、改善内部管理组织、改革用人制度等措施,使物料资源得到最有效的利用。充分发挥企业的生产能力,提高设备的有效利用程度,以减少生产设备的浪费。加强生产设备管理,对生产设备实行计划检修、维护,以减少不必要的事故影响;加强设备使用率,积极处置闲置设备,以减少不合理的资金占用。

(四)加强成本管理意识,节约支出项目

加强成本管理是企业的一个行之有效的办法,近几年来,集团财务部门按照集团公司财务管理模式规范运作,积极转变工作职能,调整理财思路,在预算管理、成本费用管理、资金管理、资产管理等各个方面加大了管理力度,为集团公司的经济发展起到了积极的作用。通过集团公司关于加强成本管理文件的指导,首先就是要加强全矿职工的成本意识,使大家尽可能地减少成本的投入,以最小的投入取得最大的收益。只有意识提高了,才能更好地明确需要,需要多少投入多少,绝不浪费。因此,提高企业职工成本管理意识,统一思想,对降低成本极为重要。充分运用价值分析来降低材料成本,制定技术标准,使用标准材料和配件,尽可能地减少原料浪费。要根据产品性能的要求,合理选材,合理利用废旧余料,搞好综合利用。加强运输管理和储存管理,降低材料的采购成本、流通成本和储存成本。加强人才培养,提高劳动生产率,一方面通过提高工人的技术熟练程度,另一方面是不断改进生产组织和劳动组织,实行专业化生产,尽量减少无效劳动。

(五)减少煤炭企业税收负担、开征煤炭进口关税

进一步清理现行煤炭生产、销售过程中征收的各类收费和基金,对有关部门和地方越权设立的不合理收费项目,要加大清理和取消力度,切实减轻企业负担。积极推进煤炭税费综合改革,加快推进煤炭资源税从价计征改革。完善煤炭成本核算制度,根据资源赋存条件制定差别化税费政策,合理确定煤炭企业税负。我国现在对煤炭进口不征收关税,仅收取增值税和港口费用。在加强煤炭进出口环节管理方面,将按照节能减排和环境保护要求,研究制定商品煤质量国家标准。研究完善差别化煤炭进口关税政策,鼓励优质煤炭进口,禁止高灰分、高硫分劣质煤炭的生产、使用和进口。提高进口增值税;对低发热量、高硫分煤炭征收限制性关税。

参考文献

[1] 张强. 对我国煤炭行业的现状及营销策略的研究[J]. 中国总会计师,2012(5).
[2] 杨文芳. 煤炭企业成本管理新思路探讨[J]. 煤炭经济研究,2011(3).

基于财务网络游戏的企业财务人员后续教育探讨

杨文浩

随着企业规模的扩大和经营范围的拓展,企业对企业财务人员素质和能力要求越来越高。为了满足企业财务管理需要,开展后续教育成为提高财务人员理论水平和业务素质的一个重要途径。由于目前计算机网络技术的发展及其在会计领域的广泛应用,基于财务网络游戏的后续教育模式日益成为一个重要的选项。

一、财务网络游戏的财务人员后续教育内涵

财务网络游戏后续教育是财务游戏与会计电算化有机结合,将企业的经营和财务流程以财务网络游戏的场景展现出来,并把财务人员职位、岗位、职业道德和财务法律法规等融入到财务网络游戏里。在相对逼真的虚拟环境当中,使财务人员在可以更充分地了解企业的各个生产环节的同时,以各个虚拟岗位进行角色模拟和轮岗操作,借以提高财务人员业务素质、能力和职业道德水平,使之更好适应企业发展要求的后续培训游戏。

二、企业财务网络游戏后续教育的可行性和必要性

财务网络游戏后续教育改变了以往后续教育的枯燥性和呆板性,增加了财务人员后续教育的趣味性,是现有会计人员后续教育的有益补充。它拓宽了财务人员的后续教育的途径,使财务人员后续教育有了更多的选择。同时,财务网络游戏后续教育的实行也有其自身的可行性和必要性。

(一)企业财务网络游戏后续教育的可行性

企业财务网络游戏后续教育的可行性主要体现在以下两点:第一,人员上可行性。随着会计电算化的普及,财务人员都可以熟练地操作电脑,财务人员庞大的队伍和年轻化使财务网络游戏后续教育有着广阔的市场前景。第二,技术上可行性。电脑的微型化和智能手机的发展,使网络操作平台更易于操作。同时,网络游戏技术也日臻完善,这为企业财务网络游戏后续教育的开展奠定了坚实的市场和技术基础。

(二)企业财务网络游戏后续教育的必要性

企业财务网络游戏后续教育的必要性主要在于财务人员会计证后续教育培训存在的问题。目前,企业财务人员会计证后续教育分为面授教育和网络教育两种方式,其存在的主要问题如下。

作者单位:中国平煤神马集团财务资产部

1. 面授会计后续教育存在的问题

高级会计师一般采用面授后续教育，这是传统的培训方法。高级财务人员分时段、分批次集中在几个培训地点，除了北京、上海和厦门三个国家会计学院，一般会选择高级财务人员比较集中的省会城市举办。一般采用大课堂教学，集中培训 3 天。这种形式虽然有系统性强、易管理等优点。但存在的问题也是显而易见的：培训时间短、培训场地少、培训内容范围过窄、培训方式枯燥、学员往返奔波费用高和花费时间多，培训后缺乏相应的考评，导致培训效果大打折扣。

2. 网络会计后续教育存在的问题

高级会计师以外的财务人员都是通过在网上报名、听课和考试的方式进行培训。这给财务人员学习时间的安排上带来了极大的便利，财务人员足不出户就能随时在电脑上学习，不用来回奔波。但是网上学习也有自身的不足。第一，网络课堂自身的弊端。在网上听课，财务人员在网络课堂上每隔几分钟点击一次，不用连续听课。第二，网络课堂学习内容相对统一，虽然也有必修和选学之分，但是在必修和选学部分，没有根据不同职称人员的层次而进行相应的分类。无论中级职称、初级职称还是无职称的财务人员，无论是财务科级干部还是一般财务人员都学习同样的课程，无法满足各个层次财务人员的各自的学习要求，导致学员学习兴趣低。第三，学员和老师之间缺乏互动，老师只管讲课而学员只能被动听课，有问题也难以沟通。第四，网络会计后续教育考试的试题量偏少，还可以在网上直接搜索到答案，考试流于形式。

综上所述，由于面授和网络课堂本身的局限性及教育内容的不尽合理，导致会计证后续教育难以满足财务人员的需要。因此，引入一种能更好地适应企业财务人员后续教育的方法成为了现实需要。

三、财务网络游戏后续教育系统的建设

（一）财务网络游戏后续教育系统开发的原则

1. 通用性与行业性相结合的原则

由于各个行业的经营环境、生产流程的不同，各个行业的会计都有着自身的特点。因此，财务网络游戏后续教育的开发要遵循通用性和行业性相结合的原则，使之既能符合会计法规整体的规定，又能满足各个行业会计的独特需求。

2. 及时升级和更新原则

由于计算机技术发展日新月异，电脑的软硬件更新快。同时，伴随着我国会计准则同国际会计准则的趋同，企业会计准则变化较大。因此，财务网络游戏后续教育系统也要与时俱进，根据环境的变化及时作出相应的系统升级和内容更新，使游戏在系统上同游戏操作平台相兼容，在内容上同新会计准则保持同步，更好地适应培训的要求。

3. 适用性和趣味性相结合原则

财务网络游戏后续教育系统要根据各个行业会计处理的不同，相应的游戏场景和操作流程设置要同各个行业的生产和财务流程保持一致。同时，还要增加游戏的趣味性，避免操作和学习的枯燥性。这样才能更好地吸引学员的兴趣，提高学习的积极性。

4. 兼容性和易操作原则

财务网络游戏后续教育系统要有较高的系统兼容性，可以在各种操作系统平台上应用，并且要操作简单、易学易会。这样财务网络游戏后续教育才有更大的应用空间和竞争力。

（二）财务网络游戏后续教育课程内容设置

财务网络游戏后续教育课程内容的设置要与会计人员专业技术职称（职务）、工作岗位相适应。笔者建议应当建立五个子系统进行教育，以适合各种类型会计人员提高业务素质的要求。

1. 企业经营流程系统

企业经营流程系统主要将企业生产经营流程融入到财务网络游戏当中，使学员通过游戏可以更好地了解本企业的经营活动。会计是以货币为主要载体对企业经营活动的记录，财务是对企业经营活动中资金的管理。由于各种原因，企业财务人员并不能亲自到企业的经营现场观摩学习。财务网络游戏应当让学员通过虚拟的企业经营流程系统学习企业经营知识，对企业的供产销整个经营流程有更深入的了解。同时，还能根据企业的经营情况更新财务管理理念，更好理解财务管理的实质，促进财务实务工作的开展。

2. 财经会计法规系统

财经会计法规系统主要是将会计职业道德教育、财经会计法规融入到财务游戏当中。由于财经法规比较多且枯燥，平时财务人员忙于工作，很少专门学习财经法规。财务网络游戏应当将与财务会计工作有关的会计、审计、金融、税收等方面的财经法规以趣味性的游戏表现出来，使会计人员能够以游戏的方式，在娱乐当中全面、直观和透彻地理解与应用财经法规，促进财务工作的合规性发展。

3. 财务理论系统

财务理论系统主要目的在于将财务管理、企业管理和企业安全生产知识等基本理论融入财务游戏。财务理论主要是针对高级财务人员而言，由于一般财务人员主要是会计实务的操作，财务负责人不仅要精通实务的操作，而且要有深厚的财务理论，这样才能更好地制定企业的财务战略和指导实务。财务网络游戏应当将会计、审计、财务管理、税务、企业安全管理、信息技术等晦涩的理论知识以游戏的形式展现出来，使财务人员在娱乐当中领会和掌握财务理论。

4. 会计实务系统

会计实务系统主要是将财务人员会计核算工作以游戏的形式表现出来。由于财务法规和企业自身的情况，只有很少财务人员从事过每个财务岗位，不利于财务人员整体素质和能力的培养。财务网络游戏要将财务的整个流程包括建账、凭证处理、账务处理、报表处理、财务分析、报税等融入游戏，设置相应的场景，使学员有一种身临其境的感觉，增加处理业务的真实性。同时，财务人员可以以各种身份在虚拟的环境当中实现整个财务流程的操作，进而促进财务人员的操作能力，提升财务人员的管理素质。

5. 后续教育测评题库系统

建立后续教育测评题库系统，系统要有足够数量的测试题，考题种类要齐全并且和其他系统学习内容相匹配。测评时，从题库当中随机抽取试题，学员只有通过上一个子系统的考试之后，才能进入到下一个子系统中学习，使其真正起到测试应有的作用。

四、开展财务网络游戏的财务人员后续教育的难点

虽然基于财务网络游戏的财务人员后续教育有很多无可比拟的优点，但是要将企业的经营和财务流程完全融入到游戏当中还是有一些困难的。第一，财务和游戏是两个不同的领域，要把两者有机地结合起来，需要开发游戏人员和财务人员的相互配合才能将财务流程完全融入到财务游戏当中。第二，企业的经营和财务流程本身就是一个庞大的系统工程，要将其移植到游戏当中需要大量的人力、时间和财力支撑。第三，财务知识和理论相对抽象，用游戏的方式将其直观地展现出来，这在技术上有一定的难度。第四，财务网络游戏的开发、测试和财务人员对它的接受也需要一个较长的过程。这些都导致财务网络游戏后续教育系统的建设和实施还需一个较长的过程。

财务人员后续教育向模拟财务处理流程的财务网络游戏方向发展是大势所趋。随着信息技术的发展，财务与游戏之间的鸿沟将会逐步缩小，它们之间有机的融合将会得以实现。基于财务网络游戏的财务人员后续教育系统也必将成为财务人员构建更加实用的后续教育平台之一。

混合所有制经济在朝川焦化公司的实践

孙翌晨 孙自平

十八届三中全会以来,混合所有制改革已成为新一轮国企改革的重要突破口。国有企业如何加快发展混合所有制经济,如何进一步推进改革,并在改革中获得良好发展,已经成为一个日益凸显的重要课题。

一、发展混合所有制经济,有利于各种所有制资本取长补短、相互促进、共同发展

国有企业具有的资金、装备、人才、品牌等优势与民营企业的灵活机制、高效管理、市场意识等优势相结合,能更好地激发国有企业活力,增强国有企业的市场竞争力,进而提升国有企业的效率和效益,有利于国有资本保值增值。同时,也能进一步壮大民营企业规模,增强民营企业抗风险能力,真正建立起产权主体多元化、治理结构法人化的制度。

二、混合所有制是焦化行业脱困的方向

1997 年,朝川焦化公司的前身朝川矿焦化厂走到了“山穷水尽”的地步。由于焦炭市场疲软、企业经营不善等因素影响,企业亏损严重,负债率高达 94%,企业的生产经营陷入恶性循环的困境,职工工资长期拖欠,100 多名职工下岗。

1998 年,平煤集团兼并朝川矿务局组建朝川矿,朝川矿焦化厂迎来了发展机遇。由于历史欠账较多,企业没有资金投入焦化厂建设。面对资金困难,朝川矿干部职工以入股形式自筹资金 217 万元,组建了汝州市天宝焦化有限公司,在投资主体多元化和产权多元化方面迈出了坚实的第一步。到 2000 年底,实现利润 210 万元,使百余名职工重新上岗就业,年终按入股比例分红,职工收入有了保障,企业生产经营步入了良性发展轨道。

2004 年,国家颁布了《焦化行业准入条件》,对焦化企业的资源综合利用和环保措施提出了更严格的限制,2004 年 12 月,天宝焦化公司与民营企业厦门新中厦房地产开发公司进行了资产重组,成立了河南省朝川焦化公司。河南省朝川焦化公司的组建,实现了国有企业与民营企业的合作,突破了单一所有制的限制,并吸引外部资金和职工入股,其中:朝川矿出资 6 700 万元,约占总股本的 56%,代表平煤集团实施控股,职工个人入股 2 414. 56万元,外部资金入股 2 724. 4 万元,企业股权进一步多元化。

2008 年,由于企业发展需要,厦门新中厦房地产开发公司和职工个人股退出,河南省朝川焦化公司又与集泰实业(上海)有限公司(民企)、河南丰麟实业有限公司(民企)及平煤集团创业投资股份有限公司合作,通过股权转让并购,改制成为中国平煤神马集团平顶山朝川焦化有限公司,混合所有制企业模式逐步形成。通过资产的并购重组,构建起合

作者单位:中国平煤神马集团平顶山朝川焦化有限公司

理的产权结构，有利于发挥各种所有制资本的优势，一方面，充分发挥丰麟股东的销售渠道优势；另一方面，充分发挥了集泰和平煤集团创业投资股东的资金优势与管理优势，最重要的是充分利用了朝川矿的资源优势，从而实现多方共赢。

如今，中国平煤神马集团平顶山朝川焦化有限公司逐渐从一个“小作坊”式企业成长为一座现代化的混合所有制企业。目前，朝川焦化有限公司年产焦炭 90 万 t、入洗原煤 300 万 t、焦油 41 000t、粗苯 11 000 t、硫铵 12 000 t、发电 10 000 万 kWh，为集团打造集产煤、选煤、炼焦、化产回收、发电于一体的“朝川模式”循环经济产业园区发挥了重要作用。投资主体的多元化，使企业真正成为自主经营、自负盈亏、自我发展、自我约束的法人实体和市场竞争主体。

三、朝川焦化公司采取的改革改制措施

（一）整合管理部门，提高工作效率

为避免机构雍肿、人浮于事的现象，实现渠道畅通、运营简单的目标，朝川焦化公司将原有的 20 个科级管理部门，精简为 10 个，公司科级以上管理人员比同类企业减少 50% 以上。充分发挥民营企业用人机制灵活的优势，破除“铁饭碗、铁交椅、铁工资”的陈旧思想，竞聘上岗，干部能上能下，员工能进能出，收入能高能低，借助民营机制的参与激发企业发展活力，通过民营机制的投资，不断壮大企业规模。

（二）采取职业经理人经营模式，提高公司经营管理水平

朝川焦化公司职业经理人由民营企业推荐，按公司法履行相关程序，职业经理人全面负责企业经营管理，中国平煤神马集团公司依法推荐董事长和财务总监，其他高管按股权比例推荐，进一步实现了企业经营权与所有权的分离。各股东积极加强沟通，确保决策更加科学化，管理更加制度化。

（三）“以化养焦”，打造最佳效益链

企业间的竞争是产业链的竞争，谁拥有科技含量高、附加值高的产业链，谁就更具有竞争力。“以化养焦”，不断延伸焦化产业链和价值链，提升产业层次，是焦化企业脱困的当务之急。朝川焦化公司把煤化工作为主导产业之一，不断延伸产业链，努力发展配套产业集聚群，力争建设产业链最完整的煤化工企业；培育煤矸石烧结项目、富余煤气发电项目、干熄焦项目、合成氨项目，使焦化富余煤气及富余蒸汽得到综合利用；按照清洁、高效、充分利用的原则，对洗煤副产品进行综合利用，重点建设煤泥发电、粉煤灰切块、中煤气化等项目，为公司长远发展赢得更大的发展空间和机遇。

（四）节约一分钱，就增一分利，成本管理理念得到体现

（1）在原材料采购方面，公司积极开展降本增效活动，以尽可能少的劳动消耗获得尽可能多的劳动效果。原材料成本约占整个焦炭成本的 90% 以上，原材料成本的高低，制约着企业的获利能力。面对焦炭价格与成本严重倒挂的不利环境，供销部门引进了竞争机制，坚持“两条腿”走路，利用集团公司及陕西、青海、新疆等地多种煤炭资源优势，在更广阔的市场寻求优质低价原料，寻找最佳配煤比，努力降低生产成本。在辅助材料采购方面，公司充分利用民营企业成本精细化管理的优势，减少了人情物资采购，做到量价跟踪反馈，减少厂、车间二级库存，跟踪材料消耗使用，使材料采购成本及物耗成本明显下降。

(2)在销售管理方面,积极从用户结构调整入手,通过发展直供户和直接厂家用户,拓宽产品销售渠道,采取灵活的营销策略,为应对动荡剧烈的市场风险打下基础。如在焦炭销售方面,通过巩固市场、稳定价格、回收货款和增加铁路运量等方面的积极努力,特别是在2014年1月份以后,焦炭价格断崖式跳水,钢厂焦炭库存积压严重,营销部门采取一系列积极的差异化营销策略,如采用煤换焦、加大贫瘦煤洗选等降成本应对措施,在最短时间内扭转了焦炭销售的被动局面。

(3)在成本费用支出方面,公司本着"千方百计控成本、勤俭节约压费用、艰苦奋斗渡难关、应对危机求发展"的精神,积极推行降本增效活动。公司组织高层及管理部门多次到民营企业利源焦化等兄弟单位对标学习,积极开展对标管理工作,制订对标活动实施方案,将可控成本的对标指标纳入各部门绩效考核范围。继续加大目标成本管控力度,在制定目标成本时,根据公司历史和同行业同类产品成本的水平,坚持从效益优先的原则入手,科学预测企业的目标利润,在确定构成产品成本的各项消耗、费用指标时与历史最好水平作参照。实行成本费用归口管理,既使职工感到工作有难度、有压力,又使职工通过努力看到了希望,强化职工的成本意识和危机感。公司企管部对各责任部门指标完成情况进行月度分析和考核,考核情况在工资发放时体现,完成好的和差的,人均工资能差300~400元。

在焦化产品市场持续低迷的"经济寒冬"中,朝川焦化有限公司充分发挥混合所有制企业人才优势、原料采购优势、运输优势、水电资源优势、以化养焦优势及机制灵活、效率高等诸多管理优势,转变经营思路,以市场为导向,加快产业及产品结构调整,走差异化发展道路,给企业带来了新的经济增长点,促进了公司经济运行质量不断提高,经济效益持续提升,保持了公司生产经营的健康、稳定、持续发展。

财务公司发展的制约因素及未来发展趋势的探讨

张　蕾

在我国的金融体系中，财务公司是非银行金融机构，是一种特殊的金融制度安排。

一、财务公司成立的背景

财务公司是中国企业体制改革和金融体制改革的产物。国家为了增强国有大中型企业的活力，盘活企业内部资金，增强企业集团的融资能力，促进产业结构和产品结构的调整，以及探索中国特色的产业资本与金融资本相结合的道路，于1987年批准成立了中国第一家财务公司，即东风汽车工业集团财务公司。

二、财务公司在公司治理结构中发挥的作用

(1)设立财务公司是企业集团在现有资金结算中心基础上规范资金运作、提升管控能力的必要手段。与资金结算中心这样的内部职能部门相比，财务公司作为非银行金融机构，拥有独立法人地位，归集及运作资金行为受到监管部门的严格监管，可以规范企业集团现有的资金集中管理行为。

(2)设立财务公司是企业集团搭建内外部资金平台，实现财务资源整合，提高资金利用率的最有效方式。借助财务公司这个平台，可以使企业集团整体资源得到合理配置，财务调控能力明显增强，如通过取得同业授信、同业拆借、资产回购、在银行间营销市场发行债券等手段拓宽融资渠道，降低融资成本，从而为企业集团战略的实施提供有力的融资支持。

(3)设立财务公司是监控资金流向、提升风险控制能力的有效途径。成立财务公司后，企业集团各成员单位均在财务公司开户，财务公司可监控所有资金流入和流出，对成员单位重大财务事项有知情权，实现了对成员单位现金流量的动态监控，提升了企业集团总部财务管控能力。

三、财务公司发展的制约因素

财务公司在公司治理结构中发挥的作用是显而易见的，但是财务公司的发展也受到多重因素的制约，本文主要分析监管机构的一些监管制度对财务公司发展的制约。

(一)融资渠道单一，资金实力薄弱

财务公司资本募集、资金的来源等方面都限定于本集团内部，财务公司的经营状况和

作者单位：中国平煤神马集团财务公司

发展规模直接受企业集团的制约,我国大多数财务公司的资金比较紧张,融资渠道过于狭窄,导致其资金实力薄弱。

(二)服务范围、资金运用范围有限

《企业集团财务公司管理办法》虽赋予财务公司广泛的业务范围,但财务公司主要是为企业成员单位服务,再加上一些业务开展的限制条件,使得财务公司业务品种主要以传统的存贷款和资金结算为主,业务范围狭窄,导致财务公司缺乏核心竞争力。

(三)上市公司资金集中困难

上市公司与财务公司进行交易时,通常会出现关联交易的情况。一般来说,出现关联交易的情况后,只需按照证券交易所相关的程序进行表决和公示即可,但根据上市公司募集资金管理规定等相关法规,中国证监会及国家工商总局存在对上市公司大股东进行资金集中管理是否会导致侵占资金的疑虑,使得上市公司的资金集中较为困难。

(四)存款准备金率过大,影响资金配置效率,降低了企业集团资金集中管理的积极性

存款准备金是指金融机构为保证客户提取存款和资金清算需要而准备的在中央银行的存款。财务公司按照监管规定上交存款准备金,企业集团内部生产经营资金在财务公司集中后部分被锁定,资金集中度越高,被锁定的存款准备金也就越多。在资金紧张的情况下,企业集团为了维持正常的生产经营,可能被迫增加外部融资,间接提高了集团的资金成本,势必会影响企业集团资金集中管理的积极性,企业集团将有可能不通过财务公司集中资金,势必影响财务公司加强集团资金集中管理的功能发挥,这也与国家设立财务公司的初衷相悖。

(五)没有联行清算号,导致资金结算效率低

在资金集中功能中,结算集中是很重要的一环,虽然财务公司本身具有结算的功能,但由于中国人民银行没有授予财务公司联行清算号,使得财务公司无法加入人民银行的支付清算系统。财务公司在进行内部成员单位的结算后,对外支付仍需依附于商业银行来开展,这一方面降低了结算效率,另一方面导致交易费用增加。

四、对财务公司的未来发展提出的建议

(一)以服务企业集团为基础,实现多渠道融资

在未来的发展中,财务公司应当充分利用自身的特点及不同的融资手段,在现有法律法规允许的前提下,比较融资成本,实现多渠道融资,以满足企业集团对资金的需求,比如通过与银行合作,在银行间债券市场发行短期融资券,置换流动资金贷款,有利于降低融资成本,改善负债结构。

(二)稳健经营、创新服务

对于我国大多数的财务公司而言,业务还是以结算和存贷款为主,因此财务公司很容易受到商业银行的冲击。在未来的发展中,财务公司应当在稳健经营的基础上以提高自身的专业能力及服务水平为重点,不断创新发展,充分发掘自身优势,积极开展财务咨询、信用鉴证、信息咨询等中间业务,以提高自己在行业内的竞争力。

(三)财务公司存款准备金政策在实践中有进行调整的需求

首先,财务公司因头寸不足需动用存款准备金缺乏制度上的保证。理论上说,商业银行向中央银行上交存款准备金,中央银行承担商业银行最后清偿力保证,当商业银行出现流动性不足时,可以通过“再贷款”或“再贴现”的方式从中央银行那里获得支持,但是,根据我国《中国人民银行法》第三十条的规定,中国人民银行不得向非银行金融机构提供贷款,但国务院决定中国人民银行可以向特定的非银行金融机构提供贷款的除外。至于向哪些特定的非银行金融机构提供贷款,并没有明确的说明。另外,根据《中国人民银行关于加强存款准备金管理的通知》的规定,金融机构经批准动用的法定存款准备金仅用于兑付储蓄存款,而财务公司只能吸收集团内的企业存款,不能吸收储蓄存款,说明财务公司只有上交存款准备金的义务,却没有动用准备金的权利。根据《企业集团财务公司管理办法》第八条的规定,企业集团在财务公司出现支付困难的紧急情况时,根据实际需要,增加相应资本金,因此企业集团才是财务公司的最终担保者。

其次,作为货币政策工具之一的存款准备金政策不适宜针对财务公司。财务公司的存款并非公众存款,只是归集的成员单位的资金,在企业集团的统一计划和协调下,发生大规模挤兑的可能性微乎其微。此外,财务公司的贷款也与商业银行完全不同,并不是真正意义上的贷款,是集团内部成员单位之间资金的有偿调剂,属于集团内部资金管理范畴。

综上所述,财务公司主要的结算和存贷业务与货币银行体系中商业银行的存、贷、结业务完全不同,因此不会对整个金融体系创造信用和新的货币供应,建议中央银行考虑降低财务公司的存款准备金率,还可以借鉴一些其他国家的做法,根据吸收存款的流动性的不同,实施差别存款准备金率来控制流动性风险,如对流动性相对较低的定期存款采用较低的利率,对流动性相对较高的活期存款采用相对高一点的利率。

(四)创造良好的金融环境和金融监管体系

建议中央银行为财务公司扩大发展空间,定期对财务公司进行调研,以了解其业务方面的困难并给予政策支持和一定的金融资质,建立良好的金融环境与金融监督体系,促进财务公司健康自然的发展。

参考文献

[1] 胡志成．存款准备金政策对财务公司行业的影响分析[J]．中南财经政法大学学报,2010(5).

[2] 周珣,刘忻．企业集团财务公司发展过程中存在的问题及改进建议[J]．财务与会计,2011(10).

[3] 靳磊．转型期我国企业集团财务公司发展思路探讨[J]．上海电机学院学报,2006(1).

资源税改革对煤炭企业的机遇与挑战探析

冯瑞兆

在目前科技进步和工业化引起经济总量迅速增长和经济结构巨大变化的同时，我国煤炭资源税税制变化甚微，现行的从量计征标准已不适应当前煤炭市场的发展，资源税收入不能随资源产品价格和资源企业收益的变化而变化，不能正确体现国有资源本身的价值，不利于建设资源节约型和环境友好型社会。因此，煤炭资源税改革已成为大势所趋。

一、现行煤炭资源税法的概述

（一）资源税的概念

资源税是对在我国境内从事应税矿产品开采以及生产盐的单位和个人课征的一种税，属于对自然资源占用课税的范畴。

资源税实质上是为了保护和促进国有自然资源的合理开发与利用，适当调节资源级差收入并体现国有资源有偿使用而征收的一种税收。

（二）现行煤炭资源税法

我国现行的煤炭资源税法是经过六次调整《中华人民共和国资源税暂行条例》后形成的，对煤炭行业按照“普遍征收，级差调节”的原则，实行从量定额征收的计税方式，各省区吨煤资源税按煤种在0.3～20元。我国税法规定只对原煤（包括焦煤和其他煤炭）征收资源税，对洗煤、选煤及其他煤炭制品不征税。

二、煤炭资源税改革的主要内容

（一）加快从价计征改革

现行煤炭资源税的从量计征没有充分考虑企业在生产过程中环境污染和资源耗减的外部成本，不能如实反映资源价格的变动，使得资源开采使用成本在价格上涨中所占的比例相对较小，资源税对资源利用效率的作用遭到削弱，国内资源浪费和大规模外流现象也不能被有效遏制。从量计征改为从价计征有利于税收与资源市场价格直接挂钩，有助于通过税收调节产品利润和产品结构，最终调节产业结构。

（二）清费立税

煤炭企业被征收的各项税费多达十几种，综合税率远高过下游电力行业和建材行业等，这些税费没有经过统一科学规范的设计。为了维持缴纳各项税费后的利润水平，部分煤炭企业可能在资源开采中采富弃贫、采易弃难，这是与资源税改革的初衷背道而驰的。推出煤炭资源税改革，必须清理、合并名目繁多的各项税费，减轻煤炭企业的税费负担。

（三）逐步扩大征税范围

目前，我国征收资源税的税目主要有原油、煤炭、天然气、黑色金属矿原矿、有色金属

作者单位：平顶山天安煤业股份有限公司二矿财务科

矿原矿、其他非金属矿原矿、盐等。这七个税目覆盖了大部分已知的矿产资源，但仍有许多自然资源未包括在内，如水资源、黄金、地热资源、森林资源等。

三、资源税改革给煤炭企业带来的机遇

（一）优化煤炭行业格局

煤炭资源税改革虽然短期内增加行业生产成本，但从行业竞争格局来看，市场化改革将大幅提高煤炭开采的准入门槛，有利于向行业经营效率较高的企业倾斜，促进煤炭企业改组、改制，鼓励具有规模和效率优势的大煤矿兼并、收购资源浪费严重、竞争力差的中小煤矿，走规模化、集约化经营道路，推进资源开发方式的转变，提高煤炭资源利用效率。

（二）改善煤炭资源结构

我国煤炭总储量丰富，但品级不高，优质煤种较为稀缺。焦煤是生产焦炭的原料，属极稀缺性煤种，其价格和利润远高于其他煤种。提高稀缺煤种资源税税额，有利于促进焦煤合理开发，改善煤炭资源结构。2007 年开始政府对煤炭资源税按照焦煤和其他煤炭两个品种划分，这种趋势有利于保护稀缺资源的开发利用，改善我国煤炭资源结构不合理的现状。

（三）推动煤炭产业转型

一方面，煤炭资源税改革将促进资源向大型企业集中，小型煤矿受成本高、利润率低等因素影响将初步淘汰出局。另一方面，煤炭资源税改革有利于促使煤炭企业改变发展方式。资源税改革会对相关的行业产生影响，促使其提高生产技术，提高资源的回采率和利用率，降低能耗。总之，资源税改革将大大推动煤炭产业转型，促进整个行业的可持续发展。

四、资源税改革对煤炭企业的挑战

（一）加重煤炭企业的税收负担

煤炭企业除缴纳一般流转税外，还要缴纳资源税、矿产资源补偿费、采矿权使用费、煤炭价格调节基金等各项税费。从价计征会使煤炭企业的税负大幅度增加，企业的成本压力将进一步增大。经济危机造成钢铁、发电等下游企业经营亏损，煤炭企业通过提升价格转嫁税负会很困难。

（二）加大煤炭企业之间的市场竞争

处于高价区及濒临高价区的煤炭产区的煤炭价格比较高，实行煤炭资源税改革后，这一地区的煤炭企业税收将大幅增加，企业的成本压力将增大。煤炭企业要参与市场竞争，一方面，靠压缩开支，节能降耗降低生产成本；另一方面，靠压缩利润空间，来缓解成本上涨的压力。因此，煤炭资源税改革将促使煤炭企业之间的市场竞争更加激烈。

（三）加剧煤炭企业与各方的利益冲突

在煤炭企业税负加重的状况下，为转嫁较高的税负会对上游企业压低采购价格以及对下游企业提高销售价格，形成与外部各方产生利益争夺的局面。如果煤炭企业无法通过提价的方式转嫁税负时，煤炭企业需要通过提升技术含量、压缩成本、提高工效等方式来实现，势必影响到企业职工工资收入及福利等问题，形成与内部各方产生利益争夺的

局面。

五、资源税改革下煤炭企业的应对措施

（一）提高煤炭资源回采率

在有限的开采区域内，煤炭企业要想获得更大的产出，就不能一味地追求开采新矿，而对已开采的煤矿进行回采，提高资源的回采率也可以增加产出。提高回采率而非开采新矿的优势在于：一方面，企业可以省去勘探、购置新设备等成本；另一方面，企业也可以提高资源的利用率，减少对环境的影响，产生外部经济性。

（二）提高技术水平以压缩生产成本

资源税改革必然加大煤炭企业的税收负担毋庸置疑，煤炭企业必须要努力压缩由此产生的附加成本。煤炭企业要不断提高技术水平，加强资源的综合利用，控制资源的浪费行为。煤炭企业要注重技术研发和标准制定，注重技术创新，整合自身资源，积极推进企业产品结构调整升级，以此降低煤炭生产成本，实现企业盈利能力质的飞跃。

（三）推进企业兼并重组和煤炭资源整合

兼并重组可以产生协同效应，提高企业的经营管理能力，提升企业的竞争力。煤炭企业要大力推进煤炭资源整合、兼并重组，充分发挥大型煤炭集团的理念、技术、管理、资金优势，加快对保留矿井技术改造升级步伐，促进高标准现代化矿井建设，实现煤炭生产的规模化、集约化、机械化、信息化。另外，在兼并过程时要注意兼并的质量以及兼并以后的整合。

（四）促进资源型经济转型

煤炭企业要加快转变经济发展方式，推进煤炭产业循环化发展，延长资源循环产业链。加快煤矿资源综合利用项目建设，在各环节采用节能高效的实用技术及先进装备，全面提高资源综合利用效率。加强矿区环境的保护和治理，矿区环境保护的重点要从被动治理转向污染防治与生态恢复并重，切实加大矿区环境生态保护与治理的力度，逐步使矿区环境保护和治理步入良性循环。

总之，资源税改革对煤炭企业是把双刃剑，机遇与挑战并存。煤炭企业要正确处理国家与企业的利益、企业与员工的利益、环境保护与资源开发的矛盾以及与上下游企业间的利益争夺等。煤炭资源税改革试点在即，如何应对资源税改革对煤炭企业的影响、实现煤炭行业健康可持续发展是目前煤炭企业亟待解决的问题。

供电企业绩效评价与管理激励问题研究

朱双莲

我国传统的绩效评价系统不能适应当前组织人性化的设置,应借鉴传统绩效评价系统,引入多层次激励手段来提高企业绩效。

一、绩效评价概念及作用

(一)绩效评价概念

企业绩效是指企业在一定经营期间的经营效益和经营者业绩。企业绩效评价是指对企业经营期间的经营效益和经营者业绩两者的评价。企业绩效评价要运用数理统计和运筹学的方法,对特定的经济指标体系,对比评价标准,依照一定的评价程序,采用定量、定性对比分析,对企业绩效做出准确的综合评价。

(二)绩效管理的提出

关于绩效的定义有多种,一般指员工通过努力所取得的工作结果,包括工作效率、行为,及此行为对组织战略目标实现的影响程度。绩效管理是指一系列以员工为中心的干预活动,目标是充分开发和利用每个员工的价值来达到改善组织绩效,实现组织战略目标的管理活动。绩效考核是由考核者对被考核者的日常职务行为进行观察、记录,并在事实基础上,按照一定的目的进行评价,达到培养、开发和利用组织成员能力的目的。

(三)企业绩效评价作用

企业绩效评价的行为对象即绩效评价的客体。企业绩效评价的客体是评价主体根据需要而确定,对企业实施绩效评价是建立一种新型管理关系,它可以直观地发现企业财务和资产管理中的薄弱环节,促使企业提供真实的财务和会计信息,可以全面系统地剖析影响企业经营和发展的诸多方面因素,全方位判断企业的真实状况,从而促使企业克服短期行为,将企业的近期利益和长远目标结合起来,促使改善企业管理,提高经营者水平,加强外部监督,从而提高企业的整体效益。

(四)实施绩效管理的基础

撇开技术上的因素不谈,企业要真正开展绩效管理,至少有两个关键动因:一是企业文化因素,企业须形成以“目标达成”和“持续改进”为主题的文化氛围。供电分公司形成“安全、高效、超越”的核心精神和“没有任何借口”的执行理念为绩效管理的实施奠定了良好的文化基础。二是行业背景因素,理论上讲,只要组织存在目标,绩效管理就会有意义;而企业中存在大量知识型员工、自主型员工,其工作绩效有很大弹性存在的时候,实行绩效管理对企业更有必要。

作者单位:郑州煤炭工业(集团)有限责任公司供电分公司

二、管理激励理论和绩效评价过程的比较

（一）科学管理的兴起为激励和绩效评价结合提供了契机

19 世纪末和 20 世纪初的美国正处于资本主义工商业发展迅猛、企业规模扩展较快时期，但是由于工人劳动时间长且工资较低，所以工人对管理层有极大的不满，劳资关系紧张。为了有效地提高工作效率，科学管理理论对时间和动作实行标准化，精确设计员工绩效评价体系，实施超额奖励工资制度，完成作业标准的员工给予 30% ~60% 的奖励，完不成作业标准的扣工资。

（二）行为科学是丰富激励手段和提高绩效评价的理论依据

行为科学认为，企业的员工不是孤立存在的，是一个有所归属的群体——“社会人”，其改变了泰罗的科学管理理论中提出的“经济人”假设。因此，有时使用非物资和非经济方式来调动员工的积极性能达到更佳的绩效。主要观点为：马斯洛的需求理论包括五个层次，即生理需求、安全需求、社会需求、尊重需求和自我实现需求，只有当前面的需求得到充分满足后，后面的需求才能显得重要。弗罗姆的期望理论提到激励效应取决于个人通过努力能达到两级结果：一级结果是达到组织期望的工作绩效也即组织的目标；二级结果是得到组织奖酬来满足个人目标。斯金纳的强化理论中的正强化鼓励在员工达到企业预期的绩效后，应给予适当的奖励。

三、绩效管理体系的实施过程

随着供电处规范管理意识和科学管理水平的日益提高，各级管理者越来越认识到绩效考核在改善企业经营业绩、培养优秀员工队伍、营造企业核心竞争优势等方面的重要意义，绩效考核作为人力资源管理的一个核心内容已被提上各级管理者的重要议程。在实施绩效管理过程中，供电处应突出以下几个方面。

（一）做好绩效考核前的各种准备工作

首先得到了企业决策层的大力支持，这是推行绩效考核的强大动力。实施绩效考核是处长的倡议，得到了领导班子的一致同意，为以后的实施奠定了坚实的基础和大力支持。其次做好考核的宣传、动员及员工的思想工作。对许多人来说，绩效管理还是一个新事物，包括领导层、管理层许多人还没有完全弄清楚其真实内涵，还有许多的困惑需要排解，还有许多方法需要掌握，而快速掌握理论、方法的最行之有效的手段就是学习。

（二）内部培训阶段

在几轮理论学习下来，管理层基本都掌握了绩效管理的理论、方法和技巧，部门负责人、科长们已经可担当企业内部绩效管理的专家。但只是科长们成为专家还不够，科长们还要帮助员工去认识绩效管理，帮助他们成为专家，因为绩效管理是由科长和员工共同完成的事情，不是科长的一方情愿。但是从员工方面来看，存在较多的抵触情绪，认为搞绩效考核就是要砸他们的饭碗，就是搞下岗政策。这部分员工长期在国有企业工作，或者长期从事于某项工作，习惯了按部就班、得过且过，积极性欠缺。所以，一旦要抓工作绩效，便底气不足、怨声载道。通过培训，宣传正确的绩效考核观念，让员工了解绩效考核的真

正目的是发现问题、解决问题,提高员工绩效,绩效考核是一种有效的管理工具和方法,考核的目的不是制造员工间的差距,而是发现员工工作的长处、短处,以扬长避短,帮助员工提高能力,改进绩效。不仅仅是企业的发展需要绩效考核,员工规划自己、实现自我价值也期待着绩效考核。

(三)岗位分析阶段

岗位分析是绩效管理实施的基础,绩效考核就是考察员工岗位职责的执行情况及工作任务的完成情况。在绩效考核办公室的指导下,各部门对每个岗位进行了认定,编制了详细的岗位说明书,对岗位的任职资格、职责进行了明确。

(四)考核办法制定阶段

岗位分析结束之后,绩效考核办公室就正式着手设计绩效考核的方案了。通过借鉴其他企业成功的案例,结合供电处实际,制定了考核办法。

1. 基本原则

激励、督促员工完成岗位绩效,进一步增强工作主动性、积极性和创造性,提高团队精神和竞争意识。客观、公正地评价员工工作业绩,充分体现"以岗定薪、岗变薪变、薪酬靠绩效"的管理宗旨。坚持按劳分配,合理拉开差距,打破收入分配的平均主义,建立收入能增能减的激励和约束机制。考核采取公平、公正、公开的方式进行,逐步建立起岗位绩效考核、团队绩效考核与企业经济效益紧密挂钩的评价机制。

2. 考核的程序及内容

供电分公司的绩效考核实施三级考核体系,并按百分制办法严格考核。即生产区队实行三级考核(公司对部门考核、部门对班组考核、班组对员工考核),其他部门(机关科室和后勤服务部门)实行二级考核(公司对部门考核、部门对员工考核)。公司对部门考核的主要依据是《部门职责说明书》,对主要工作指标和相关指标履行情况进行考核。处绩效考核办公室制定《绩效考核细则》,实行百分制考核,每月考核到部门。对员工考核主要依据是员工的岗位标准、工作任务、业务水平、职业道德和6S行为规范。部门要根据定岗定员情况,认真制定包含岗位职责、工作标准的《岗位说明书》,从工作任务、工作质量、职业道德、业务水平、6S行为规范等方面,结合本部门实际制定本部门的《绩效考核办法》,并报处绩效考核办公室审查通过后执行。对员工的考核方式必须采用日清—周评—月结的形式。

(五)考核的实施阶段

各部门严格按照部门的《绩效考核办法》,采用日清—周评—月结办法对员工进行考核。日清—周评—月结是岗位绩效考核过程的重要依据,涵盖了事前控制、事中控制、事后控制三个环节,一个阶段的终点即为新循环的起点,动态管理,螺旋上升,自始至终体现PDCA循环的要求。主要内容如下。

1. 日清

对员工当班绩效进行评价,做到日清日结。由员工填写"日清表",由部门负责人依据每个岗位的标准进行考核并从工作任务、工作质量、职业道德、业务水平、6S行为规范等内容确定员工的格次。

2. 周评

由部门负责人根据“日清表”反映出的员工一周表现，利用每周一的班前会，对员工一周的工作进行讲评：一是讲清上一周工作完成情况以及这一周工作重点；二是对优秀员工和合格员工的表现进行讲评；三是明确努力方向和具体要求。周评要认真作好记录，填写“周评簿”。

3. 月结

部门在月末对日清、周评情况进行汇总。

（六）考核结果的确立

绩效考核结果需要被考核者的确认才能真正得到运用。在实践中，供电分公司不断营造良好的平等沟通氛围、做好绩效面谈工作、建立健全绩效反馈机制。

1. 绩效沟通

绩效沟通是绩效管理的重要环节，主要目的在于改善及增强考评者与被考评者之间的关系；分析、确认、显示被考评者的强项与弱点，帮助被考评者善用强项与正视弱点；明晰被考评者发展及训练的需要，以便日后更加出色、有效地完成工作；反映被考评者现阶段的工作表现，为被考评者订立下阶段的目标，作为日后工作表现的标准。

2. 绩效面谈

绩效面谈是部门负责人与员工共同确定下一绩效管理周期的绩效目标和改进点的主要方式。做好绩效面谈工作才能在双方对绩效结果和改进点达成共识以后，确定下一绩效管理周期的绩效目标和改进点。

3. 绩效反馈

绩效反馈是绩效管理的核心环节，当面谈时，如果有些员工对自己所得到的绩效评价结果有不同意见，可以在一定时间内通过该程序谋求分歧的解决。

（七）考评结果的应用

部门为每个员工建立了绩效考核档案，员工当月的绩效考核结果直接与工资挂钩。同样的外线电工岗位，有两位员工的绩效工资差距达到800元。年度的绩效考核结果与员工的评先评优、晋升、外出培训相挂钩。

四、绩效管理体系取得的成效

通过一年半的实施，绩效管理的作用初步显现。

（一）调动了员工的积极性

在短时间内消除计划经济体制下遗留在企业中的“你有、我有、大家有”“平均主义”等思想，拉开了绩效工资分配档次，真正体现了向苦脏累险和关键技术岗位倾斜，形成了按责任和贡献大小分配的管理模式，极大调动了广大员工特别是业务技术骨干、干事者的工作积极性、主动性。

（二）促进企业和个人绩效的提升

绩效管理通过设定科学、合理的阶段性（每季度、半年、全年）企业、部门和个人绩效目标为组织与个人指出了努力方向；部门负责人通过绩效辅导实施，及时发现下属工作中存在的问题，给下属提供必要的工作辅导和资源支持，下属通过工作态度以及工作方法的改进，保证绩效目标的实现；在绩效考核评价环节，对部门或个人的阶段工作进行客观、公正的评价，明确部门和个人对企业的贡献。

（三）促进管理和业务流程优化

企业管理涉及对人和事的管理，对人的管理主要是约束激励问题，对事的管理就是流程问题。所谓流程，就是一件事情或者一个业务如何运作，涉及因何而做、由谁来做、到哪里去做、做完了交给谁的问题。上述四个方面都会对产出结果有很大的影响，极大的影响着组织的效率。

（四）保证企业目标的实现

供电分公司每年都制订了年度经营计划，并向各个部门分解，使其成为部门的年度业绩目标，各个部门向每个岗位分解核心指标。通过绩效管理的实施，年底，各个部门都圆满完成了年初制定的目标，整个供电分公司实现了集团公司下达的创新目标（责任目标、奋斗目标、创新目标）。

当前，企业改革发展步伐越来越快，做为人力资源管理的核心，绩效考核的开展具有重大而深远的意义，为了供电分公司的发展，三级绩效考核工作必须要做，而且要不断研究考核中出现的新情况、新问题，积极探索解决的最佳方法，不断推进考核制度，使绩效考核工作发挥出增强对员工激励、开发和提升员工能力的重要作用，成为企业实现发展战略的助动力和加速器。

参考文献

[1] 李燕萍．人力资源管理[M]．武汉：武汉大学出版社，2005.
[2] 王璞．人力资源管理咨询实务[M]．北京：机械工业出版社，2006.
[3] 谌新民．新人力资源管理[M]．北京：中央编译出版社，2004.
[4] 严诚忠．企业人力资源管理—理论与实务[M]．北京：立信会计出版社，2001.

煤炭企业脱困政策意见和建议

张玉荣

现在已进入2014年夏季，但是对煤炭企业来说，丝毫感觉不到天气的回暖，而却更像一个漫长寒冬的开始。以2012年为时间节点，煤炭行业高速增长的“黄金十年”已经不复存在，国内的大多数煤炭企业经营出现困难，煤价连续下降，利润持续减少，许多企业出现了亏损，减人限产、降价滞销成了每个煤炭企业干部职工议论最多的话题，也成了各大煤炭企业当前形势下采取的断臂求生的果断之举。我作为企业的一分子，企业的发展关乎着我个人的成长，也时刻牵动着我的心，以下结合本人的了解，谈谈我对煤炭企业所面临困难和问题的看法及脱困的意见和建议。

一、煤炭企业当前面临的困难和问题

（1）煤炭市场需求疲软，旺季不旺，淡季更淡，销售异常困难，煤炭产品库存严重，煤炭产能过剩严重。

（2）煤价连续下跌，已经接近或超过生产成本，煤炭企业利润大幅下滑，一半以上的煤炭企业出现亏损。

（3）煤炭企业的税费不合理，税负较重，存在多头重复交税现象，煤炭产业承担各类税费占销售收入比例大约30%。

（4）新疆、内蒙古、陕西等西部地区扩建煤炭产能的集中释放，加之进口煤的大量涌入，对国内煤炭市场尤其是中东部市场冲击较大。

（5）当前困难形势下，加之政府对煤炭安全的要求进一步提高，煤炭企业的安全压力进一步增大。

（6）当前雾霾天气严重，国家政策对煤炭产业要求更严，煤炭企业的环保压力进一步增大，环保投入进一步增多，客观上增加了煤炭的生产成本。

（7）当前人力资源成本进一步提高，煤炭行业对工人的吸引力逐渐减弱，专业技术人员和工人流失严重，招工困难。

（8）由于国家和银行政策的严格限制，煤炭企业的融资难度和融资成本进一步加大，资产负债率进一步增高。

（9）煤炭企业转型升级势在必行，但是煤炭企业大多又不愿意主动转型，导致煤炭行业恶性竞争加剧，转型升级缓慢。

（10）部分煤炭企业的管理层级较多，人均工效较低，机械化程度不高。

作者单位：河南能源集团永城职业学院经贸系

二、煤炭企业脱困政策的意见和建议

(1)把安全生产作为煤炭企业的天字号工程抓紧抓好。

煤炭行业属于高危行业,安全生产时刻是煤炭企业的天字号工程,是员工最大的福利,企业最大的效益,干部最大的政治。困难形势下的安全生产工作的地位和意义更为重要。

当前,由于煤炭企业的利润减少甚至亏损,企业对安全的资金投入容易出现"缩水",干部职工由于士气低落、情绪波动大,对安全生产容易松懈、麻痹,就更需要煤炭企业时刻盯紧安全生产这根弦。

一是坚决贯彻落实"零容忍、零工亡"的安全理念,坚守"红线"意识和"底线"思维,严格落实好安全生产责任制。

二是各煤炭企业要切实采取强有力措施,尤其抓好重点部位、关键环节的安全管理。工作中要关口前移,超前防范,持续深入开展好隐患排查治理活动,确保隐患排查治理全覆盖、无遗漏,将事故消灭在萌芽状态。深入扎实开展好"零三违"矿厂、区队、车间、班组创建活动,推行"双述一检"、"三三整理"和设备点检巡检等切实有效的管理方式和方法。

三是要努力建设好以危险源辨识为基础,以风险预控为核心,以员工行为管控为重点的防控体系,真正打造本质安全型企业。

(2)把紧盯市场、确保销售、以销定产、突出效益作为煤炭企业维持生存以图发展的龙头战略。

一是要研判市场、紧盯市场。销售部门要做到每天报告煤炭市场行情,港口存煤情况,及时掌握市场变化,把好、把准市场脉,迅速、及时调整销售策略和销售价格,保证销售和效益。

二是要积极走出去,巩固老用户,开拓新用户,拓展销售渠道,确保实现销售任务。

三是煤炭企业要合理处理好价格和产量的关系,确保经济效益最大化。对于长期大单、信誉高、回款有保障的客户,可以适当降低价格、保证销量。

四是各煤炭生产企业要根据销售部门的反馈信息,及时调整煤种、突出效益煤生产。

另外,还要畅通运力,保证外运,协调好与铁路部门的关系,确保困难时期煤炭运输不受影响。

(3)把降本增效、节支降耗、内部挖潜作为煤炭企业提升自身核心竞争力的有效抓手。

在国家经济发展转型的阵痛时期,煤炭企业大多都困难,谁能先走出低谷,比的是各个企业的内功、硬功,比的是企业的成本、效益,谁主动出击、多谋善断、身强体健,谁就能赢得生存、谋得发展。在当前关键时期,煤炭企业一是要全面强化内部管理,突出成本费用这个重点,着力在成本费用管控与核算上下足功夫,认真落实全面预算管理与内部控制制度,做到事前有预算,事中有控制,事后有核查,总体有考评。各项费用控制的关键在各级管理部门,生产成本管控的关键在基层单位和生产一线。因此,各煤炭企业二要认真把成本费用指标细化，实行成本倒逼，切实把指标分解到厂矿、科室、区队、班组，强化高效执行，进一步向优化生产布局和劳动组织、技术革新、工艺改进、流程再造等方面推进与延伸，努力挖潜增效。三是要建立专项的挖潜增效资金。把挖潜增效金额的一定比例专门用于奖励挖潜增效的有功人员，突出物质激励，提高员工挖潜增效的积极性和主动性。

(4)把减人提效、有减有保、留住骨干作为煤炭企业人力资源管理的重要举措。

在困难形势下，企业必须要果断决策、有保有舍。

各煤炭企业一是要重新梳理企业内部的"三定方案"、劳动组织及业务运作流程，严格抓好单位的定员和工资管控，以实行扁平化管理为目标，进一步撤并管理层级、精简内设机构、裁减分流冗员，实现减员提效。

二是要切实优化薪酬分配，加大绩效工效与工资挂钩比例，实施"增人不增资、减人不减资"政策，允许企业各单位从减员节约的相应工资费用中拿出适当比例用于对有功人员的奖励，以提高各单位减员提效的积极性。

三是工资分配要控制总量、优化结构，大力向一线苦脏累险岗位及付出多、贡献大的人员倾斜，优先保住企业骨干人员、主体专业技术人员和一线直接工人。

(5)把多元发展、精深加工、清洁环保作为煤炭企业的未来转型的战略选择。

2014年是国家新一轮改革的起步年，煤炭企业要以改革的精神和勇气，致力于全面深化和推进各项改革。各煤炭企业应以提质提效为目的，大胆推动改革创新。

一是可以探索推行各种经营模式和管理方式创新，推行承包、租赁、托管、参股等，搞混合所有制企业。只要能把企业搞活，实现资产的保值增值，各种方法都可以大胆探索推行。

二是可以趁机进军新型煤化工等具有巨大开发潜力的清洁能源项目，搞煤炭的精深加工。比如二甲醚、煤制油、煤制天然气、煤制烯烃、煤制乙二醇等高附加值的项目，实现煤、气、电一体化。

三是可以发展与煤炭生产、销售和储藏有关的其他产业。例如，拓展物流行业、电力行业和建筑行业，通过矿、路、港、航平向产业的一体化，煤、电、油、化纵向产业的一体化以及供、产、运、销的运营一体化，破解煤炭运输难、煤价和企业效益关联度过大，煤炭产业单一风险大等长期存在的瓶颈问题。

(6)把严格管控资金、加强多方融资、降低资金负债率作为煤炭企业财务管理的重要任务。

面对当前困难形势，各煤炭企业必须进一步牢固树立现金为主的观念。

一是务必把筹融资工作摆在突出位置抓紧抓好，并优化融资结构，降低融资成本和负债率，管好现金流，注重防范与化解资金风险。

二是全面推行预算制管理，切实加强资金管理的计划性，凡没列入预算的资金一律不得支出。在集团范围内强化资金的集中管理与统一调度，确保把有限的资金用在刀刃上。

三是财务部门要努力盘活存量资金，在资金预付和应收上做足文章，在税费谋划和列支上下到功夫，减少资金占用，节约资金支出，加速资金周转，提高资金使用效率和效益。

四是对企业的资产进行再评估，对盈利能力差、短期内难以见效、市场风险较大的项目，采取关停并转等果断措施，降低企业资金负债率。

(7)把教育干部职工树立"长期过寒冬、过苦日子、过紧日子"的意识作为煤炭企业渡难关、谋发展、保生存的一项长期举措。

当前的煤炭企业的困难形势，不是一个周期性的困难，而是一种结构性的产能过剩引起的经营困难，著名经济学家许小年曾指出，中国经济在快速发展的过程中，经济结构出现失衡，这种增长速度的放缓称之为结构性衰退。结构性衰退和我们通常所理解的周期性衰退有根本的区别，周期性衰退就像春夏秋冬四季循环一样，熬两三个月气候自然转暖，而结构性衰退如果不能够纠正结构性的扭曲，衰退将持续较长时间，它不能自动恢复，必须要推行结构性的改革和进行结构性的调整。所以，这次煤炭企业的严冬将有多长时间，谁也无法预测，煤炭企业一定要教育员工树立"长期过寒冬、过苦日子、过紧日子"的意识，宣传部门要做好形势任务教育，讲清讲透企业的发展形势，让广大干部职工去掉幻想，与企业共存亡，共渡难关。

参考文献

[1] 刘晓光. 浅析当前经济形势下煤炭企业的困境与出路[J]. 河南科技,2013(10).
[2] 许小年. 结构性衰退将持续较长时间[J]. IT时代周刊,2013(12).

煤炭企业现状、问题及对策研究

李洪亮

一、煤炭企业现状

自2011年11月底至今，我国烘炭业一直呈低迷运行态势，煤价大帽跳水，与此同时，整体销量亦持续低位震荡，下游高耗能行业对煤炭需求量呈低速增长状态。与行业其他相关数据比，原煤产量在供大于求的严峻形势下，却呈现出同比或环比增加现象。尤其2014年2～6月，主产地部分中小型煤矿减产效应并不明显，即使在下游需求传统淡季期，资源供应量仍较充裕，主产地供大于求矛盾十分突出。

与以往不同，经两三年颓势冲击，当前大部分中小型煤炭企业已认识到行业"寒冬"将持续较长时间的现实，及时、理性采取停产或减产举措以规避风险，避免更多损失。但从统计数据看，2014年1～6月小型煤炭企业退市却为大型煤炭集团让出更多市场份额，3～6月供求关系并未得到有效缓解，对比地方矿和乡镇矿的同比减产是大型集团同比增长。

面对困境的同时，我们也要看到行业复兴的希望。正如相关人士分析，我国经济增速不论是与过去相比，还是从世界范围看，都属中高速。我国经济规模已达9万多亿美元，如果增长7.5%左右，就会产生近7 000亿美元的增量，"每年新增一个中等发达国家的经济规模"。因此，"中国仍具备持续增长的坚实基础。"这也就意味着，煤炭行业自身稳步发展的经济运行基础并没有改变。

同时，在我国能源结构中，煤炭的基础地位仍难以改变，新型能源的发展需要时间、技术以及市场的考验，不可能一蹴而就。而这也为煤炭企业自身的转型，赢得了宝贵的时间。

二、煤炭企业面临的问题

（一）整体经济环境的下行带来产能的过剩

一个行业的发展离不开国家经济的整体环境。煤炭行业的"黄金十年"正是我国经济高速前行的主要阶段。2000年以后，重化工业进程加速，"中国制造"迅速崛起，由此带动了钢铁、有色金属、水泥等基础工业原料投资的大幅增长。这些行业产能的释放，拉动煤价进入平稳的上行通道。煤价越高，行业越火爆。一旦经济整体放缓，面对产能过剩的压力，制造业处于产能升级转型的节点，对能源的需求也将同时放缓。统计显示，2012年底至今，煤炭价格断崖式下跌，行业大面积亏损，市场恐慌情绪持续蔓延，新的"冰河期"正在悄然来临。就是此前数年保持高速增长的鄂尔多斯、榆林、朔州，随着宏观经济的下

作者单位：河南神火煤电股份有限公司

行,降幅也是十分明显。

(二)节能环保压力加大

有关分析指出,燃煤污染物排放,是大气污染的主要元凶之一,在环保重压之下,限煤、控煤之声此起彼伏,煤炭企业以量补价的幻想也随之破灭。不少中小煤炭企业已经出现资金链紧张甚至断裂,被迫停产、转产。

眼下,空气污染治理力度加大,企业被要求增加使用天然气、光伏和风电等清洁能源。2013 年,国务院公布的空气污染防治计划提出,到 2017 年,将煤炭在能源结构中的比重由目前的 70% 降至 65%,这将进一步缩减煤炭的市场需求量。

(三)发展过快导致结构性失衡

"黄金十年",受高涨的煤价刺激,全行业进入"井喷"行情,多挖煤、快挖煤,成为业内共识。市场对能源的极度渴求,推迟甚至搁置了对煤化工的探索,煤炭深加工利用裹足难前。在市场火爆的行情下,很多煤炭企业一味追求速度和产量,生产粗放,技术落后,安全隐患大,开采过程中资源浪费比较突出。如今,市场逆转,将加快行业优胜劣汰进程,向安全和技术要效益,必将成为市场竞争的利器。

三、煤炭企业在严峻形势下,生存、发展对策

(一)坚定信心,致力于困中求变

针对当前煤炭企业面临的困难形势,我们要有信心去解决,要能够困中求变,以确保企业目标的实现。煤炭一直是我国的能源支柱,从 20 世纪 90 年代起,我国就已成为世界最大的煤炭生产国和消费国。据统计,2013 年全国煤炭消费 36.1 亿 t,占一次能源消费的 65.7%,有效保障了国家能源的稳定供应。预计在未来的几十年,煤炭在我国一次能源消费结构中的比率仍将占主导地位。

总体上煤炭企业的有利因素大于不利因素。今年国际经济形势和国内经济形势,会继续向好的方向发展。国际来讲,美国经济增速已经达到了 3%,还有欧洲、日本等经济都已好转。国内来讲,中央对今年的经济工作明确了"稳中求进,改革创新"的总基调。稳中求进,就是按照不刺激、促改革的思路,稳扎稳打,巩固稳中向好的发展态势,促进经济社会大局稳定,为全面深化改革创造条件。改革创新,就是要坚持问题导向,深化改革,勇于创新,突破体制机制障碍,进一步释放改革红利。

(二)改革创新管理体制

要以壮士断腕的精神和勇气,全面深化各项改革。要营造人人思改革、参与改革的良好氛围,要通过改革激发大家的积极性和创造性,为企业发展注入活力。要全面审视各项工作,查找制约发展和推进工作的不力因素,制定出针对性的改革措施和办法。要积极借鉴先进企业的成功经验,按照扁平化、科学化、高效化的原则,优化劳动组织,梳理内部流程,完善定编定岗,搞好富余人员分流,提高全员工效。要敢于触及利益和矛盾,全方位破解各种发展难题。要通过体制机制的创新,实现企业发展和各项工作的新突破。困中要求变,煤炭企业要因时、因事而变,在今后的工作中要突出一个"变"字,要在困中求变,变中求进,进中求胜,要做好"改"的文章,做好机制体制改革,做好观念态度的改变,做好方式方法的改进,做好政策措施的改善,做好失误错误的改正。

(三)创新营销模式,提高服务质量

互联网模式对煤炭行业的影响将会逐渐加深,短长协就是通过不断地收集买家需求,逐步扩大、健全产品体系,最终使之成为能够满足市场需求的第三方交易平台。中国最大的煤企神华集团正在进行这种全新的营销模式尝试。

这是一次全新的尝试,卖家在尝试整个平台能为他带来多大销售空间的同时,买家也同样在尝试交易的可行性和可信度,在这个过程中,买卖双方用积极的尝试,来对新的交易模式做一个完善。同时,买卖双方还可以通过这个平台共建交割模式,开放、共享双方的思路,并使之成为一个相对完善的行业性思路。这个过程,也许很漫长,但是只要尝试就会有成果。

在宏观经济增速放缓大背景下,一方面给煤企带来沉重经营压力,另一方面市场倒逼机制,使更多企业反思和寻求长远发展出路,提高应对不确定性因素冲击的抵抗力。优胜劣汰的市场法则将会发挥主导作用。任何一个企业要想不被残酷的市场竞争淘汰掉,唯一的出路是做强做优自己,任何寻求垄断和依靠短缺而生存的路子,都是一时的、靠不住的。煤企要加快营销模式的转型升级,要在管理上真正向现代企业制度转变,要使企业整体竞争力增强,使煤炭企业营销机制更加灵活高效,使煤炭产品的附加值和科技含量更高,把煤炭企业打造成清洁能源生产和能源清洁利用的新兴企业。

因此说,没有永远长盛不衰的产业,作为市场竞争中的我们,就要学会在大海里游泳,要在搏击风浪中强身健体,苦练内功,加快转型升级。

当前煤炭企业的问题是结构性问题,而非周期性问题,所以冬天来了,春天并不会马上来,光是苦等春天来临,还不如进行转型。进行转型,就是在生产方式上向依靠科技集约生产转,在生产过程中向低能耗、低污染、低排放转。通过一系列脱胎换骨的"转型",最后化蛹成蝶,落脚到产品升级上,落脚到管理技术提升上,落脚到企业整体竞争力的提升上。总之,对于煤炭企业来说,如何转型活到春天的到来,这才是问题的根本!危机的确无奈,但也充满契机!

煤炭企业转型升级财务管理机制分析

胡秀玲

据中商情报网对煤炭市场前景分析，到2015年，我国煤炭需求总量约为40亿t（含净进口2亿t），而全国各省份规划的煤炭产能约56亿t，煤炭产能过剩趋势明显，煤炭企业要突破发展的瓶颈制约，就需要从战略角度实现煤炭企业的转型发展。那么，煤炭企业转型中的财务管理工作如何引导企业的发展，更好地为企业的转型升级服务，是本文所要探讨的问题。

一、转型期煤炭企业财务管理机制高效运行

（一）加强资金管理，降低财务风险

煤炭企业向电力、化工等行业转型，实现了产业结构的全面调整，近两年各煤炭企业又在兼并重组方面取得重大进展，当前全国煤炭企业逐步形成跨区域、跨行业的大型综合性企业，加强资金管理，降低财务风险，已成为煤炭企业的重中之重。

1. 建立和完善财务风险预警机制

煤炭企业产业结构调整后，其财务风险管控能力须与企业的规模、经营活动、管理制度等相配套，建立起具有先兆性、敏感性、关联性、可操作性的财务预警体系：

（1）关注国家宏观政策的变化对企业现金流正常运行可能带来的财务风险；

（2）控制资金投量，减少资金占用，加速存货和应收账款的周转速度；

（3）谨慎提供资产或信誉担保，减少和消除不必要的企业损失及财务风险。

2. 严格预算管理，从根本上保证财务机制运行

转型期煤炭企业财务管理监督的核心是预算管理，发挥预算管理的基础性作用，按照量入为出的基本原则，突出重点优先保障。

（1）建立统一的预算信息管理平台，健全数据结构，夯实预算基础工作；

（2）建立滚动预算模板，将应收账款、存货、总资产等重要资产项目和重大投资项目都纳入滚动预算管理，适时监控资产使用效率和财务风险；

（3）预算执行实行动态管控，及时进行优化调整；

（4）建立预算执行分析制度，定期对经济活动进行分析。通过对预算执行情况的分析，查找差距、原因，使预算管理和经济运行达到完全受控状态，保证经济运行的质量和效果。

3. 加强投融资管理，提高资金使用效力，提升企业竞争力

（1）对于综合性质的煤炭企业应该成立具有金融性质的财务公司，对资金进行集中管理及合理使用，融通各成员单位之间存贷款业务，办理成员单位商业汇票的承兑、贴现

作者单位：鹤煤公司财务部

和委托贷款业务,发行财务公司债券,同业拆借等,可以有效的降低企业的融资风险,提高资金的使用效益。

(2)强化项目资金管理,提高投入产出效率。建设项目资金实行“统一管理、分级负责、专款专用”的管理模式。项目资金使用效率提高,促进企业投资质量的提升,既降低企业的财务风险,又提高企业的盈利能力。

(二)加强企业内部同级审计监督工作,降低转型风险

1.强化领导层对内部同级审计的重视

企业领导层首先应从思想上认同内部审计是为本企业的生产经营服务的,其次要积极配合审计工作的开展,再次应正视审计中发现的问题和漏洞。

2.保证内部审计的独立性和权威性

首先是保证审计机构的独立性和权威性,审计机构应定位为企业组织结构中的较高层次,以保证其工作不受其他部门的干涉。其次是人员独立,大型煤炭企业的内部审计工作量大,审计人员多,可以实行委派制,定期调换,避免审计人员与所在矿井单位有利害关系,影响审计工作的客观、公正。

3.提升内部审计人员素质,促进财务管理制度的落实

注重内部审计人员专业技术和职业道德水平的提升,定期进行业务培训和实务操作演练,内部审计人员应熟练掌握国家财经法规政策和企业内部的相关管理规定,通过审计监督,确保财务管理规定落到实处。

(三)财务转型,助推煤炭企业的可持续发展

随着煤炭企业的转型发展,传统的财务管理模式已不能适应转型后的煤炭企业综合性业务的发展需求。财务管理应更多地参与到企业管理工作中去,参与到企业创造价值的活动中去,具体可从以下几个方面进行:

1.会计基础核算工作模板化,确保基础工作的精准和高效

财务管理工作的转型,必须建立在扎实的财务核算、财务分析等基础工作上,必须保证财务数据的真实性、可比性。所以,建立一套切实可行的财务模板,优化原有的财务核算流程,释放财务核算占用的大量人力、物力资源,是煤炭企业转型后财务管理职能提升的基础。

2.转型后的财务工作定位为企业的核心管理层

传统的财务工作主要是为企业内外部信息使用者提供决策支持服务,主要是业务发生后的事后分析、反馈;转型后的煤炭企业需要财务管理工作转变职能,工作重点转移到事前预测、事中控制上来,如预算预测、资金统筹、财务筹划、税务筹划等方面,其作用主要在于为企业制定经营战略、规避经营风险提供支持。

3.财务管理的理念渗入经营活动的每一个单元

转型后的财务工作应渗透到每一个业务板块,不再是业务发生后的汇总分析,而是面向未来,发挥财务预算、资金管控、税务筹划、风险预测等方面的资源优势,与各业务板块紧密联系,协助优化各业务部门的经营方案,参与制定企业的发展战略和规划。

二、煤炭企业财务管理转型存在的问题分析

(一)深化资金管理体制

随着西煤东运通道及疆煤外运通道的建成,煤炭企业的产能过剩已转化为产量过剩,煤炭滞销造成企业的资金紧张,向化工、电力、物流、机械制造等产业的转换也需要大量资金投入,煤炭企业领导层多重视生产和安全,重视账面利润,忽略经营现金流量,这些因素带来煤炭企业的负债率大幅上升,造成煤炭企业的财务风险较高。

(二)内审制度亟待完善

随着煤炭企业管理制度的逐渐完善,大型煤炭企业自身的管理和监督力度也在随之加大,内部审计工作已越来越受到企业管理层的重视。但内部审计更多偏重于上级审计部门对下级单位经营管理的审计监督,同级审计仍然没有发挥应有的作用。

(三)财务管理部门的职能转换不到位,重视事后的核算分析,忽视事前的预测、筹划

麦肯锡公司曾有一项调查表明,目前一般企业财务部门用于业务处理的时间为60%,只有不到10%的时间用于决策支持,而世界级企业的财务部门用于决策支持的时间已超过50%。财务部门超过1/3的时间在核算分析上,转型后的企业发展需要的不再是一个简单核算的财务体系,而是一套具有战略规划意识,能够积极主动参与到企业经营管理中去,增强企业核心竞争力的财务管理体制。

三、深度转型,完善财务管理体制

企业转型带来了内部组织架构的调整,做好本级单位的财务管理工作与业务部室的沟通和领导的支持是分不开的。

(一)财务管理工作需要各部门的共同参与

企业转型后的财务工作涉及企业管理的方方面面,是对企业拥有的全部资源经营活动的管理,为提高财务部门的综合分析能力,需要生产、销集、计划、采购等各部门的共同配合,才能确保财务信息真实可靠、财务分析准确到位、预算得到及时调整,保证企业战略目标的实现。

(二)财务管理职能转变需要取得领导层的支持

企业转型后的财务工作要参与到企业生产经营中去,对公司的经营政策、经营战略的制定提供信息依据,对收入、成本、利润进行预测、控制,并对预算执行结果进行奖罚考核,所以必须取得领导层的认可和支持。

(三)财务管理职能转变需要高素质财务人员

财务职能的转变对财务人员的业务能力提出了更高的要求,首先,要求知识结构由单一型向复合型转变,由核算型人才向管理型人才转变;其次,要求具有风险分析应变能力,在对会计数据分析的基础上,融合企业内外部情况,预测风险并相应调整预案,把风险控制在合理的范围内。最后,财务人员提升统筹协调能力,财务职能的转变要求财务人员参与到企业经营管理中,需要加强与业务部门的沟通协调,深入了解企业的运行机制,充分发挥财务工作对企业的经营决策的支撑作用。

煤炭行业环境会计的运用探讨

马战奎

在煤炭行业建立环境成本会计，有利于遏制不良现象的发生，让煤炭行业承担起应尽的责任，为绿色 GDP 提供直接依据。本文针对目前我国煤矿环境污染日益严重及煤炭资源过度开采的状况，就如何利用环境会计的基本理论对煤矿行业环境会计的应用作了初步探讨。

一、环境会计的内涵

（一）环境会计的含义

环境会计是指以自然资源耗费的补偿为中心而展开的会计活动，它运用会计学的理论与方法，采用多元化的计量手段和属性，就企业的各种对环境产生影响的经济活动的过程及其结果进行连续、系统、分类和续时的核算与监督，为企业内外部有关的会计信息使用者进行决策提供数量化的和其他形式信息的一种管理信息系统。

（二）环境会计诞生的基础

可持续发展是建立环境会计的前提和理论依据，它的提出为环境会计作用的有效发挥创造了良好的环境。在新时期，合理地开发和利用自然资源，保持良好的生态环境，促进经济健康持续发展已是全球所共同关注的紧迫问题。可持续发展战略的提出为环境会计的建立提供了前提条件，奠定了理论基础。而环境会计也只有在可持续发展的环境中，才能更好地发挥其作用，才能正确地核算国民生产总值和企业生产成本，如实地反映一个国家经济发展速度及富有程度，促使企业挖掘内部潜力，维护社会资源环境，造福子孙后代。同时，从我国的环境状况来看，我国是一个资源和能量消耗大国，又是一个环境污染物排放大国。环境污染造成的经济损失是巨大的。目前，我国大气污染造成的经济损失已占 GDP 的 3% ~7%；世界银行的研究报告还指出，我国大气污染和水污染的经济损失约占 GDP 的 8%。这说明，环境问题是我国可持续发展面临的最大障碍。而环境会计提供环境会计信息的主要目的就是要实现对环境的保护，为我国国民经济的可持续发展提供保障。但是，环境保护必须在国家相关部门的组织下，依靠社会的整体力量和集体行动来实现。也就是说，从环境保护、保证我国经济从粗放式经营向集约型经营转变、保证经济的可持续与和谐发展的角度，国家主要依靠环境影响信息和环境绩效信息作出决策。这样，提供和完善独立的环境会计信息报告就非常必要，且迫在眉睫。

（三）我国煤炭行业实行环境会计的必要性

根据有关统计资料，截至 2008 年 12 月 31 日，我国煤炭矿区生态环境已非常严峻，主要问题有以下几个方面：

作者单位：平顶山天安煤业股份有限公司四矿

一是采空塌陷。目前,我国重点煤矿的平均采空塌陷面积约占矿区面积的1/10,因采矿直接破坏的森林面积累计达156万 hm^2,全国煤炭矿区累计占用土地约682万 hm^2,其中已遭破坏的土地约186万 hm^2,且损坏土地每年仍以4万 hm^2 的速度递增,因采空塌陷造成的经济损失已经超过600亿元。

二是地下水位下降,水污染严重。煤矿大量地下水资源因煤系地层破坏而渗漏矿井并被排出,这些矿井水受到严重污染,被净化利用的不足20%,从而对矿区的周边环境造成了新的污染。我国煤矿每年产生的各种废污水约占全国总废污水量的23.5%。

三是废气污染严重。我国每年从矿井开采中排放甲烷70亿~90亿 m^3,严重污染了大气环境并损害了周围居民的身体健康。

鉴于以上情况,在煤炭行业建立环境成本会计是一种创新,并有其独特的意义。

一是将环境会计主体从企业内部扩展到企业外部,以煤炭矿区为会计主体,将煤矿产煤带来的正效应与煤矿产煤对矿区造成的负效应进行抵销,为计算煤炭矿区"绿色GDP"提供直接依据。

二是在推进煤炭资源有偿使用的进程中,将储存的资源价值以"折耗费用"的方式纳入环境成本会计范畴,彻底改变长期以来矿产资源不计价值的现状。

三是将煤炭行业环境治理和生态恢复的支出纳入环境成本会计范畴,这就改变了目前仅一项"塌陷赔偿费"来补偿损失而不进行综合治理的现状。

同时,很多煤炭企业在环境会计信息披露中,主要是对过去已经发生的事项进行反映,是历史性的信息。如企业过去用于环境治理的投资、费用的支出以及一些因污染环境产生的赔偿损失等,缺乏对未来可能发生的环境问题的说明,对于不确定的信息没有给予反映,而这些信息可能对企业未来产生一定的财务影响。

二、煤炭行业加强环境会计运用的措施

(一)加强环境会计的宣传教育工作

环境保护已被确定为一项基本国策,但我国公众的环保意识仍相对较为薄弱。而环境会计的顺利推行离不开公众较高的环保意识。不断加强煤炭行业环境会计的宣传和环保知识的教育,才能使煤炭行业的环保意识逐渐增强,才会有更多的人去研究和发展环境会计,推动环境会计理论和实务水平的提高。因此,应以可持续发展为指导思想,加强环境会计知识的宣传和环保知识的教育。

(二)健全与环境会计有关的法律法规

与环境会计相关的法律、法规是建立和推行环境会计的重要保障。有了合适的"游戏规则"才能保证游戏的顺利进行。因此,必须制定相关的环境会计法律法规,以法律法规的形式确定环境会计的地位和作用,使之能够有法可依,从而加快我国环境会计的进程。同时,必须研究制定高质量的环境会计报告、环境审计等方面的相关准则,不断地完善相关的会计法规和环境标准,确保环境会计准则的顺利实施。

(三)设置与环境相关的会计科目

由于我国现行的煤炭行业会计核算体系中还没有对环境资源进行有效的反映,造成严重的资源浪费,因此在现行的会计核算体系中可以考虑对煤炭资源的使用情况进行相

应的反映，同时在相关会计核算体系中反映环境保护的相关内容。可以在现行的账户体系下设置"资源资产""资源折耗"等反映煤炭资源的使用状况。资源资产的账面价值可按原始成本或评估值入账，也可按资源各年投入累计成本的现值入账；而资源折耗账户可用来反映资源资产由于使用、开采等而累计损耗的价值。当确认资源资产价值时，可借记"资源资产"账户，贷记"银行存款"等账户；计提折耗时，借记"成本费用类科目"，贷记"累计资源折耗"。

（四）加强环境会计相关信息的披露

众所周知，环境会计的信息对政府、投资者、债权人和社会大众等行为的决策有很大的影响，但目前而言，国际上尚没有统一的会计信息披露模式。由于环境信息对会计信息使用者的重大影响，有必要在日常核算的基础上，通过编制环境会计报告披露企业环境资料。就目前而言，在现有的核算体系下，可以采用在报表的正式报表、增加附表或在报表的注释中加以说明的办法披露相关信息。比如在报表附注中，可以适时地向报表使用者说明：企业环境的状况、企业所采取的环保措施及达到的效果、企业为采取环境保护所发生的一切相关支出。

（五）不断提高行业财会人员素质

环境会计是一门多学科交叉的边缘性应用学科，它要求运用者不仅要具备环境会计的基本理论与方法，还要具备与其交叉的相关学科知识。就目前我国煤炭行业大多数财会人员现有素质而言，显然是不够的。因此，必须不断提高行业财会人员素质，一方面，要让行业财会人员充分了解环境会计基本理论与方法以及相关学科知识，从而使国家有关煤炭环境政策能够被严格执行，环境会计实务工作能正确开展；另一方面，也要充分发挥财会人员的主观能动性，鼓励他们在实践中发现和解决问题，修改或扩展环境会计目标，进一步完善煤炭行业环境会计的理论。

作为21世纪会计学的难题，环境会计目前在我国还处于探索阶段；作为一个亟待解决的现代会计新领域，我国必须建立一整套会计基本理论，新会计核算方法，增设会计科目，扩大会计主体，扩展会计核算对象，以促进煤炭行业走循环经济发展之路。

参考文献

[1] 中华人民共和国财政部．企业会计准则2006[M]．北京：经济科学出版社，2006.
[2] 许家林，孟凡利．环境会计[M]．上海：上海财经大学出版社，2004.
[3] 朱学义．我国环境会计初探[J]．会计研究，1999(4).
[4] 黄静．从煤炭企业的环境投资成本与效益看环境会计应用[J]．内蒙古煤炭经济，2001(6).
[5] 刘洁卉．建立环境会计的必要性和措施[J]．审计与理财，2005(4).
[6] 齐殿伟，董晓平．对我国建立绿色会计的几点思考[J]．工业技术经济，2003(4).

我国煤炭企业财务管理现状及对策研究

王卫东

财务管理是对企业资金运动和价值形态的管理，它贯穿于企业生产经营的各个环节。以财务管理为中心，这是市场经济发展的客观要求，是社会经济发展的客观必然结果。面对国内外激烈的市场竞争，煤炭企业必须规范、加强企业财务管理，建立起良好的财务风险防范体系，才能在未来市场竞争中生存和发展。

一、加强煤炭企业财务管理的必要性

随着我国经济体制改革的不断深入，财务管理的中心作用已成为企业家和经济界人士的共识，因为它是通过价值形态对企业资金运动的一项综合性的管理，渗透和贯穿于企业一切经济活动之中。

(一)财务管理的好坏与否直接影响到煤炭企业的经济效益

财务管理的对象是企业的经济活动和资金流动。如果说资金是企业的血液，那么财务管理则是控制资金及其运动的心脏和遍布全身的脉络。企业经济运行就是从资金投入开始至资金回笼，然后再投入而不断获取利润的循环过程。如果没有强有力的财务管理，任由资金随意流动，即使企业其他各项管理都比较健全，企业目标也很难实现。因此，煤炭企业要结合行业生产经营的特点，加强资金管理，围绕资金运动这根主动脉，加大财务管理对企业生产经营各个环节的控制力度，以财务管理综合协调其他各项管理，形成合力，来实现企业利润最大化。

(二)加强财务管理是煤炭企业适应市场环境，加强企业竞争力的需要

随着市场经济制度的建立和不断完善，企业成为市场经济中独立的竞争主体，经营的好坏直接影响企业的生存和发展。现代企业财务管理是适应市场经济而产生和发展起来的，理财手段先进，管理科学，能把握企业目标实现与否，挖掘影响企业目标实现的因素，实施财务决策，保证内外环境的动态平衡。因此，只有加强财务管理，才能使企业不断地去适应市场环境。

二、我国煤炭企业财务管理现状分析

鉴于国内外市场竞争的压力，我国煤炭企业开始了现代企业财务管理的探索，但受目前行业管理体制和水平的制约，我国煤炭企业财务管理水平还很落后，主要表现在以下方面。

(一)思想观念滞后

一些煤炭企业习惯以静止的观念进行财务管理，受计划经济条件下企业管理模式的影

作者单位：河南神火股份有限公司财务部

响,没有形成一套动态的财务管理模式,始终未能加强对财务状况的有效控制。受微宏观方面诸多因素的制约,财务管理需要不断进行吨煤成本敏感分析,资金营运模式的模拟分析等,财务管理必须在动态模式中进行分析调整。唯有这样,财务管理才是有效的管理。

(二)财务信息对企业经营的指导性作用没有充分发挥出来

长期以来,一些煤炭企业只注重产量,而不注重对企业投入产出经济模式的研究。企业财务部门管理着庞大而健全的财务信息系统,许多企业不会利用这一系统进行统计和会计信息的收集分析,只满足于一般的记账和财务指标考核,没有意识到开展信息分析工作的重要性。如果国内煤炭企业能根据有关信息进行分析,判断煤炭行业在未来市场结构中的地位、煤炭产业政策导向、煤炭企业各自的市场份额以及煤炭行业进出壁垒等因素,采取积极有效的管理措施,就能在未来的市场竞争中顶住冲击,站稳脚跟。

(三)资金短缺制约了煤炭企业的发展

煤炭企业资金周转速度慢,周转期长,流动资金短缺,是制约企业生存和发展的突出问题。首先,煤炭企业流动资金来源单一,企业增资能力日渐不足。其次,存货周转期长,速度慢。最后,公司要保证生产经营的正常进行,又要大量举债,庞大的资金占用和债务影响了企业的生产和发展,甚至将企业拖跨。

(四)财务机构的设置与财务人员素质制约了财务管理的发展水平

中国现有煤炭企业财务机构的设置大多数是金字塔型,中间层次多、效率低下,缺乏创新和灵活性。煤炭企业普遍对财会人员重使用、轻培养,财会人员满负荷地工作只能使其被动地处理日常事务,很难有时间和精力主动钻研深层次的管理问题,对介入财务管理心有余而力不足;财务管理人员的理财观念滞后、理财知识欠缺、理财方法落后,习惯地一切听从领导,缺乏掌握知识的主动性,缺乏创新精神和创新能力。

三、完善煤炭企业财务管理的对策研究

针对我国煤炭企业财务管理的现状,我们应该采取以下措施来完善煤炭企业的财务管理。

(一)建立、健全财务规章制度,做到"有法可依"

财务管理主要存在两个误区:一是把财务管理简单化,认为财务管理只是财务部门的事,对其认识仍然停留在记账算账的水平,忽视其对企业预测、决策、分析的整体管理职能;二是财务部门完全听命于领导,依赖于领导的指示,忽视财务管理自身的规律性与相对的独立性。

煤炭企业要想取得长足发展,必须抓好以下两个方面:一是要做到有章可循。根据我国《公司法》《会计法》以及其他有关法律法规的规定,并结合企业实际,从财务管理体制、资本金管理、存货管理、固定资产管理、成本费用管理、内部牵制、稽核、财务计划、财务分析、财务报告等方面,建立、健全内部财务管理制度,完善内部经济责任制,强化财务管理的基础工作。二是要严格按章办事,坚持制度面前人人平等,做到有章必循,违章必究,防止规章制度流于形式,增强其执行的刚性。

(二)加强成本和费用的管理与核算

成本和费用管理对于加强企业的生产经营管理,降低成本、费用,提高企业经济效益,

提供制订产品价格资料，增强企业产品竞争力，都具有重要作用。为此，应该做好以下方面的工作：

(1)抓好目标成本管理，仍然是煤炭行业成本管理的关键。目标成本管理，就是根据企业年度经营目标，经过投入产出分析，确定出总成本及各个生产经营环节成本的奋斗目标，制定出实现目标的措施，并进行严格的控制和考核，以切实加强成本管理，保证实现企业年度经营目标。

(2)生产方案的兑现是抓好目标成本的前提。目标成本的制订是以正常生产为依据，只有抓好采掘协调、采面正规循环，抓好安全生产、煤质、产量等计划的完成，成本目标才有实现的保证。

(3)抓好目标成本管理，不能忽视定额管理工作。制定和执行先进合理的劳动定额、工资单价就能按劳分配，调动职工积极性，同时在劳动组织上，应做到一线充实、二线精干、三线精简，以达到提高工效的目的。

(三)加强财会基础工作管理，提高财会人员素质

搞好财会基础工作是发挥财务管理作用的保证。近年来，部分煤炭企业财会信息失真，财务管理的职能不能充分发挥。加强财会基础工作，首先是要求企业的经营者和财务人员严格执行国家的各项财经法律、法规，坚持原则，廉洁奉公，在企业内部建立一整套财会基础工作规范化的程序。其次是健全会计内部监督机制，提高财会人员素质。

(四)加强资金的管理，为企业发展提供保障

财务管理是组织企业再生产过程中资金的运动，处理企业同各方面的财务关系的一项经济管理工作。资金运动贯穿于企业生产经营的全过程，资金配置实现良性的、增值性的循环，企业才有活力和后劲，才能发展。

按照新制度，企业固定资产、流动资产、生产消耗、安全、技术措施、上缴所得税和税后利润分配等都在经营收入回笼的资金中，由企业自主安排及按国家规定上缴。因此，制订长期的、年度的财务收支计划非常重要，应做到：

(1)要制订收入目标及措施，组织营销等部门实现；

(2)各项资金配置总量要根据“量入为出，略余后备”的原则掌握；

(3)利用信贷资金时，必须要有效益，要确保自我生存的还贷能力；

(4)各项资金配置比例要有根据地进行科学测算，实行严格控制；

(5)在计划执行过程中，要随时注意可能发生的重大变化，以便作适当修改。

参考文献

[1] 肖斌．浅谈提高煤炭企业财务管理水平的路径[J]．煤炭经济研究，2009(3)．
[2] 张慧玲．危机影响下煤炭企业财务管理问题研究[J]．科学之友，2009(10)．
[3] 史世安．执行两则两制　加强煤炭企业财务管理[J]．煤炭经济研究，2004(6)．
[4] 安润喜．对煤炭企业财务管理的思考[J]．山西财税，2003(3)．

企业价值链中问题解决与筹划之策

李越峰

价值链理论是哈佛大学商学院教授迈克尔·波特于1985年提出的。迈克尔·波特的“价值链”理论揭示,企业的竞争力是由整个价值链的综合竞争力决定的。

纳税筹划是实现价值最大化的有效途径之一,企业价值链的纳税筹划是指企业通过自身经济流程、组织结构的调整以及与外部价值链上的企业进行合作,在现行法律许可的前提下,利用各种税收、财务、金融等专业知识,对企业内外部价值链的税负预先进行整体安排筹划,从而实现价值最大化的目标。

一、企业价值链纳税筹划需要关注的问题

(一)企业价值链纳税筹划不只是财务人员的事情

税收由企业实际经营活动及流程决定,财务人员只能依据现行税收法律对纳税筹划提出方案和建议,具体筹划方案的实施需要企业决策层决定,实施过程还需要不同价值链条上专业人员的配合。

(二)随市场、业务及税收法律的变化要及时调整

价值链的纳税筹划没有固定模式,不同的业务和行业,不同的税收法律前提下也不相同。要想取得实效,就需随税收政策、价值链作业链条以及市场的变化而改变。

(三)考虑成本效益因素

经营流程固定的前提下,相应的纳税环节及税目已经确定,若对原有流程及组织结构进行调整,必然会发生额外的税收筹划成本。因此,必须考虑成本与效益因素,避免出现筹划成本高于筹划成果的情况。

(四)考虑外部价值链上企业利益,实现整体价值最大化

纳税筹划涉及上下游企业对实现整体利益的分配。若筹划方案只使单方受益而损害另一方,得不到对方配合将无法实施。所以,筹划方案要统筹考虑价值链上各主体的利益。

二、价值链纳税筹划案例研究

(一)改变组织结构及业务流程,进行价值链纳税筹划

1.利用增值税转型政策,预先设定组织结构进行纳税筹划

2009年1月1日起在全国范围内施行消费型增值税。机器设备类固定资产进项税允许抵扣。这一政策的实施,使集团型公司在新建投资项目时就有了筹划空间。

如某集团公司为增大集团公司利润空间,决定从2010年起投资建设一新项目,新项

作者单位:河南省煤气(集团)有限责任公司

目以原有 A 产品为主要原料,生产制造出 B 产品后进行销售。A 产品由集团公司下属全资子公司甲公司生产制造,甲公司每年缴纳增值税 4 000 万元。新建生产装置总投资 20 亿元,建设期 3 年,其中机器设备类固定资产投资 8 亿元于 2010 年起 3 年内均衡安装完成,贷款年利率 7%。

方案一,新设乙子公司,由乙公司投资建设新装置。

方案二,由甲公司投资建设新装置。

将两方案结果进行比较:

方案一,建设期内没有新增销项税,机器设备类固定资产进项税在建设期内无法抵扣,只有装置建成,销售收入实现后才能予以抵扣。

方案二,甲公司正常生产经营期间每年缴纳增值税 4 000 万元,新建装置机器设备类固定资产取得进项税 11 624(8 亿元 × 17%/1.17)万元,自 2010 年起 2.9 年(11 624/4 000)内每年可均衡抵扣,2.9 年内不需要缴纳增值税。很明显,集团公司采用方案二实现了延期缴纳增值税的效果。再考虑随增值税计征的城建税(7%)和教育费附加(3%),2.9 年内每年延期缴纳附加税 400(4 000 × 10%)万元。延期纳税额折现值为 11 517.95 万元。方案二实现的延期纳税资金可抵减建设项目贷款利息支出,或者再投资其他项目,实现整个集团价值最大化。

2. 利用企业所得税实行法人汇总缴纳进行价值链纳税筹划

2008 年 1 月 1 日起施行的《中华人民共和国企业所得税法》规定:居民企业在中国境内设立不具有法人资格的营业机构的,应当汇总计算并缴纳企业所得税。

如 A 公司为某集团公司下所属一分公司,由于产品附加值不高连年亏损,与母公司报表合并后每年亏损 3 000 万元,但出于长远发展需要决定该分公司持续存在。甲公司为集团公司控股子公司,主要以 A 公司产出的产品为原料进行深加工,甲公司每年盈利 4 000万元,假定无纳税调整事项,甲公司每年需缴纳企业所得税 1 000(4 000 × 25%)万元。甲公司与 A 公司均是独立纳税人,在同一地注册。集团公司决定自 2010 年起对企业进行重组,对 A 公司进行清产核资、审计后予以注销,A 公司业务合并入甲公司。

将该方案进行分析:合并前 A 公司与母公司每年亏损 3 000 万元,不需要缴纳企业所得税,甲公司每年缴纳企业所得税 1 000 万元,不考虑集团其他分子公司纳税,集团合计缴税 1 000 万元。A 公司合并到甲公司后,整个集团每年实现纳税所得额 1 000(4 000 - 3 000)万元,应缴企业所得税 250(100 × 25%)万元,假定因集团合并发生的成本为 300 万元,因合并方案的实施集团每年增加的价值为 450(1 000 - 250 - 300)万元。

当然,该重组方案的实施要统筹考虑关于企业重组的所得税处理规定,避免出现 A 公司以前的亏损额最终不能在重组后的企业抵扣的情况,以实现企业的长远目标。

(二)利用设计结算方式进行价值链的纳税筹划

根据《中华人民共和国营业税暂行条例》以及《中华人民共和国营业税暂行条例实施细则》的规定:利用设备、工具、场所、信息或技能为社会提供服务的业务应按服务业缴纳营业税。《中华人民共和国增值税暂行条例实施细则》规定:将货物交付其他单位或者个人代销以及销售代销货物应视同销售行为征收增值税。

如 A 商贸公司购进一批商品,成本价 1 000 万元,准备委托 B 公司代销。该批商品市场零售价为 1 300 万元,A 公司拟采取 1 230 万元让 B 公司一次性买断的代销方式,B 公司以市场价销售后可以获利 70 万元。B 公司则拟采取按市场零售价替 A 公司销售,单独收取 A 公司 70 万元手续费。

1. 两种缴税方式税负分析

A 公司提议的结算方式:两公司均应按视同销售缴纳增值税。

A 公司应缴纳增值税:(1 230 - 1 000) ×17% =39.1(万元)。

B 公司应缴纳增值税:(1 300 - 1 230) ×17% =11.9(万元)。

两公司合计缴税 39.1 +11.9 =51.0(万元)。

B 公司提议的结算方式:

根据“直销企业通过直销员向消费者销售货物,直接向消费者收取货款,直销企业的销售额为其向消费者收取的全部价款和价外费用”的规定,A 公司该业务销售额为 1 300 万元,应缴增值税:(1 300 - 1 000) ×17% =51 万元。

根据“纳税人从事代理业务向委托方实际收取的报酬为营业额应当缴纳营业税”的规定,B 公司应缴营业税:70 ×5% =3.5(万元)。

两公司合计缴税 54.5 万元。

2. 两种结算方式经营成果分析

增值税是价外税,不影响利润,营业税应计入“营业税金及附加”,最终抵减营业收入从而减少利润。若不考虑城建税及教育费附加,会计利润按收入减去成本再减去营业税金及附加计算。

采用 A 公司提议的结算方式,A 公司收入 1 230 万元,成本 1 000 万元,该业务实现利润 230 万元。B 公司收入 70 万元,若不考虑其他成本,该业务实现利润 70 万元。两公司合计实现利润 300 万元。

采用 B 公司提议的结算方式,A 公司收入 1 300 万元,成本 1 000 万元,手续费 70 万元,该业务实现利润 230 万元。B 公司收入 70 万元,营业税金及附加 3.5 万元,该业务实现利润 66.50 万元。两公司合计实现利润 296.50 万元。

根据以上分析,采用 A 公司结算方式,A 公司少缴税 11.9(51 - 39.1)万元,B 公司多缴税 8.4(11.9 - 3.5)万元。而采用 B 公司结算方式,则 A 公司多缴税 11.9 万元,B 公司少缴税 8.4 万元,但该方式 B 公司还减少利润 3.5 万元。

两公司协商后,最终采用 A 公司提议的买断代销方式,A 公司减少的税款 11.9 万元,部分返还 B 公司对其予以补偿。

不同的企业以及企业的不同经营活动,都会产生不同的税收差异,企业在实现目标的过程中,应充分考虑各项税收政策,提早进行纳税筹划。从以上价值链纳税筹划案例来看,企业完全可以通过纳税筹划实现整体价值最大化的目标。

参考文献

[1] 顾瑞鹏. 企业价值链税收筹划的思考与实践[J]. 苏州教育学院学报,2009(1).

[2] 王玉. 基于价值链的增值税税收筹划研究[D]. 湘潭:湘潭大学,2012.

浅谈企业管理创新

洪新海

国有企业是国民经济的重要支柱和依托,是国家财政收入的重要来源,是国家经济竞争力和综合国力的主要体现力量。随着市场经济的不断深入和发展,国有企业将面对越来越激烈的市场竞争。国有企业要不断地发展,国有企业的生命力要不断地增强,就必须实行管理创新。

一、企业管理创新的必要性

企业管理创新是企业经营成败与兴衰的关键。在一般企业中,产品创新、技术创新、工艺创新等往往受到重视,而管理创新常常被忽视。然而,现代企业理论认为,企业成功"三分是技术,七分是管理"。管理被置于一个非常重要的地位。因而,进行管理创新是企业创新不可缺少的核心内容。改革开放以来,中国许多企业充分认识到管理创新的重要性。但是,也有部分企业在建立现代企业制度过程中,忽视管理的创新,导致管理滑坡。管理滑坡进一步加剧了经济转轨时期企业的"企业不适应症",为此造成这些企业对市场变化不能做出较灵敏反映,不能根据市场的要素,不断重组各种生产要素,使其配置到带有效益的生产经营活动中去,从而也就不能提供高质量的产品与服务,不能在激烈的市场竞争中占据有利地位。制止企业滑坡,加强和改善企业管理,不断进行以质量第一为导向和以适应市场为模式的企业管理创新是非常必要的。

二、企业管理创新必须以质量第一为导向

企业管理创新是以企业盈利、创效益为主要价值取向的,为此,取得效益的基础是质量。产品质量是连接企业和用户、消费者的纽带与桥梁,是企业为社会所接纳的必由之路。因此,以质量第一为导向,应是中国企业管理创新的主要任务。

(一)质量是企业管理永恒的主题

企业要发展,关键在于增长的质量。而增长的质量取决于整个生产经济的投入质量、运行质量和产出质量。由于企业生产经营是一个连续性的过程,所以投入质量、运行质量影响着产出质量。反过来,产出质量又直接影响着投入质量和运行质量。因此,企业管理应当注重提高投放质量,不断改善运行质量,来达到提高产出质量的效果,并以各种手段促进它们之间的良性循环。

(二)质量管理是企业管理的纲

在当前激烈的市场竞争中,一个企业要站稳脚跟,必须靠质量取胜于市场,必须生产出高质量的产品并提供高质量的服务。在企业管理中贯彻质量第一的思想,以质量占市

作者单位:河南神火铝业公司

场、出效益。然而,中国企业在长期的计划经济的影响下,存在着重产值、轻质量、重指标、轻竞争的思想,造成在生产建设及流通领域中存在着质量差、品种少、效益下降的现象,致使许多企业成本上升,亏损增加。正因如此,就必须重视质量管理,就要认清质量管理是企业管理的纲。从改革实践来看,凡是经济发展壮大的企业无不得益于以质量为中心,推行了全面的质量管理。如海尔集团的家用电器,产品之所以能在全国乃至世界消费群体中具有信誉,可以说就是实行了质量管理。

三、企业管理创新必须要以适应市场为模式

随着市场经济的不断深入发展,更多的企业在市场经济的规则要求下,创新的形式多样化,其中都在围绕市场开拓创新,以增销增效为目的,一般情况下,就如何更快地适应市场,企业管理创新应该具备的两种模式:一种是改进产品和服务,不断适应市场的模式;另一种是发明新技术,不断创造市场的模式。而竞争力较弱、技术水平不高的企业,一般采用适应市场的模式。

(一)市场决定企业管理创新的成败

随着市场经济的不断深入,市场变成了企业的"饭碗",用户成为厂家的"上帝",订单决定着企业的命运。"市场需求"成了企业兴衰的关键因素。产品没有市场,企业就失去了存在的基础。即使有了好产品,如果不进行市场开拓,不被用户所理解、认识和采用,产品就不能变成商品,就创造不出效益。企业同样没有希望。

企业的管理创新包括管理领域的拓展、管理观念的更新、管理方面的变革和管理手段的现代化。所有这些过程都面临着适应市场的问题。要使企业经营与发展从过去依赖国家转变为面向市场,使企业从政府部门的附属物转变为市场经济的主体,在市场中求生存、求发展,就必须建立以适应市场,开拓市场为特点的新的市场经营管理体系。因此,要确定适应市场的管理思想与经营观念,并使其落实到企业经营管理的各个方面,指导企业的经营与发展。

(二)企业管理创新要以质量管理为核心,面向市场

在市场经济中,市场是企业生存的空间,质量是企业进入市场的特别通行证。因此,以适应市场为模式的企业管理创新与以质量管理为核心的企业管理创新并不矛盾,两者在市场经济条件下是一致的。推行以质量管理为核心的管理创新,必须面向市场,应市场需求为导向提高质量,以适应市场来满足用户需求。根据我国经济发展的现状和企业的实际情况,实行以适应市场为模式和以质量管理为导向的企业管理创新,是在企业中实现全面质量管理的同时,推行"全面管理经营",最终达到企业管理的创新。

四、企业管理创新采取以质量经营为特色的改革对策

(一)切实转变观念

企业领导在"两个转变"中要树立用户第一、质量第一的市场竞争观念,引导企业走质量效益型道路。因为质量包括产品质量经营决策在内的全面质量管理,质量管理思维已成为当今企业管理层第一经营意识,质量管理的成败直接关系到企业的兴衰存亡。企业的经营成果,在其他条件一定的情况下,最终总是用利润来定量比较的。只有有效的质

量管理,才能实现企业为顾客提供物美价廉的、符合需要的产品的经营管理最终目的,并获得实在的利润;只有改善质量管理,才能带动企业其他工作,从根本上解决企业管理工作中的各种矛盾。

(二)增强市场应变能力

坚持质量管理与技术创新相结合,增强市场应变能力。企业核心竞争力具体表现在企业的技术创新、战略决策、应变能力、市场营销、组织协调能力等方面,而技术创新只是其中的一部分,但却是很关键的一环。企业提高核心竞争能力的基础就是要不断推陈出新,加快技术创新步伐,增强市场应变能力。如果企业缺乏技术创新,则不可避免地陷入产品结构雷同、竞争乏术的境地,甚至遭到市场的淘汰。加强技术创新对任何企业都是适用的。

(三)强化质量管理

国内外的实践经验证明,要保证和提高质量,更好地满足顾客和社会的需要,必须推行全面质量管理。

当今,所谓全面质量管理,是指除了全面质量控制渗透到整个组织的生产业务活动,还对产品质量的经营决策和战略目标的制定和实施,承担管理职能。因此,它包括了比全面质量控制更广泛的质量职能。实际上,它整合了全面质量的观点和方法,使质量管理跃向一个更新的阶段。

质量是企业的生命,质量管理是企业管理的纲。坚持推行TQM(全面质量管理),建立健全质量管理体系,把技术创新与质量管理紧密地结合起来,增强生产工艺与工序管理,加大技术创新力度,落实质量政策;强化系统管理,追求开发、采购、生产、销售等生产经营环节的综合质量;抓好技术培训,促进质量管理小组活动,不断提高企业员工的质量和技术素质;建立有效的激励机制,调动员工提高产品和服务质量的积极性。

企业管理创新是一项系统工程,只要面对市场,根据顾客要求,不断创造出适于市场需求变化的产品和服务,企业就会发展壮大、长盛不衰。

浅谈企业税收筹划在财务管理中的运用

郝晓丽

税收筹划是纳税人在法律许可范围内,对各种经济活动事先进行筹划和安排,尽可能地节约税收的活动。税收筹划与偷、漏税的本质区别在于:它是在不违法的前提下进行的。纳税成本作为企业一项重要的财务支出,成为控制成本、提高利润、实现财务目标的关键。了解税收筹划在企业财务管理中的重要性,及如何在财务管理中运用税收筹划,对于企业实现其财务目标、提高财务管理水平有重要的意义。

一、税收筹划在财务管理中运用的必要性

税收筹划作为企业财务管理的重要组成部分,在企业的财务管理中日益受到重视。要想实现税收筹划,良好的财务管理环境是基础。只有在良好的财务管理环境下,财务人员才能根据正确的数据,全面分析企业财务状况,制订出最优的方案,实现财务目标。

(一)税收筹划有利于促进企业财务核算水平的提高

目前,有些企业的财务人员专业素质还不够高,对于财务管理的认识还停留在基本的财务核算上。财务人员往往只是片面地将少缴税理解为税收筹划的目的,方法不当就可能被认定为偷税、漏税行为。不但不能使企业获利,反而会影响到企业声誉,对生产经营产生负面影响。只有通过不断提高财务核算水平,充分了解企业财务管理的每一个环节,才能把税收筹划真正运用到财务管理中。

(二)税收筹划有助于企业财务管理目标的实现

企业财务管理的目标不外乎企业价值最大化、利润最大化。企业增加利润有两条途径:增加收入和减少支出。税收支出作为一项成本费用支出,直接影响企业利润的实现。通过对筹资、投资、经营和利润分配活动的科学筹划与事先安排,选择最佳方案来降低税收负担,是实现企业财务管理目标的有效途径。

(三)税收筹划是企业财务决策的需要

财务管理过程中会面临筹资决策、投资决策、生产经营决策、利润分配决策,这些决策都与税收筹划密切相关。税收筹划对于财务决策有着重要影响。筹资决策中,需要多少资金,是选择债务筹资还是权益筹资;投资决策中,需要考虑投资活动所带来的税后收益,税法对于不同地区,不同行业的投资有不同的政策,有差异就有筹划的空间,可选择纳税负担低、综合收益高的方式;生产经营决策时,企业应该全面分析,综合考虑决策方案,具体问题具体分析;利润决策时,需根据不同的税收政策制订利润分配的方案。税收筹划贯穿财务决策各个环节,是财务管理的一项重要内容。

作者单位:鹤壁煤业技师学院

二、税收筹划在财务管理中的运用

税务筹划是在充分了解企业业务范围、经营情况、生产流程，准确掌握税收政策、法律法规的基础上，找到筹划突破口进行的。税务筹划应按照企业财务决策的方向，结合财务管理的每一个环节进行。下面从筹资、投资、经营、利润分配四个方面来探讨税收筹划在财务管理中的运用。

（一）筹资活动中的税收筹划

筹资活动是企业正常运作的先决条件，也是企业财务管理的一项重要内容。筹资成本决定着筹资的效果，而税收成本是其中必须考虑的因素。筹资方式有债务资本筹资和权益资本筹资。不同筹资方式筹集到的资金对企业税负的影响也不同。应对筹资方案进行税收筹划，降低税负，提高整体筹资经济效益。

1. 债务资本筹资的税收筹划

发行债券是公司筹集债权资本的重要方式。债券利息允许在所得税前扣除，可享受节税利益，这样实际负担的债券成本较低，可使公司和投资者承担较轻的税负。

2. 权益资本筹资的税收筹划

权益资本筹资有发行股票和企业自我积累等方式，发行股票虽然风险小，无固定利息负担，但股息不能作为费用列支，只能从税后利润中支付，不能减轻税负。

（二）投资活动中的税收筹划

在投资决策时，应全面地进行税收筹划，最大程度利用国家的优惠税收政策，实现投资收益最大化。税金作为投资收益的抵减项，直接关系到纳税人的投资收益率。投资环节的税收筹划可从设立分支机构组织形式的选择、投资地区和投资行业等方面综合考虑，制订最优方案。

1. 设置分支机构组织形式的选择

随着业务的扩张，企业将面临着在旗下设置分公司或子公司的选择，两者在税收上大不相同：

分公司非独立法人，相当于总公司的一个办事处，所发生的亏损可冲抵总公司利润。但不能享受投资地相关的税收优惠政策。

子公司是独立法人，独立核算，可享受投资地的税收优惠，但需独立承担民事责任，自负盈亏。

从纳税角度讲，如总公司发展状况稳定，资本雄厚，可考虑设立子公司，这样即使子公司在设立初期亏损，也可给予支持，并减轻总公司税收负担。子公司发展稳定后，又会促使总公司发展。如投资地的税收优惠政策对于企业十分有利就可设立子公司，充分享受优惠政策。

2. 投资地区的选择

无论国内、国外投资，除考虑投资地点常规环境因素外，还应充分了解和利用不同地区的税制差别及区域性税收优惠政策，进行慎重选择。这些差异在给投资者提供了税收筹划空间的同时，也增加了筹划难度。企业可找出几个相对合适的国家、地区，充分了解当地税收政策，拟订出相应的投资方案，计算出每个方案的成本、收益、税负水平，综合分析后选择税收负担、低投资收益率高的方案。

3. 投资行业的选择

在进行投资行业选择时，要充分考虑税收因素，国家为优化产业结构，对不同的行业规定了不同的税收政策。必须先了解各行各业的税收政策，精心筹划投资行业的选择，降低企业税金支出。

（三）经营活动中的税收筹划

企业经营活动的每一个环节都可能存在税收筹划的空间。

1. 收入的税收筹划

纳税人销售货物或者提供应税劳务因销售结算方式不同，纳税义务的发生时间亦有差异。企业可通过收入的结算方式、时间及计算方法的选择来实现减税或延迟纳税的目的。

比如税法规定，采取赊销和分期收款方式销售货物，收入确认时间为书面合同约定的收款日期的当天，无书面合同的或者书面合同没有约定收款日期的，为货物发出的当天。销售产品时，如确定无法立即收到全部或部分货款，可采取赊销或分期收款结算方式，在合同中约定收款日期，推迟纳税义务发生时间，产生节税效果。

2. 采购环节的税收筹划

采购环节可利用增值税进项税额抵扣来延迟纳税，通过对增值税进项税额抵扣时间的控制，合理利用资金的时间价值。

小规模纳税人不具备开具增值税专用发票的资质，从这类企业采购的货物无法享受到进项税额抵扣，应尽量避免从这类企业采购。

3. 成本费用的税收筹划

1）利息支出的税收筹划

纳税人在生产经营活动中向金融机构借款的利息支出可按照实际发生数扣除，向非金融机构借款的利息支出不高于同期、同类金融企业贷款利率计算数额的部分准予扣除。应尽量从金融机构借款，避免向金融机构以外的单位和个人借款，使借款利息支出在税前全额扣除。

2）折旧方法的税收筹划

固定资产提取折旧常见的方法有直线法和加速折旧法。不同折旧方法计算出的折旧额不同，利润也不同，进而影响税负高低。应综合考虑各方面因素，选择合适的折旧方法。在各年所得税税率保持不变或呈下降趋势的情况下，应选择加速折旧法，把利润延至后期，延缓纳税时间；若按规定在一定纳税年度内享有减免税优惠，那么应使用直线折旧法，尽量把利润集中在减免税年度内，充分享受到税收优惠政策带来的收益。

3）工资费用的税收筹划

工资是企业一项重要成本费用，筹划时应尽量增加费用，减少应纳税所得额。应足额提取工会经费、职工教育经费，企业股东、董事或合伙人可通过兼任公司管理人员或职工，将个人收入由分红变为工资，减少企业纳税负担。

（四）利润分配中的税收筹划

企业利润分为营业利润、投资净收益和营业外收支净额三部分。利润分配关系到企业发展和投资者权益，并对企业税负产生影响。

税法规定，企业发生的年度亏损，可用下一纳税年度的税前利润弥补；下一纳税年度所得不足以弥补的，可逐年延续弥补，但延续弥补期最长不得超过5年。企业可选择战略合作伙伴，兼并亏损企业，既扩大企业的规模，又能以盈补亏，少缴所得税，实现纳税收益。

三、税收筹划在企业财务管理中运用时应注意的问题

(1)税收筹划应从总体上系统进行考虑，而非要刻意追求最低税负。

税务筹划最终目标是实现企业利润、价值的最大化。在筹划时，应从全局出发，综合全面地去看待不同的筹划方案。既要注重个案分析，又要考虑整体综合性。要始终围绕企业总体目标，着眼于整体税负的轻重和全局利益的提高，进行全面衡量，不能顾此失彼。

(2)不做违反国家政策导向的筹划。

税收筹划必须在法律允许范围内运作。要科学地进行税务筹划，必须对税收法规、政策充分学习，全面掌握。应准确掌握筹划的度，防止走向偷、漏税的违法道路。

(3)密切关注税法变动，有争议问题多与税务机关沟通。

税法随着经济形势的变化会不断更新，纳税人要想搞好税收筹划，就必须不断学习，对于不能确定的问题多与税务机关沟通。

(4)税收筹划必须遵循成本效益原则。

如过分强调税收成本的降低，而忽略了因税收筹划带来的费用增加或收益减少，使筹划成本高于收益，就得不偿失了。

浅析当前形势下煤炭企业困境的原因及对策

葛自敏

近年来，受世界经济及我国国内经济增速回落的影响，煤炭市场需求迅速萎缩，导致产能过剩，煤炭价格急剧下降，煤炭行业利润进一步下行。2014 年国内煤炭行业持续了上一年度的利润下滑趋势，全国大型煤炭企业近 1/3 出现亏损，黑龙江、吉林、辽宁、江西、安徽等省份煤炭企业全行业亏损。在这种情况下，寻求转型发展不失为摆脱困境的出路之一。

一、煤炭企业出现困境的原因

统计数据显示，2014 年 1 ~ 7 月，全国煤炭生产略有下降，铁路煤炭发运 13.3 亿 t，同比增长 0.8%。净进口 1.79 亿 t，下降 1.5%。7 月末，煤炭企业存煤 1.05 亿 t，全国重点电厂存煤 7 700 万 t，可用 22 天。受需求疲软和库存爆满制约，煤炭生产和运输皆成走低趋势，煤炭市场供大于需，景气指数一直偏冷，近期跌势进一步加大。而与此同时，进口煤的比例却稳步增长。尽管大多数煤企普遍收益欠佳，亏损面持续扩大，但越是在危机之中，企业越应该冷静客观地分析市场需求和整个企业的发展态势，进而寻求突破点，渡过难关，实现企业的转型整合。

（一）市场需求增幅减少

尽管新型能源的开发利用在一定程度上冲击了煤炭市场，但并非是致其萧条的罪魁祸首。在中国，未来数年内煤炭仍将是主要的能源燃料。追根溯源，煤炭需求增幅减少原因在于国内外宏观经济下行，工业发展明显放缓，不能有效地拉动煤炭消费。

（二）产能过剩、价格下跌

2000 ~ 2012 年是煤炭开采的“黄金十年”，煤炭行业炙手可热，诱人的财富回报吸引了大量企业加入到开采煤矿的大军中，导致我国采煤产能激增。2000 ~ 2005 年，煤炭开发投资总额 2 000 亿元，仅 2012 年，煤炭开发投资 5 290 亿元。数亿元的资金投入，造成煤炭产能的集中释放。

1. 下游电厂库存仍在高位，供大于求形势未改变

到 2014 年 6 月末，全社会库存已经持续 31 个月在 3 亿 t 以上。6 月末，煤炭企业库存9 900万 t，创历史最高水平；重点发电企业存煤 7 906 万 t，可用 23 天。

2. 钢铁及建材需求下降

作为煤炭销售主要对象的电力、钢铁、有色金属、化工等下游行业由于国内基础建设

作者单位：郑州煤电股份有限公司超化煤矿

领域投资稍微放缓，收益同样不太景气，需求持续低迷，降低了煤炭需求。目前房地产开工率不足，导致钢铁及建材需求下降。而钢铁和建材也是煤炭企业的重要客户，市场供大于求，煤炭价格持续下跌。

3. 进口煤炭价格低廉，吸引用户

受欧债危机影响，国际经济大环境不好，全球经济衰退，煤炭进口国需求不足，国际煤市供大于求，澳大利亚、南非、印度尼西亚等国进口煤价格低廉，全力登陆国内市场；美国由页岩气代替煤炭，使其消耗减少，促使国际煤炭价格低于国内，部分火电厂纷纷改造机组，适应外煤的燃用。自2004年开始，国家限制资源型产品出口、鼓励进口等一系列政策的出台，使得进口煤迎来了价格上的优势，促使我国进口煤数量逐年飙升。进口煤的不断涌入，对国内煤市形成了一定的冲击。

综上所述，下游库存高位、钢铁及建材需求下降、进口煤暴增等三大主因造成沿海煤市并不紧张，市场呈现宽松的态势，而大量进口煤的涌入则进一步拉低了煤价，恶化了煤炭销售市场环境，短时间内，国内煤市的买方市场格局难以改变。

（三）税费不合理

煤矿的开采难免会对环境造成一定的污染，企业必须要缴纳资源税以保障当地民生和生态治理。在低碳环保和可持续发展的政策下，资源税税率呈增长趋势实乃无可厚非，但煤矿企业除资源税外，还需上交矿产资源补偿费、探矿权采矿权使用费与价款等，这些征税项目不仅存在重复征税的问题，而且全国各地资源税制并不统一，导致了企业之间不公平的税收负担和竞争状态，复杂繁重的缴费更是使本就难以为继的企业步履维艰。

（四）我国煤炭工业技术创新率较低和专业人才奇缺

目前，煤炭行业有550万从业人员，而其中专业技术人员仅为58万人，刚刚突破10%。人数众多的挖煤工平均文化水平较低，而企业又未建立起完善的技术培训体系，不仅阻碍了新技术的推广，也为煤矿的开采埋下了安全隐患。企业技术更新迟缓，煤炭的开采和加工不能在激烈的市场竞争中压低成本，因而进口煤依旧冲击着国内煤炭市场。

二、面对低谷市场，煤炭企业走出困境的办法

面对低谷市场，煤炭企业要按照“以煤为基、多元发展”的思路，实现“煤炭支撑非煤、非煤反哺煤炭”的产业转型。只有由分散、低效、关联度低的产业发展方式向产业关联密切、附加值高、清洁生产、资源综合利用等为特征的经济发展方式转变，才能赢得企业超常规发展。

（一）实施“三化”建设，提升竞争力

“三化”主要指机械化、自动化、信息化。煤炭企业要提升竞争力，必须走高产高效之路，多上设备少上人，大力提高采掘机械化水平，合理集中生产。加强“三化”建设，合理集中生产，有以下三个好处：一是有利于安全生产。矿井头面减少了，可以为矿井灾害治理腾出时间和空间，提高灾害治理的效率。二是可以降低工人劳动强度。三是可以降低成本。总之，要通过抓“三化”，做到减人提效，为企业经济和安全压力松绑。

（二）强化管理，优化资本结构

严禁煤矿超能力生产，加强煤炭销售票证管理，以销定产供应相应的煤票，依法淘汰

落后产能，在经济效益不佳的背景下，企业须明确其下属煤矿的亏盈状况，积极扩大优势资本，关停那些安全系数低且不能盈利的小型煤矿，集中人力、物力发展潜力较大的区域。一旦发生亏损，要及时处理不良资产，控制生产规模，以市场为导向，吸收兼并有利资产，力求转亏为盈。

（三）建立煤炭产业信息渠道

煤炭产业产能过剩问题需要所有煤炭企业和国家调控共同解决。企业间要建立必要的信息通道，认真分析市场供需的起伏，对新上的大项目进行全方位衡量，缓解产能过剩。

（四）依托煤炭深加工，延长产业链

依托煤炭深加工，延长产业链是煤炭转型发展的一条必由之路，相对于过于饱和的传统煤化工市场，新型煤化工具有巨大的开发潜力，通过煤炭深加工程序，可以不断提升煤炭产品的附加值；煤炭企业还可以通过"煤电"联营，或构建"煤—电—铝""煤—铁—钢""煤—焦—化"等方式，向产业链的下游产品发展，提高企业集团的整体效益。传统煤化工不符合节能减排的环保要求，早已不能满足未来的经济发展需求，新型煤化工势必会逐步取代其地位，但是企业必须意识到我国煤炭加工目前仍处于转型期，煤炭深加工产业并不成熟，有一定的风险，因而企业在投资生产以前必须进行科学的调研论证和设计，充分考虑各种风险，包括市场风险和政策风险。

（五）深化改革，构建循环经济体系

利用循环经济理论设计煤炭循环经济体系，可以更加有效地提高资源回采比，充分利用企业的一切资源，避免资源浪费，也可最大程度地减轻对环境的污染，确保了开采的良性循环再利用。煤炭开采与生产过程中的煤泥和煤可供热电厂进行发电，而矸石和灰渣则可用于制造建材产品，煤矸石可用来修复土地资源，矿井水经过处理后则用来供水。循环经济链挖掘了废弃资源的价值，有利于煤炭企业可持续发展，为企业业绩的回升铺垫了道路。

对当前的中国煤炭行业来说，价格不振、利润下滑仍将持续一段时期，煤炭企业要在逆境中生存，就必须锻炼"内功"，积极谋求产业升级，并学会"冬泳"以渡过难关。随着世界经济逐渐回暖以及国家政策调控和在企业的不断努力下，煤炭企业必将会在磨砺中实现成功整合转型，迎来"柳暗花明"的发展新时期。

参 考 文 献

[1] 牛克洪．煤炭企业抵御风险的多元策略[J]．能源评论，2013(2)．
[2] 刘晓光．浅析当前经济形势下煤炭企业的困境与出路[J]．河南科技，2013(10)．

浅析新形势下义煤集团企业管理模式和管理创新

张　鹏

受国家宏观调控、煤炭产能过剩及新能源快速发展等诸多不利因素的影响，我国煤炭供需格局发生了重大变化，煤炭市场供大于求的趋势越来越明显，新的形势造就新的管理模式，管理创新也将是义煤集团转变发展方式的趋向，在寻求适合的发展之路，谋求利益最大化，义煤集团将管理模式和创新能力作为核心能力进行培养，并把其视为企业发展的活力和灵魂。

一、我国煤炭行业发展现状分析

近期以来，由于煤炭产量增加量持续超过需求增加量，导致煤炭市场疲软，煤炭企业经济效益呈大幅度下滑趋势，不少煤炭企业经营陷入困难，整个行业形势不容乐观。主要表现在以下几个方面。

(一)煤炭需求趋缓呈加速态势

在我国，电力、钢铁、化工和建材是主要耗煤产业。2013 年我国火电投资持续下降，钢铁行业也首现 21 世纪以来的亏损。2013 年二季度以后，我国经济回升或将带动用电需求的提高，但我国高耗煤行业库存仍然继续，企业生产加速增长的力量难以积聚，将限制对煤炭需求的拉动力。

(二)煤炭企业产量过剩，库存挤压比较严重

全国“十一五”期间煤炭投资总额达 12 489. 7 亿元，是“十五”的 5. 54 倍，相当于新中国成立 55 年煤炭投资总和的 2. 8 倍。据统计，2004 年至今，全国新增大型矿井(含改扩建矿井)建设规模达到 6. 7 亿 t。这些新增煤炭产能将煤炭市场由 2013 年年初的基本平衡转向总体宽松，主要煤种产品过剩比较明显。

(三)新能源快速发展影响

国家规划到 2020 年，新能源投资累计达 5 万亿元。发电装机容量预计 2. 9 亿 kW，相当于 7 亿 t 左右煤炭的发电量。新能源产业的快速发展，相应挤压了煤炭的生存空间。

(四)进口煤炭产品冲击，进一步压低煤炭价格

据了解，为降低采煤成本，国内大型电力企业纷纷抢购外贸煤炭，预计 2013 年进口煤将超过 3. 3 亿 t。其中，五大电力集团之一中国华能集团公司预计达到 3 000 万 t，中国国电集团公司 2012 年进口煤 1 100 万 t，预计 2013 年进口量将达到 3 000 万 t 以上。进口煤低价迫使国内煤企放下身段，进一步压低煤炭价格。

作者单位：河南大有能源石壕煤矿

(五)企业应收账款快速上升

随着煤炭市场需求下降,社会库存大幅增加,竞相降价和赊销成为煤炭企业采用的经常性的营销策略,大量企业应收账款随之发生,从而导致企业资金周转不畅,甚至有资金链断裂的危险。

二、义煤集团管理模式

管理是一个企业发展的主题。特别是在新形势下,义煤集团积极推进管理制度的创新,挖掘企业内部潜力,增强企业市场竞争力,适应改革要求。

(一)煤炭企业管理制度

在计划经济体制下,传统的煤炭企业管理制度很难适应市场经济和企业的长远发展,建立和完善现代企业制度是煤炭企业适应市场经济激烈竞争的必然要求。煤炭企业管理制度创新不但包括宏观上的政企分开、权责分明、管理科学,而且,也要求煤炭企业管理者从微观环境出发,着重企业内部规范化管理,建立合理的公司管理体制和法人治理结构,明确划分各层次管理职能,理顺管理流程,使集团管控适度,运营有序。

(二)义煤集团管理方式

在推行市场化运作过程中,义煤集团按照市场经济原则,创建了具有自己特色的现代管理方式。

第一,为了确保国有资产保值增值,义煤集团规范以做实为原则,对财务、销售、采购实行"三统一",积极创新管理模式,全力推进经济增长方式的转变。力求通过强化统一的管理,尽可能压缩管理层次,减少管理环节,提高工作效率,降低管理成本,从而尽快实现企业增效、职工富裕的最终目标。

第二,强化以人为中心的管理,创立适应市场经济的企业感恩文化,企业管理从以物为中心转向以人为中心,这是国际上企业管理的发展趋势。义煤集团坚持以人为本,塑造企业感恩文化,提高企业凝聚力,加强对职工感恩文化教育,大大提高了职工工作积极性和工作热情。

三、义煤集团创新管理途径

随着我国经济的不断发展和国际先进的经营管理制度的注入,传统的强调以企业内部价值耗费为基础的成本管理系统,已经不能适应企业管理环境的变化,不能够为企业管理提供决策有用的成本信息。义煤集团必须因地制宜,结合企业自身的特点,改进经营管理,加强企业管理制度的创新,才能跟上市场变化的节拍,做大做强。

(一)结合实际,实施精细化管理

精细化管理是将价值流作为管理的第一焦点,以精益求精为目标,以"以人为本"思想的企业文化为基石,运用系统思考的原理,以实现价值的最大化和各相关方的共赢。2007 年以来,义煤集团形成了以精细管理信息化平台为基础,以精准安全管理、精益生产管理、精品质量管理、精细经营管理为主体的四位一体的精细化管理模式,这些管理模式从根本上解决了国有煤炭企业中存在的管理职能不顺、责权利不统一、生产组织与成本控制不协调等问题。在企业管理中引入市场机制,将企业内部各单元、各个环节以市场经济往来的形式连接起来，运用价值规律和价格杠杆作用，借助市场的自我调控能力，使企业内部的资源配置逐步趋于合理，从而达到转换经营模式，提高经济效益的目的。

(二)坚持管理创新是企业发展的动力

在新形势下，义煤集团实现加强科学的管理，必须依靠管理制度创新，下大力气改革企业内部管理方面的积弊，提高执行力。

1. 管理创新

煤炭企业经营管理者所表现出来的一切管理行为、手段、方式和要求，无不围绕着追求"安全生产、高产高效"这个核心。义煤集团也牢固树立以人为本的发展思路，探索企业管理新途径、新方法，实现企业的可持续发展。一是坚持"企业是利润中心，项目是成本中心"的原则，深化成本管理。内部成立成本管理中心，制定成本管理办法，形成一套完整的成本核算和成本控制系统。加强项目成本的监管工作，落实成本控制责任制，将实际成本与目标成本进行对比，分析存在的差异，发现问题及时进行调整，控制和降低各项费用开支。二是构建节能减排管理的创新机制，以"减量化、再利用、资源化"为原则，以"低消耗、低排放、高效率"为基本特征，发展循环经济，创建绿色、可持续发展的长效煤炭企业。

2. 制度创新

制度创新是企业实现有效管理的基础，包括领导制度、经济责任制及内部管理制度。在新形势下，义煤集团应结合自身的特点，对原有的一些内部制度进行创新和完善，以适应企业生存发展的需求。通过建立学习型组织，不断提高干部职工接受教育的能力，达到相互促进的目的，切实提高企业的整体科学文化素质，最大限度地发挥干部员工的潜能。引进竞争机制，完善分配制度，坚持绩效考核。建立员工的竞争体制和目标管理考核体系，健全激励和约束机制，营造竞争环境，帮助员工树立自主自强、顽强拼搏、竞争进取的敬业精神和思想观念。

3. 文化创新

企业文化是支撑企业快速发展的根基，是参与市场竞争的制胜之魂。6年来，义煤集团大力弘扬感恩文化，在"知感恩而天下宁，知感恩而企业兴"的理念引领下，秉承"真诚、同心、感恩你我他"的企业精神，建立了独具特色的感恩文化体系，着力建设感恩型企业、塑造感恩型员工，推动企业和合发展。今后，义煤集团也将继续在党的十八大精神的指引下，注重文化管理，继续深化感恩文化建设，提升企业的软实力，推动企业较快平稳发展。着力打造独具特色的企业文化，以提高生产力，挖掘核心竞争力，激发员工创造力，最终达到企业利润最大化的目标。

4. 科技创新

现代经济的发展，科学技术是主要推动力。特别是煤炭企业，必须克服过去重速度、轻效益，重数量、轻质量，重投入、轻产出，重基建、轻技改的发展模式，在产品质量、品种、成本、效率等各方面取得领先优势，才能使企业在竞争中获胜，并取得可持续发展。近年来，为了更好地发挥广大职工的主力军作用，进一步激发职工的创新意识，义煤集团积极开展以"小发明、小革新、小设计、小改造、小建议"为内容的"五小"创新活动。鼓励广大职工围绕煤矿安全生产，在熟练掌握生产设备的操作、维护技术的基础上，对设备设施进行小革新、小改造;摸索提高工作效率的工作法、操作法;提出有利于安全生产的小设计、小建议等。广大职工广泛参与技术创新,使职工队伍整体素质得到有效提升,“知识型”、“专家型”职工队伍不断壮大,为义煤集团的科学发展注入了新的活力。

对此,在以后的发展中,义煤集团应从以下几方面进行管理创新,实现科技创新。一是增加技术投入;二是要引聘、培养高科技人才;三是确立企业科技创新目标,主要是开发科技含量高、产品附加价值高、市场前景好的非煤产业;四是建立健全科技创新激励机制,重奖有特别贡献的科技创新人才;五是用高新技术和先进适用技术改造传统技术产品,通过更新技术结构、技术装备,开展技术创新,提高安全生产率。如严格按照规程要求配齐各类监控设备、仪器、仪表,根据瓦斯等级配备通风监控设施,推广运用各类取得煤矿安全标志的新设备,淘汰安全性能差、危及员工生命安全的落后工艺和设备,完善安全技术装备。

四、结 语

管理和创新是企业发展的永恒主题。管理是企业发展的基础,而创新是企业发展的动力。义煤集团要想在激烈的市场竞争中立于不败之地,就必须紧随时代的步伐,在管理模式上创新,并将创新意识贯穿于整个煤炭生产过程中,以促进企业整体能力的提升和可持续发展的双赢。

参考文献

[1] 孙勇,王昆成,杨志勇.“新经济”条件下的企业管理创新[J].东北财经大学学报,2010(6).
[2] 胡振敏,徐中伟.煤炭企业管理创新探析[J].泰安教育学院学报岱宗学刊,2011(3).
[3] 盛荣.企业管理制度的规范性与创新性[J].煤炭技术,2004(3).
[4] 张强.如何改进和提高煤炭企业物资储备管理水平[J].太原城市职业技术学院学报,2006(2).

税务稽查应对及危机处理

付 迅

税收与企业战略是企业需面对的重要课题，企业生产经营过程的税务风险是固有的，是任何企业无法回避的挑战。在税收相关法规不断完善、中国对税收收入持续高增长的需求、税收新政不断推出、我国经济以强势姿态融入国际经济的背景下，企业遭遇税务稽查的概率与日俱增的。

一、税务稽查的基本概念

税务稽查是税收征收管理工作的重要步骤和环节，是税务机关代表国家依法对纳税人的纳税情况进行检查监督的一种形式。税务稽查的依据是具有各种法律效力的各种税收法律、法规及各种政策规定。具体包括日常稽查、专项稽查和专案稽查。

税务稽查的基本任务：依照国家税收法律、法规，查处税收违法行为，保障税收收入，维护税收秩序，促进依法纳税，保证税法的实施。

税务稽查的范围：包括税务法律、法规、制度等的贯彻执行情况，纳税人生产经营活动及税务活动的合法性，偷、逃、坑、骗、漏税及滞纳情况。

税务稽查包括选案、实施稽查、审理、执行四个部分。税务稽查实施阶段是税务稽查工作的核心和关键环节。

二、税务稽查应对

（一）税务稽查应对的流程

一是要积极参加税务机关组织的查前约谈和查前辅导。为确保工作质量，稽查部门下达“稽查预告通知书”后，会召集预告对象进行查前约谈和查前辅导，一方面明确表格填写、上报时限等相关工作要求，另一方面为纳税人释疑解惑，解答相关税收政策问题。

二是要认真、细致地搞好自查。安排纳税人进行自查是“稽查预告通知书”的主要内容。纳税人应当组织本单位财务人员，或者是引进中介机构进行自查。

三是要认真填写上报相关报表、及时申报缴纳相关税款。自查完毕后，纳税人应按要求填写“自查报告表”等相关表格，并附相关说明。

（二）税务稽查应对的针对性举措

1. 妥善接待税务稽查人员

1）事前预告稽查的接待

税务稽查由税务机关事前预告日期，企业最好是如约接受，如果在时间安排上有冲突，要向税务机关有关负责人说明原因，使其变更检查日期。

作者单位：河南永龙煤业投资有限公司

2）突击税务稽查的接待

税务机关的无预告检查，在进入检查之前就已经决定了要检查的重点。接受突击税务稽查，应该有理、有利、有节地对待税务稽查人员，避免和税务稽查人员出现正面冲突。

3）强行税务稽查的接待

税务稽查局有专门强制稽查的部门，但是强制稽查部门一般不会随意进入某个单位，往往都是逃税额相当高，有严重逃税行为的才对其进行强行检查。这时作为税务经理，求助税务代理已经不起什么作用，最好直接去找辩护律师，通过法律手段解决问题。

4）不要怕税务稽查人员发怒

对于税务稽查人员来说，税务稽查是表现自己工作成绩的时候。查处纳税违法行为是其基本职责。实际上，纳税人受到税务稽查，并不表明就有偷逃税行为。企业应在尽可能的范围内给予协作，把应说明的情况清楚地说出来，不能说明的事情应该和检查人员商谈，而不要害怕税务稽查人员发怒。

2. 做好税收自救措施

1）理解税务稽查的意图

面对税务稽查，纳税人最重要的是理解税务稽查的意图。如果不明白税务稽查的主要意图，则企业很可能会措手不及，出现难以规避的税务风险。

2）争取时间

开展自查税务稽查对于纳税人来说，意味着风险和责任。纳税人面对税务稽查降低风险的重要自救措施之一是争取时间，开展自查。争取时间，开展自查一般能够控制或化解一部分纳税风险。

3）行使权利，维护权益

在税务稽查中，纳税人可以利用所拥有的权利，维护自身合法权益。

纳税人根据税法所规定的原则，对于税务稽查的质问虽然有回答的义务，但是，行使税务稽查权时，如果导致纳税人的交易活动停止，使其失去交易对象或使银行对其失去信任，或者使其私生活受到严重损害，即可认为税务稽查越权了。

4）税企沟通，争取主动

企业应该与税务机关保持良好的接触，营造良好的税企关系。如果税企关系处理不好，就会被税务机关作为反避税重点或稽查对象。同时，纳税人和税务稽查人员交往，应该做到不卑不亢，并且争取主动。

三、税务稽查出现危机时的处理

在税务稽查活动中，一旦出现税务稽查危机，纳税人的头脑一定要冷静，最好认真分析一下产生税务稽查危机的原因与主要分歧，紧紧围绕税收法规思考和处理税务稽查危机。

（一）税务稽查危机出现的原因

在法治社会，税务稽查人员如果还是按照过去的思维方式和工作方法开展税务稽查，就很可能给部门和个人带来巨大风险。这种风险一方面来自于税务机关内部自查，另一方面来自于相关纳税人的反抗。虽然纳税人的税法及其他法律知识有所欠缺，但他们可以花钱从外面聘请专业人士来维权,来处理税务危机。

(1)税务稽查之所以容易引发税企危机,一个很重要的原因,是一些基层税务机关和税务人员对依法征税的理解不到位,他们的执法依据往往不是税法,而是上级领导和税政部门的意见。

(2)在信息化时代,个别机构、个别人员的不规范行为如果成为舆论焦点,被媒体炒作,就可能引发税务机关的公众危机。从根本上讲,税务机关要防范税务危机的发生,需要从规范税务执法入手,真正做到依法征税,而不是依权征税。

(二)税务稽查危机的处理

1. 分析检查人员有没有越权

《中华人民共和国税收征收管理法》赋予税务稽查人员以下6项主要权利:①查账权;②场地检查权;③责成提供资料权;④询问权;⑤在交通要道和邮电企业的查证权;⑥查核存款账户权。但纳税人要留意稽查人员在税务稽查过程中是否越权,如果越权可能会形成执法不当,纳税人完全可以不予理睬。

2. 分析税务稽查人员掌握的证据是否充分

事实上,有些税务稽查人员在查处税收违法案件过程中往往捕风捉影、牵强附会、生拉硬扯,强行定案。取证不足,是目前基层税务稽查工作的通病,许多税务稽查人员的工作底稿取证明显不足,财务逻辑性不强。因此,一旦发生税务稽查危机,纳税人完全可以利用稽查环节中的这些弱点,进行还击,依法维护自身的合法权益。

3. 分析税务稽查人员的执法程序是否合法

税收执法和其他法律部门一样,在具体的执法过程中,要讲究程序,一旦程序错误,即使其他方面没有问题,最终的案件认定也不能成立。因此,纳税人要利用有关法律的这一规定,以维护自身的正当权益。

4. 分析税务稽查危机问题的性质

在处理税务稽查危机过程中,对于每一个纳税人而言,有一个问题必须认真加以研究,是属于偷税还是过失(核算错误);是属于违法还是犯罪。因为纳税人偷税与纳税人由于核算错误而造成的过失,在法律上所要承担的法律责任是不一样的,一旦被确认为犯罪,情况将更糟。所以,纳税人必须认真加以辨识自身所存在的问题是属于偷税还是属于过失。

综上所述,面对税务稽查要有针对性地应对,强化财务人员的税务知识和业务能力,出现危机临危不乱,寻求策略,维护好企业的正当权益。

福瑞选煤厂产品结构优化与利润拐点的探析

王新成　王文杰

为积极应对日益严峻的煤炭市场形势，笔者根据公司精煤和电煤市场变化情况，通过研究所属单位福瑞选煤厂生产经营情况，本着“以销定产，效益优先，算账搞生产，算账搞销售”的原则，进行发热量和商品煤销售价格结构对入洗模式和利润影响趋势分析，当商品煤价格和销售去向发生变化以后，能够快速做出反应，“知变、应变、善变”，在第一时间提出本单位的商品煤结构调整优化方案。

一、福瑞选煤厂主要经营政策和技术指标

福瑞选煤厂建在十矿工业广场东北侧，属于中型矿井型选煤厂。建设规模为1.20 Mt/a，主要入洗公司相对应矿井原煤，同时入洗部分外购煤。根据《煤炭洗选工程设计规范》（GB 50359—2005），本工程工作制度定为年工作330天，日工作时间16 h，三班作业，两班生产，一班检修，选煤厂服务年限与矿井一致。

相对应矿井田内可采煤层二$_1$煤层煤为贫煤及瘦煤，是优质动力用煤，原煤洗选后为优质高炉喷吹用煤。

选煤厂入洗50～0 mm的混煤，采用选前脱泥，大颗粒进无压给料三产品重介旋流器分选混煤，粗颗粒采用TBS分选，浮选处理－0.5 mm的煤泥，该工艺对煤质波动有较强的适应性。

（一）福瑞工贸公司经营政策和发热量影响数据

2013年福瑞选煤厂入洗方式为重介加浮选，购入煤量5万t/月，发热量4 500～5 200 kcal（1 kcal＝4.186 8 kJ），根据公司2013年主要经营政策（购入单价：原煤9.402元/（kcal·t））和福瑞选煤厂技术部门提供发热量对应产品产率表（见表1），利润指标主要受购入产量、发热量、产品产销结构和销售单价影响。

（二）商品煤销售价格结构

2012年12月，精煤销售价格720元/t，混煤销售价格380元/t，煤泥销售价格280元/t，价格比例为2.57∶1.36∶1。

2013年1月，精煤销售价格900元/t，混煤销售价格460元/t，煤泥销售价格330元/t，价格比例为2.73∶1.39∶1。

2013年8月，精煤销售价格677.26元/t，混煤销售价格380元/t，煤泥销售价格200元/t，价格比例为3.39∶1.90∶1。

作者单位：鹤壁煤业（集团）有限责任公司财务部

表 1　发热量对应各产品产率结构表

入洗原煤发热量（kcal/kg）	精煤产率（%）	中煤煤泥产率（%）	矸石产率（%）	商品煤产率（%）
4 500	44.00	29.00	27.00	73.00
4 600	46.00	28.00	26.00	74.00
4 700	47.00	28.00	25.00	75.00
4 800	50.00	27.00	23.00	77.00
4 900	52.00	27.00	21.00	79.00
5 000	53.00	28.00	19.00	81.00
5 100	54.00	28.00	18.00	82.00
5 200	55.00	28.00	17.00	83.00

假定精煤销售价格为 677.26 元/t，混煤销售价格为 280 元/t，煤泥销售价格为 200 元/t，价格比例为 3.39∶1.40∶1。

二、发热量和商品煤售价结构对利润的影响

在产销平衡情况下，产量（假定产量为 5 万 t）和商品煤销售价格结构固定，分别对 64% 部分入洗、80% 部分入洗、90% 部分入洗、100% 入洗（全入洗）四种模式进行测算分析。

（1）商品煤销售价格结构（12 月价格及比例）固定，四种入洗模式受发热量影响变化情况可以描绘出发热量及结构影响利润图（见图 1）。

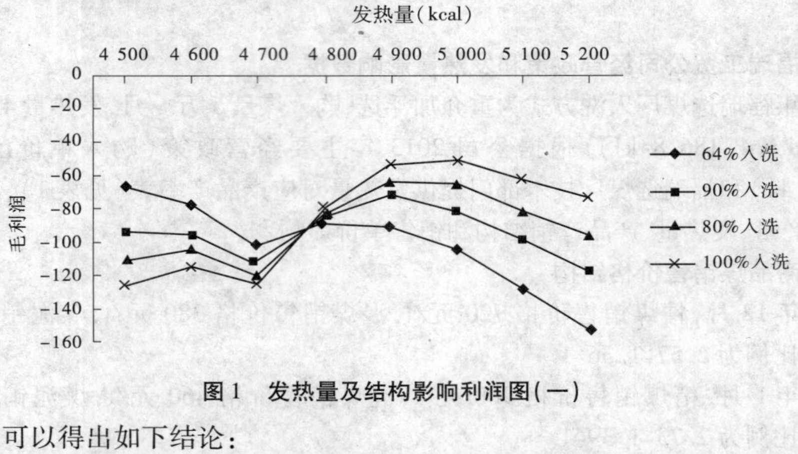

图 1　发热量及结构影响利润图（一）

从图 1 可以得出如下结论：

①原煤发热量在 4 800 kcal 时，属于拐点，四种入洗模式利润基本一致；高于 4 800 kcal 时，尽量加大入洗量，而低于 4 800 kcal 时，尽量加大电煤销售；

②原煤发热量在 4 500 ~ 5 100 kcal 内，4 700 kcal 基本属于低点，64% 入洗模式较好；

③四种入洗模式利润趋势波动大。

(2)商品煤销售价格结构(1 月价格及比例)固定,四种入洗模式受发热量影响变化情况可以描绘出发热量及结构影响利润图(见图2)。

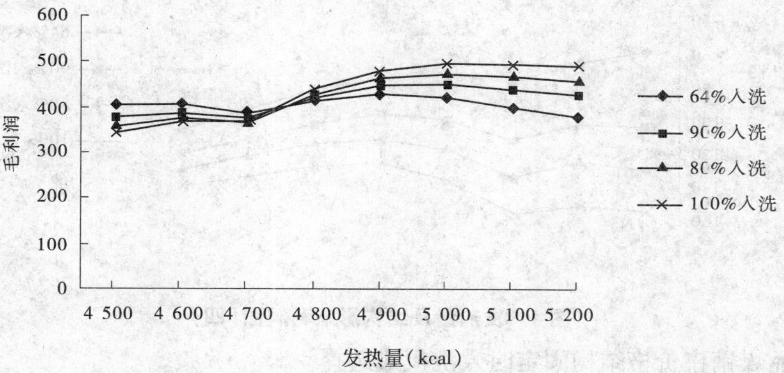

图2 发热量及结构影响利润图(二)

从图 2 可以得出如下结论:

①原煤发热量在 4 750 kcal 时,属于拐点,四种入洗模式利润基本一致,且基本向上平滑增长;高于 4 750 kcal 时,尽量加大入洗量,而低于 4 750 kcal 时,尽量加大电煤销售;

②原煤发热量在 4 500 ~ 5 100 kcal,4 700 kcal 基本属于低点,64% 入洗模式较好;

(3)商品煤销售价格结构(假定价格及比例)固定,四种入洗模式受发热量影响变化情况可以描绘出发热量及结构影响利润图(见图3)。

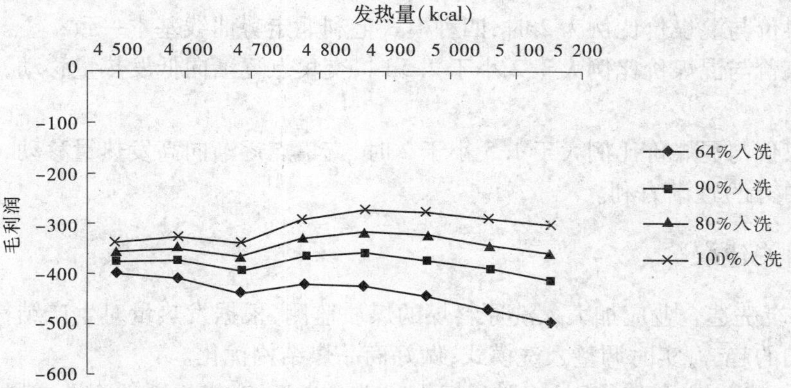

图3 发热量及结构影响利润图(三)

从图 3 可以得出如下结论:在此种商品煤销售价格结构固定时,四种入洗模式利润走势曲线未产生交集点,以 100% 入洗模式,毛利润最优。

(4)商品煤销售价格结构(8 月价格及比例)固定,四种入洗模式受发热量影响变化情况可以描绘出发热量及结构影响利润图(见图4)。

从图 4 可以得出如下结论:在此种商品煤销售价格结构固定时,四种入洗模式利润走势曲线未产生交集点,以 64% 入洗模式利润最优。

结合四种入洗模式和商品煤销售价格结构情况,按照福瑞工贸产品产率结构,可以得出以下结论:

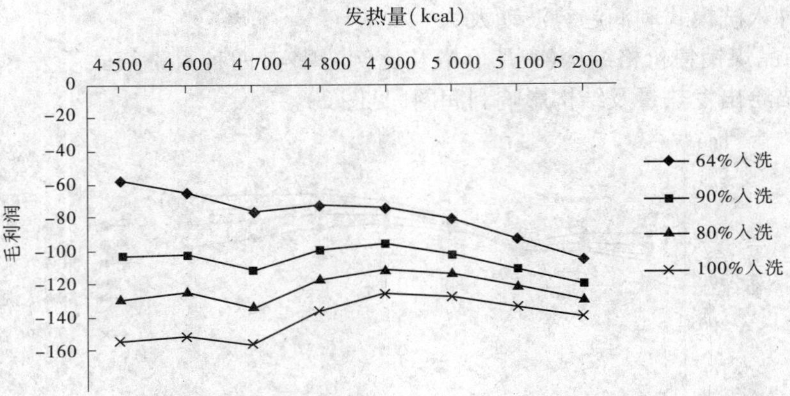

图 4　发热量及结构影响利润图(四)

(1)商品煤销售价格结构固定时入洗模式选择。

发热量对生产产品结构影响为:入洗原煤发热量与商品煤产率、精煤产率同向变动。

(2)商品煤销售价格结构固定时入洗模式选择。

在一定时期内市场价格是固定的,在商品煤销售价格结构固定时,依据测算出的四种模式毛利润走势曲线图,可以选出有利入洗模式,实现利润最大化。

(3)商品煤销售价格结构变化对毛利润的影响。

商品煤销售价格结构变化,精煤价与混煤价比例在 1.5 ~2.5,四种模式毛利润走势曲线交集点逐渐由高发热量向低发热量转移,四种入洗模式有利情况依次变化。

①精煤价与混煤价比例为 2 时,四种模式毛利润走势曲线基本一致;

②精煤价与混煤价比例大于 2 小于 2.5 时,交集点逐渐向低发热量移动,全入洗模式逐渐有利;

③精煤价与混煤价比例大于 1.5 小于 2 时,交集点逐渐向高发热量移动,64% 入洗模式(煤泥全掺配)逐渐有利。

三、相关建议

(1)煤炭洗选企业应加大入洗原料煤的煤质监测,根据发热量对生产结构、洗选模式和利润影响的趋势,实时调整入洗模式,做好商品煤结构优化。

(2)煤炭行业竞争将加剧,行业利润空间进一步压缩,煤炭洗选企业应紧盯市场商品煤销售价格变化,根据商品煤售价结构变化对利润影响的趋势,分析、寻找和调整最优洗选比例,实现产品结构调整和市场需求的无缝衔接,谋求综合经济效益最大化。

(3)加强选煤生产组织与管理。要加大新技术、新工艺和新设备的推广应用力度,加快推进选煤厂煤泥、原煤运输系统改造步伐,持续提升精煤产率。

增值税转型改革对煤炭企业影响研究及政策建议

马爱兵

自2009年1月1日起,在全国范围内实施了增值税转型改革。它是在全社会鼓励投资和扩大内需的新形势要求下的具有深远影响的税制改革,启动了中国经济新一轮增长,是一项拉动宏观经济增长的重大政策举措。

一、我国增值税转型改革的背景、主要内容和意义

(一)我国增值税转型改革的背景

我国1994~2008年一直采用生产型增值税方式,即不允许固定资产增值税抵扣,存在重复征税的问题,制约了企业技术进步的积极性。为进一步消除重复征税因素、降低企业设备投资的税收负担,鼓励企业技术进步、促进调整产业结构,努力扩大内需,保持我国经济平稳较快发展,进行增值税转型改革。

(二)我国增值税转型改革的主要内容

自2009年1月1日在全国所有地区、所有行业推行增值税转型改革,将生产型增值税转为消费型增值税,允许全国范围内(不分地区和行业)的所有增值税一般纳税人抵扣其新购进设备所含的进项税额;为预防出现税收漏洞,将与企业技术更新无关,将容易个人消费的应征消费税的小汽车、摩托车和游艇排除在上述设备范围外;作为转型的配套措施,将小规模纳税人征收率统一调低至3%,将矿产品增值税税率恢复到17%;取消进口设备增值税退税政策。

(三)我国增值税转型改革的意义

实施消费型增值税,消除了我国过去生产型增值税产生的重复征税因素,直接降低了企业设备投资的税收负担,从整体上说,这无疑是一项重大的减税政策。通过新政策的实施,可避免企业设备购置的重复征税,有利于鼓励投资和扩大内需,提高煤炭企业竞争力和抗风险能力,尤其是对于克服当前经济形势低迷对煤炭企业不利影响具有十分重要的现实意义。

二、我国增值税转型改革对煤炭企业的影响

增值税转型改革固然是一项重大的减税政策,但并非每个行业都能受惠,煤炭行业受增值税政策影响主要体现在两个方面:一是新购进设备所含增值税的抵扣,二是矿产品增值税从13%恢复到17%。虽然新购进设备所含增值税的抵扣可以使煤炭企业有所受惠,

作者单位:河南宏福煤业有限公司徐庄矿

但是煤炭增值税税率恢复到 17% 却大大抵消了上述有利影响，具体分析如下。

（一）整体税负上升，加重了煤炭企业负担

（1）资源性产业的特点决定了煤炭增值税实际税负高于其他行业。煤炭行业作为典型的资源开采性产业，只有很少的进项税可以抵扣，造成资源性行业增值税实际税负高于其他行业，这由煤炭产品的构成与其他行业产品构成不同所决定。

（2）固定资产投资具有集中投入的特点，新购入固定资产进项税额可以抵扣使煤炭企业受惠并不明显。煤矿在基本建设和技术改造期间绝大部分生产用固定资产、技术装备集中投入，煤矿进入正常生产阶段后，大型设备等生产用固定资产投入逐渐减少，因而新增固定资产进项税抵扣额较少。

（3）以增值税为基础的流转税相应增加。随着增值税实际税负的提高，以增值税为基础计算的城建税、教育费附加、地方教育费附加等税费也随之增加。

（二）增加煤炭企业现金流支出

（1）由于设备资产原值以不含税金额入账，导致每年提取的折旧减少，在销售额不变的情况下，企业利润总额增加，相应地就要多缴企业所得税，增加企业各期的现金流出。

（2）税率从 13% 恢复到 17% 导致煤炭企业现金流出增加：①增值税税率提高直接导致企业缴纳的增值税额增加。②以增值税应纳税额为计算基础的附加税费增加。

（三）煤炭企业利润率降低，削弱煤炭企业竞争力

尽管增值税是价外税，表面看来不影响利润，但在煤炭实际交易中，煤炭价格市场化程度较高，在行业形势下滑的态势下，煤炭企业不能将增值税税率的提高通过价格进行转嫁，只能挤压企业的利润空间。即使在价格不变的情况下，增值税率的提高也将使实际收入下降，导致企业利润减少。

三、正确认识增值税转型改革对煤炭企业的影响

（一）低税率的负面影响

1994 ~ 2008 年，国家对煤炭企业适用 13% 的增值税税率，这一政策对企业的稳定和发展起到了一定的作用，但受利益驱动，对资源和环境保护产生了一定的负面影响，个别单位采取破坏性开采，造成大量煤炭资源的浪费，更有以破坏环境为代价的煤炭开采。

（二）增值税转型的正面影响

（1）税负将有所下降（尤其是新建煤炭企业更为明显）。转型后，煤炭企业外购设备将纳入进项税额的抵扣范围。转型前，购进货物改变用途的（用于集体福利、个人消费等），其进项税额不允许抵扣；转型后，建造固定资产领用的一般货物，其进项税额允许抵扣。

（2）促进煤炭企业加大安全投入，提高煤炭企业社会效益。增值税转型给煤炭企业增大安全投入提供了更大的动力，更大程度上能保证煤炭企业员工的生命财产安全。

四、政策建议

综上所述，面对严峻的煤炭经济形势，为促进煤炭行业健康全面的发展，特提出以下建议以供参考：

(一)借鉴美国、英国等国家实行的矿业保护政策,促进煤炭行业健康发展

矿业活动具有高风险性,许多发达国家在矿业税收制度中都给予诸多的优惠。例如美国、加拿大等国家都对矿业实行保护政策,不征收资源税和资源补偿费,只收企业所得税和权利金(采矿税),而我国针对煤炭产品课税税种较多且税率较高。赋税过重导致企业盲目追求眼前利益,造成资源浪费。我们应该借鉴发达国家的经验,对煤炭产品降低增值税税率,以保护煤炭企业的健康发展。

(二)研究建立符合煤炭企业实际的税费体系,合理界定抵扣范围

研究以资产化的矿权进项税额抵扣问题,将无法取得增值税发票的"大自然"成本——土地塌陷补偿费、征地迁村费、采矿权价款等,比照交通运输费或采购农产品等进行定率抵扣,这不仅有利于公平煤炭企业的税负,而且有利于提高煤炭企业开展环境恢复治理的积极性。

(三)进一步完善煤炭进出口税制

煤炭进出口关税政策的差异,造成国内外煤炭企业不能公平竞争。地区的需求差异造成煤炭需求企业成本各异。因此,应进一步完善煤炭进出口税制,增强我国煤炭企业充分利用国内外两个市场的能力。

(四)研究制定煤炭企业所得税优惠政策

按照国家产业政策对能源等基础产业给予不同程度的税收优惠政策,从煤炭企业的实际情况出发,按照我国《企业所得税法》和煤炭产业政策,研究制定煤炭企业具体的税收优惠政策。既要合理保留转型前的优惠政策,又要按照新税法、新形势的要求制定新的优惠政策。如完善煤炭企业综合利用资源,发展循环经济等优惠政策;矿业权价款的一定比例抵免企业所得税额制度等,促进煤炭工业可持续发展。

增值税转型改革对煤炭企业的影响研究及政策建议

秦庆江

2009 年 1 月 1 日在全国范围内推行了增值税转型改革，启动了中国税制的一次重大改革，并于 2013 年 8 月 1 日，将交通运输业和部分现代服务业营业税改增值税试点扩大到全国，继而在 2014 年 1 月 1 日，将铁路运输和邮政业营业税改增值税试点扩大到全国，进一步推进了财税体制的改革。增值税转型改革已经经过 4 年，作用是显而易见的，对我国完成由生产型增值税到消费型增值税转变起了决定性作用，在促进国民经济发展、转变经济结构、拉动内需等方面起着积极的作用，促进深化财税体制改革、促进完善税制、减轻企业税负和促进经济发展方式转变等方面起到重大作用。虽然增值税转型改革是一项重大的减税政策，但并非每个行业都能够受惠，煤炭行业作为基础能源和其在国民经济中的重要地位，其受增值税转型政策影响更加明显，现就增值税转型改革对煤炭企业的具体影响作简要分析。

一、我国增值税的发展历程和增值税转型的重要意义

增值税的产生与社会分工深化发展密切相关，其实质是改变传统税制全面征收的弊端，只就流转环节增值部分征收。其最初在法国产生，1954 年，法国对其生产税进行改革，通过引入扣除机制，解决重复征税问题，改革以后称其为增值税，并取得了成功。20 世纪 70 年代以后，在全球迅速推广。我国于 1979 年引入增值税制度，最初仅在襄樊、上海、柳州等城市的机器机械等 5 类货物试行。1994 年，国务院发布《中华人民共和国增值税暂行条例》，将增值税征税范围扩大到所有货物和加工修理修配劳务，对其他劳务、无形资产和不动产征收营业税。2008 年 11 月，修订通过《中华人民共和国增值税暂行条例》，2009 年 1 月 1 日实施新的增值税制（增值税转型），并在地区试点的基础上，全面实施增值税转型改革，将机器设备纳入增值税抵扣范围。2011 年 10 月 26 日，国务院常务会议决定，开展深化增值税制度改革试点。2012 年 1 月 1 日，我国在上海市交通运输业和部分现代服务业开展“营改增”试点，随后逐步扩大行业范围。

增值税分为生产型增值税、收入型增值税和消费型增值税三种类型。生产型增值税，即在征收增值税时，不允许扣除外购固定资产所含增值税进项税金；消费型增值税是指允许纳税人在计算增值税额时，从商品和劳务销售额中扣除当期购进的固定资产总额的一种增值税，我国 2008 年以前实行的是生产型增值税。生产型增值税与消费型增值税的最大区别是纳税人在计算增值额时，是否允许扣除购买固定资产所含的税款，生产型增值税

作者单位：郑州煤炭工业（集团）有限责任公司财务资产部

是不允许扣除，而消费型增值税是允许扣除，目前世界上许多国家实行消费型增值税。增值税转型改革是将生产型增值税转变为消费型增值税。国务院常务会议决定自2009年1月1日起，在我国所有地区、所有行业推行增值税转型改革，由生产型增值税转为国际上通用的消费型增值税。

随着"营改增"的逐步深入推进，我国的增值税转型改革将在全行业、全环节展开，它是关系到经济改革和社会发展全局的重大战略问题，对促进社会分工协作，优化产业结构，创新营商环境，释放改革红利，推动经济转型升级具有重要意义。具体作用如下。

(1)有利于降低企业税负，提高企业的国际发展能力。

我国增值税税负较高，全面试行消费性增值税，最大好处是降低企业税负，改变折旧期利润，减少企业现金支出，从而加强参与国际竞争的能力。

(2)有利于健全市场机制，调整产业结构。

生产型增值税抑制了基础产业、高科技产业和高投入产业的发展，增值税转型改革明显能起到鼓励资本向资本密集型和高科技产业流动的作用，有助于企业技术革新，刺激企业设备更新和技术改造，带动经济发展，促进产业升级调整。

(3)促进税制改革，逐步完善税制。

消费型增值税是把应缴增值税的劳务、货物、固定资产和现代服务都看作是消费产品全额抵扣，消除差异，改变了企业税负不一、不同行业不平等的状况，极大地推进了税制体制改革，降低了企业税负。

二、增值税转型改革对煤炭企业的影响

增值税转型改革虽然是一项重大国策，其积极意义很多，但是对于煤炭行业来说，其减税的效果并未反映出来，反而增加了煤炭企业的税负。

(一)增值税税率对煤炭企业的影响

2009年1月1日增值税转型后，煤炭增值税税率由原来的13%恢复到17%，实现了各行业税率平等，却没有考虑到煤炭企业的特殊性，也未恢复对煤炭增值税的退税、返税政策。2013年8月1日，"营改增"在全国扩大试点，随后逐步扩大行业，增加了3%、6%、11%等税率，给予其他行业以税率优惠，对于具有特殊情况的煤炭业的增值税税率为17%，没给予煤炭行业照顾，加重了煤炭行业负担，未体现不同行业的平等性。

(二)进项税抵扣的范围对煤炭企业的影响

增值税转型改革目的在于体现增值环节征收，避免重复纳税，只有各个环节充分抵扣进项税，才能降低企业纳税成本。煤炭行业作为典型的资源开采型产业，在从资源转为产品的生产过程中，能抵扣进项税较少。煤矿在基本建设和技术改造期间，绝大部分生产用固定资产、技术装备集中投入，形成工程。煤矿巷道分为开拓巷道、准备巷道、回采巷道，目前按照《财政部、国家税务总局关于固定资产进项税抵扣问题的通知》(财税〔2009〕113号)，回采巷道所耗用的材料、水、电等能抵扣进项税，开拓巷道和准备巷道所耗用的材料、水、电等不能抵扣进项税。我国的煤炭企业多数是由老煤炭企业改制而来，机械化程度较低，人工成本较大。煤矿企业由于随着矿井的阶梯开采，对地面的搬迁赔付、复耕、环保等的投入逐渐加大，这些投入都不能作为进项税抵扣。到目前为止包括"营改增"的试

点范围扩大，增值税转型都未能将煤矿的特殊性考虑在内，只允许煤矿回采巷道的电费、消耗性材料等极少项目的进项税抵扣。

（三）对煤炭企业实际承担税负的影响

据统计，2008 年全国规模以上工业企业实际增值税税率为 4.79%，而煤炭采选业实际增值税税率为 9.37%，另据对统计直报的全国大型煤炭企业分析测算，增值税转型后，煤炭行业实际增值税负提高 1.4～3.0 个百分点，山西大同煤矿集团公司增值税税率提高了 2.94 个百分点。2013 年，包括"营改增"试点扩大后，随着煤炭市场持续下行、价格一路走低，据中国煤炭协会测算，规模以上煤炭企业的煤炭产品增值税实际税负为 11%～13%，而大部分行业增值税的平均税负仅为 2%～5%。

（四）对煤炭企业现金流的影响

消费型增值税对煤炭企业新增设备投资现金流的影响主要表现为：一是设备资产所含的进项税额可以从当期销项税额中予以抵扣，从而使企业当期缴纳的增值税额减少，这相当于等量增加了企业的现金流入；二是由于增值税的减少引起以它作为税基的城建税和教育费附加的减少，这会节省企业的现金流出；三是由于设备资产原值以不含税金额入账，导致每年提取的折旧减少，在销售额不变的情况下，企业利润总额增加，相应地就要多缴企业所得税，这会增加企业各期的现金流出。

增值税转型对煤炭企业现金流的影响主要表现为：一是增值税税率的增加导致企业缴纳的增值税额增加，这会增加企业现金流出量；二是增值税应纳税额增加，导致城建税和教育费附加增加，这也会增加企业的现金流出量；三是在煤炭价格（含税价）不变的情况下，增值税税率增加，则销售收入减少，附加税费增加，企业利润总额减少，企业所得税减少，所得税减少会减少企业的现金流出。

"营改增"试点扩大后对煤炭企业现金流的影响主要表现为：一是交通运输业"营改增"后，促使铁路、公路运费的涨价，间接挤压煤炭售价利润，进而使运费支出比例较大，影响煤炭企业支出现金流增加。二是煤炭企业生产过程中需要租赁专项设备较多，动产租赁"营改增"后，租赁业变相涨价，从而增加支出成本，直接影响煤炭企业现金流支出增加。

三、针对煤炭企业受增值税转型影响的建议

（一）关于课征对象的建议

增值税以增值额为征税对象，无论是生产环节还是流通环节，或者服务业和农业生产部门等，只要有增值额，都应实行增值税。我国现行增值税的征税范围过窄，仅限于货物销售、加工修理修配劳务及进口货物，而把其他劳务服务业划为营业税的课税范围，虽然"营改增"后扩大了行业，但是还有金融保险业、建筑业等多数行业还不是增值税课税对象，人为地造成了增值税抵扣链条在某些环节上的中断。对产生于不同行业而性质相同的流转额实行不同的税制，极易使行业间的税负失衡，更何况混合销售行为、兼营行为的大量存在，使得商品销售与劳务服务难以严格区分。征收范围宽泛，保证从事相同性质经济活动的主体税负公平，防止税收扭曲行为，是增值税的基本原则。煤炭行业增值税税负高的原因之一就是抵扣链条不完整，再加上煤炭行业的特殊性。因此，建议我国增值税的

征收范围应当扩展至产生增值额的商品和劳务交易的所有领域，以此平衡煤炭高增值税负现象。

（二）恢复煤炭增值税原率税率

财税字〔1994〕22 号文规定，从 1994 年 5 月 1 日起煤炭行业增值税税率调整为 13%，此后直到 2009 年 1 月 1 日我国实行增值税转型改革，取消行业差别将煤炭行业的增值税税率调整为 17%。由于煤炭行业的特殊性和增值税目前改革不彻底，尤其营改增后其他行业在税率上得到考虑（出现 11%、6% 等税率），而煤炭行业增值税税率较高，税负较重，给煤炭企业带来影响较深，因此建议将煤炭行业的增值税税率恢复到 13% 比较合理，以平衡不同行业间税负差别。

（三）恢复煤炭增值税优惠政策

鉴于煤炭行业的特殊情况，既要考虑增值税转型改革的全面实施，又要照顾到煤炭行业增值税税负偏高的实际困难，基于 2012 年以来全国煤炭行业下滑的影响，避免增值税转型改革过程中对煤炭行业造成较大冲击，建议国家应恢复煤炭增值税优惠政策，实行对煤炭行业已缴增值税金或即缴纳的增值税实行即征即退或按比例返还，使处于寒冬期的煤炭行业安全度过困难期，保证煤炭这一能源行业的健康发展。

（四）增加煤炭临时巷道用材料进项税抵扣

煤炭生产企业与其他生产行业的不同特点，就在于首先要开掘巷道，才具备正常的生产前提条件。巷道是煤炭生产企业的特殊产物，矿井现采水平的扩区工程（包括进回风井、主要运输大巷、总进风巷道以及地面建筑）和通地面的材料井、通风井的井巷工程和相应的管线道，设备及地面建筑物外，其他的生产过程中所进行的一切工程应在生产成本列支中，因此煤炭企业的巷道可分为永久性巷道和临时性巷道，开拓巷道属于永久性巷道，回采巷道、准备巷道都属于临时性巷道，不属于工程性质，其所耗用的材料、电费等应纳入进项税抵扣范围。

参考文献

[1] 李连良，张月玲，徐伟伟. 对煤炭企业增值税转型的若干思考[J]. 煤炭经济研究，2008(10).
[2] 闫璐. 增值税转型的影响[J]. 东方企业文化，2012(10).
[3] 刘虹. 关于我国增值税转型的思考[J]. 经济研究，2007(2).
[4] 赵露露. 论增值税转型改革[J]. 中国集体经济，2012(9).

浅论建筑工程施工阶段的质量控制

王　柯

施工是形成工程项目实体的过程,也是形成最终产品的重要阶段。所以,施工阶段的质量控制是工程项目质量控制的重点。本文将主要对建筑工程施工阶段质量控制的内容进行分析,就如何加强施工阶段的质量控制提出一些看法。

一、建筑工程项目施工阶段质量控制的工作程序

在建筑工程项目的施工阶段,为了保证建筑工程项目的施工质量,应对建筑工程建设生产的实物进行全方位、全过程的质量监督和控制。它包括事前的建筑工程项目施工准备质量控制、事中的建筑工程项目施工过程中的质量控制以及事后的各单项及整个工程项目完成后对建筑工程项目的质量控制。以上系统控制的三大环节,并不是孤立和截然分开的,它们之间构成有机的系统过程。

二、施工阶段质量控制

为了加强对施工项目的质量控制,明确各施工阶段质量控制的重点,可把施工项目质量控制分为事前控制、事中控制和事后控制三个阶段。

(一)事前控制

事前控制是指建筑工程项目施工前准备工作的质量控制。具体应做到以下几点。

(1)根据该建筑工程项目的坐落方位及占地面积,对施工项目所在地的自然条件和技术经济条件进行调查,选择施工技术与组织方案,并以此作为施工准备工作的依据。项目部有针对性地组织施工队伍及相关人员进行施工准备工作,充分发挥组织的技术和管理方面的整体优势,把长期形成的先进技术、管理方法和经验智慧创造性地应用于工程项目。

(2)对建筑工程项目所需的原材料质量进行事前控制,是建筑工程项目施工质量控制的基础。要求施工企业在人员配备、组织管理、检测方法以及手段等各个环节加强管理,明确所需材料的质量要求和技术标准,尤其是加强对建筑工程项目关键材料如水泥、钢材等的控制。对于这些关键材料,要有相应的出厂合格证、质量检验报告、复验报告等,对于进口材料,还要有商检报告及化学成分分析,凡是没有产品合格证明及检验不合格的材料不得进场,同时加强材料的使用认证,防止错用或使用不合格的材料。

(3)搞好设计交底和图纸会审。工程开工之前,需识图、审图,再进行图纸会审工作,在建筑工程项目开工前,相关技术人员应认真、细致地分析施工图纸,从有利于工程施工和建筑工程质量方面提出改进施工图意见。

作者单位:河南省建筑科学研究院有限公司

(4)收集国家及当地政府有关部门颁布的有关质量管理方面的法律、法规文件及质量验收标准,工程建设参与各方的质量责任和义务,质量管理体系建立的要求、标准,质量问题处理的要求等,这些是进行质量控制的重要依据。

(二)事中控制

事中控制是施工过程中的质量控制。具体应做到以下几点。

(1)施工单位自身的质量控制。首先,保证质量控制的自我检测系统能够发挥作用,要求其在质量控制中保持良好的工作状态。其次,完善相关工序的质量控制,将影响工序质量的因素纳入质量控制范围;对重要的和复杂的建筑工程施工项目或者工序设立质量控制点,加强控制。

(2)进行质量跟踪监控控制。首先,在施工过程中,应密切注意在施工准备阶段对影响工程质量因素所做的安排,而在施工过程中是否发生了不利于工程质量的变化。其次,严格检查工序间的交接。对于重要工序和主要工程,必须在规定的时间内进行检查,确认其达到相关质量要求,才能进行下一道工序。

(3)在建筑工程项目施工过程中,对于重要的工程变更或者图纸修改,必须通过相应的审查,在组织有关方面研究、分析、讨论、确认后,才予以发布变更指令。

(4)严格检查验收。第一,每个工序产品的检查和验收,应当按照规定进行相应的自检,在自检合格后向监理工程师提交质量验收通知单。监理工程师在收到通知后,在合同规定的时间内检查其工序质量,在确认其质量合格后,签发质量验收单,此时方可进入下道工序。第二,重要的材料、半成品、成品、建筑构配件、器具及设备应进行现场验收,凡涉及安全功能的有关产品,应按各专业工程质量验收规范规定进行复验,并应经监理工程师检查认可。

(5)项目经理部应建立项目责任制和考核评价制度。项目经理应对项目质量控制负责,过程质量控制应由每道工序和岗位的责任人负责。

(6)应特别重视开工前的检查,工序(相关工种之间)交接检查、隐蔽工程检查、停工复工后的检查。及时处理已经发生的质量问题和质量事故,保证建筑工程项目的施工质量。

(7)采购质量控制。

采购质量控制主要包括对采贩产品及其供方的控制,制定采购要求和验证采购产品。建设项目中的工程分包也应符合规定的采购要求。

(三)事后控制

事后控制施工过程所形成的产品质量控制,具体应做到以下几点。

(1)分部、分项工程的验收。第一,对于在施工过程中形成的分部、分项工程进行中期验收。第二,根据合同要求,对完成的分部、分项工程进行中期验收的同时,还应当根据建筑工程项目的性质,按照有关行业的工程质量标准,评定相应的分部、分项工程质量等级。

(2)组织单项工程或整个建筑工程项目的竣工验收。在一个单项工程完工或者整个建筑工程项目完成后,施工单位应首先进行竣工预验收。在预验收合格后,向监理方提出最终的竣工验收申请。

(3)当建筑工程质量不符合要求时,应按照要求及时整改。经有资质的检测单位检测鉴定,仍达不到设计要求时,应会同设计单位制订技术处理方案。

(4)质量教育与培训。通过教育培训和其他措施提高员工的能力,增强质量意识和顾客意识,使员工满足所从事的质量工作对能力的要求。

三、建筑工程项目施工阶段质量控制的途径与方法

(1)在进行每道工序施工前,项目技术负责人对施工班组长进行书面的技术交底。

(2)质量检验员进行跟班实时质量监督,及时处理发现的质量问题,对不符合建筑工程项目设计及要求的施工,要求其立即停工并限期整改,采取质量一票否决制。

(3)做好上下工序和交叉工序的交接验收。如果前一道工序不符合质量要求,下一道工序不能施工作业。

(4)合理安排施工工序的交叉。明确交叉单位的责任,做好相关的交接和验收工作,加强对施工产品的保护。

(5)各个施工工序要坚持自检、互检以及专检的质量检查制度,要做到逐级检查,层层把关。要求所有隐蔽工程必须经监理或业主验收,做好隐蔽工程记录,在业主或者监理签字后才可进入下一道工序。

(6)加强工程资料的管理。项目资料负责人对相关资料进行收集和整理,保证资料和数据的完整性与准确性,同时根据合同要求编制竣工资料。

(7)持续有效地开展质量审核,对质量体系运行做出正确诊断,对发现的不合格或潜在的不合格,实施纠正、预防措施,使质量体系步入良性循环。

四、结　语

本文就建筑工程项目施工阶段的质量控制问题进行了分析和研究。在实际的施工过程中,质量控制是一个很复杂的过程,应该在实践中不断地去探索和完善。

浅析对建筑工程造价构成与造价信息管理的研究

王　柯

一、引　言

建立社会主义市场经济是我国经济体制改革的目标，近年来，我国正以有力而坚定的步伐迈向社会主义市场经济之路，市场经济的大潮正迅速改变着中国的面貌，改变着人们的物质生活和精神世界。在市场经济体制下，建筑工程的造价管理也面临着创新与革命。我国建筑造价费用的构成及计算程序和方法对招标投标有着极大的约束力，因此研究现行建筑工程造价构成很有必要。

二、现行建筑工程造价的构成

建筑工程产品成本由直接成本和间接成本构成，是在建筑生产过程中所耗费的活劳动和物化劳动的货币表现，是建筑产品价值货币表现的基础。建筑产品的成本反映了建筑企业在生产和销售建筑产品过程中的费用支出，集中反映出企业全部工作的经济效果。建筑产品的价格是建筑产品价值的货币表现，产品的价格是劳动者在生产产品的过程中创造产品的成本，并获取利润的表现形式，所以建筑工程造价由直接费、间接费、利润和税金等四个部分组成。

(一)直接费

直接费包括直接工程费和措施费两个部分。直接工程费是指施工过程中耗费的构成工程实体的各项费用，包括人工工资、材料费、施工机械使用费；措施费是指为完成工程项目施工，发生于该工程施工前和施工过程中非工程实体项目的费用，包括企业管理费等。

1. 直接工程费

直接工程费主要由人工工资、材料费和施工机械使用费组成。

1)人工工资

人工工资是指直接从事建筑安装工程施工的生产工人开支的各项费用。原来人工工资单价是按以前的有关文件规定确定的，反映的是计划经济体制下平均工资水平。它与目前的市场经济体制下的人工工资水平相差甚远，遏制了工人的劳动积极性。另外，工人完成分项工程的同时，也相应为企业创造出了利润。计划经济体制下的利润的计取方法，使工人创造的利润永远是在定额基础上的利润，不能真正反映出工人剩余时间创造的价值——利润。

作者单位：河南省建筑科学研究院有限公司

2)材料费

材料费是指施工过程中耗费的构成工程实体的原材料、辅助材料、构配件、零件、半成品的费用。建筑材料费在建筑安装工程中占很大比重,建筑材料预算价格的高低将直接影响到建筑工程造价的高低。因此,只有在了解建材市场行情、价格运行规律的基础上有预见性地编制建筑材料预算价格,才能如实地反映建筑工程造价,准确地制订基建计划,促进企业的经济核算,取得良好的效益。

材料的价格是指材料自产地或来源地或交货地起,途中经中间仓库转运、保管以及到达工地仓库后再出库的综合平均价格。通常是根据各地区建委和国家有关规定进行编制计算确定的。

材料的预算价格及材料供应价计算公式为

材料的预算价格 =(材料供应价 + 运杂费)×(1 + 采购保管费率)- 包装品回收值

材料供应价 = 原价 + 包装费 + 供销部门手续费

3)施工机械使用费

施工机械使用费是指施工机械作业所发生的机械使用费以及机械安拆费和场外运费。

2. 措施费

措施费是为完成工程项目施工,发生于该工程施工前和施工过程中非工程实体项目的费用。措施费包括环境保护费,文明施工费,临时设施、夜间施工、二次搬运、大型机械设备进出场及安拆、混凝土和钢筋混凝土模板及支架、脚手架、已完工程及设备保护、施工排水和降水、雨季施工增加、垂直运输机械及超高增加、构件运输及安装、总承包服务等费用。

(二)间接费

间接费是指不直接用于建筑安装工程主体,而又实际发生的用于企业组织管理活动的费用。通常,间接费包括企业管理费等。

企业管理费包括以下内容:

(1)管理人员工资。管理人员工资是指管理人员的基本工资、工资性补贴、职工福利费、劳动保护费等。

(2)办公费。办公费是指企业管理办公用的文具、纸张、账表、印刷、邮电、书报、会议、水电、烧水和集体取暖(包括现场临时宿舍取暖)用煤等费用。

(3)差旅交通费。差旅交通费是指职工因公出差、调动工作的差旅费、住勤补助费,市内交通费和午餐补助费,职工探亲路费,劳动力招募费,职工离退休、退职一次性路费,工伤人员就医路费,工地转移费以及管理部门使用的交通工具的油料、燃料、养路费及牌照费。

(4)固定资产使用费。固定资产使用费是指管理和试验部门及附属生产单位使用的属于固定资产的房屋、设备仪器等的折旧、大修、维修或租赁费。

(5)工具用具使用费和财产保险费。工具用具使用费是指管理使用的不属于固定资产的生产工具、器具、家具、交通工具和检验、试验、测绘、消防用具等的购置、维修和摊销费。财产保险费是指施工管理用财产、车辆保险。

(6)劳动保险费、工会经费和职工教育经费。劳动保险费是指由企业支付离退休职工的异地安家补助费、职工退职金、6个月以上的病假人员工资、职工死亡丧葬补助费、抚恤费、按规定支付给离休干部的各项经费。工会经费是指企业按职工工资总额计提的工会经费。职工教育经费是指企业为职工学习先进技术和提高文化水平,按职工工资总额计提的费用。

(7)财务费。财务费是指企业为筹集资金而发生的各种费用,包括企业经营期间发生的短期贷款利息净支出、金融机构手续费以及企业筹资发生的其他财务费用等。

(8)其他费用。其他费用包括技术转让费、技术开发费、业务招待费、绿化费、广告费、公证费、法律顾问费、审计费、咨询费等。

(三)利润

利润是指承包人完成所承包工程获得的盈利。为了持续生存与发展,承包人必须获得利润。

费用定额规定的利润率是按拟建单位工程类别确定的。

建筑业企业可依据本企业经营管理水平和建筑市场供求情况,自行确定本企业的利润水平。

利润及利润率的计算公式为

$$利润=(直接工程费+措施费)\times 利润率$$

$$利润率=典型工程利润/(典型工程直接工程费+措施费)$$

(四)税金

税金是指按照国家规定计入建筑安装工程造价,由施工企业向税务部门缴纳的营业税、城市建设维护税、教育费附加等。它是国家为实现其职能向纳税人按规定税率征收的货币金额。

三、建筑工程造价信息管理

信息管理是一个现代化的组织机构实现其主旨目标的前提,为管理和经营工作提供指令或依据。管理活动中的信息不会自动流向管理者,因此对原始的数据、信号加以收集、加工整理、储存、传递与应用,是管理工作的一项重要内容,即信息管理。其实质就是根据信息的特点,有计划地组织信息沟通,使决策者能及时、准确地获得所需要的信息,达到正确决策的目的。为了达到这一目的,就要把握信息管理的各个环节,并了解和掌握信息来源,对信息进行分类;掌握和正确运用信息管理手段;掌握信息流程的不同环节,建立信息管理系统。

(一)建筑工程造价信息管理内容

1. 建设工程造价资料积累

建设工程造价资料积累是工程造价管理的一项重要的基础工作。经过认真挑选、整理、分析的工程造价资料是各类建设项目技术经济特点的反映,也是对不同时期基本建设工作各个环节(设计、施工、管理)技术、经济、管理水平和建设经验教训的综合反映。工程造价资料积累的目的是不同的用户都可以使用这些资料来完成各自的工程造价控制的任务。

建设工程造价资料积累,一方面要包括工程建设各阶段的工程造价资料。另一方面要体现建设项目组成的特点,既应包括建设项目、单项工程、单位工程的造价资料,也应包括有关新材料、新工艺、新设备、新技术的分部分项工程造价资料,而且这些工程造价资料积累的内容,不仅要有价,还要有量。

2. 主要设备和主要材料用量的价格管理

主要设备和主要材料的支出在整个工程造价中占很大的比例,因此必须储存它们的用量和价格。特别是用量,其与价格相比有相对的稳定性。只要掌握了设备和材料的用量,就可以随时套用最新价格,从而快速地得到对设备和材料支出的最新估计。用这些估计与原价格体系下做出的估计相比较,还可以看出设备和材料支出的变化情况。

(二)信息管理的主要工作

对企业信息的管理过程,实质上是对企业生产经营活动信息流的管理过程。信息管理工作的主要内容包括信息收集、信息处理、信息存储和信息传输四个环节,其核心是全面正确地把握信息管理的各个环节,正确应用信息管理的手段,对信息源、信息流、信息载体以及信息接收进行系统的、严格的、细致的、综合的管理。其主要工作如下:

(1)信息收集主要指原始信息的获得,包括:确定企业的信息需要;规划信息收集的途径、方法、程序;组织实施收集工作。

(2)信息处理对大量的原始信息进行筛选、分类、排列、比较和计算,使之系统化、条理化,提高信息的可靠性与适应性。

(3)信息存储是指加工整理后的信息全部存储起来,供以后参考备用,常用的方式有两种:手工建立信息资料档案;使用计算机将信息资料编码存储。

(4)信息传输包括建立有一定容量的信息通道,明确规定合理的信息流程。

四、结　语

只有理顺工程成本的费用构成,充分利用有价值的信息,快速、准确地计算分部分项工程量清单项目或措施清单项目的综合单价,才能在市场经济体制下发挥企业竞争优势,达到控制成本、取得利润最大化的目标。